Le guide du e-learning

L'organisation apprenante

Éditions d'Organisation
1, rue Thénard
75240 Paris Cedex 05
Consultez notre site :
www.editions-organisation.com

CHEZ LE MÊME ÉDITEUR

O. DEVILLARD, *Le dynamique des équipes*, 2000.
G. LE BOTERF, *Ingénierie et évaluation des compétences*, 2ᵉ édition 2001.
J.M. PERETTI, *Tous DRH*, 2ᵉ édition 2001.
P. MICHELETTI, *La polyvalence sous toutes ses facettes*, 2002.
M. THEVENET, *Le plaisir de travailler*, 2000.
G. TREPO, N. ESTELLAT, E. OIRY, *L'appréciation du personnel*, 2002.
D. WEISS, *Les ressources humaines*, 1999.
P. VERY, *Des fusions et des hommes*, 2001.

© Éditions d'Organisation, 2002
ISBN : 978-2-7081-2752-4

Michel Mingasson

Le guide du e-learning

L'organisation apprenante

Préface d'Arnoud De Meyer

**Éditions
d'Organisation**

À toutes celles,
À tous ceux
Qui m'ont accompagné

La transmission du savoir
ensemence l'avenir avec les graines du passé.
Elle est une exigence de
la condition humaine et une obligation pour
l'édification de la mémoire collective.

Mars 2002

Préface

La décennie précédente a été marquée par une accélération prodigieuse de la globalisation des marchés. Elle a aussi été celle de l'émergence de l'Internet comme réseau de communication et de partage d'information, universel, instantané et omniprésent. Les excès initiaux se sont dissipés brutalement dans l'éclatement de la « bulle », mais ces deux phénomènes sont structurels et ont transformé durablement l'environnement dans lequel évoluent les entreprises. Ce qui apparaît clairement maintenant, c'est que les enjeux principaux ne se situent plus seulement au niveau d'une nouvelle catégorie d'entreprises (les pionniers de la nouvelle économie), mais plutôt à celui de l'ensemble des entreprises : les vainqueurs du futur seront ceux qui seront capables de saisir les opportunités offertes par l'Internet et de les intégrer d'une façon innovatrice dans leurs « *business models* » existants.

Dans tous les secteurs, et pour toutes les entreprises, savoir utiliser le levier de l'innovation technologique pour améliorer leur compétitivité et leur productivité est ainsi devenue un impératif majeur non seulement de développement, mais aussi, bien souvent, de survie. L'évolution technologique a rendu nécessaire une adaptation radicale de toutes les fonctions de l'entreprise dans leur organisation interne et leur rapport avec les autres fonctions. Mais s'agit-il bien de *toutes* les fonctions de l'entreprise ? A vrai dire, une exception frappante apparaît : la formation, qui a semblé rester en marge de ces changements profonds. Certes, on a vu se multiplier les célébrations, parfois incantatoires, de la « *knowledge-based economy* », du développement des compétences, de l'acquisition de nouveaux savoir-faire, du « *knowledge management* » (gestion des connaissances), mais en réalité la formation en entreprise a peu évolué, tant dans sa forme que dans sa philosophie. Souvent, nous focalisons encore trop sur la création des savoirs et compétences, et nous oublions que le vrai défi est la consolidation et l'institutionnalisation des savoir-faire.

Pourtant, les défis majeurs que les entreprises ont à relever imposent que cette fonction apporte, elle aussi, sa contribution à la modernisation de leur fonctionnement. Ils réclament une capacité d'évolution accrue de la part des employés, une capacité d'absorption et d'assimilation rapide des savoir-faire dont ils ont besoin aujourd'hui et dont ils auront besoin demain pour préserver leur employabilité. Quant aux entreprises, plongées dans un environnement concurrentiel en mutation constante, elles doivent constamment se doter d'une organisation d'avance pour préserver leur compétitivité.

Dans ce contexte vertigineux, l'e-learning est apparu initialement comme une solution efficace, voire une panacée, aux limitations de la formation traditionnelle. Grâce au levier puissant de la technologie, les entreprises pourraient désormais former leurs employés où qu'ils soient, à n'importe quel moment, à leur rythme. Tout en accroissant le niveau du contrôle central, le processus gagnerait considérablement en souplesse, du fait de la réduction des contraintes logistiques. Les contenus pourraient être mis jour plus régulièrement, et être adaptés aux besoins et aux contraintes spécifiques de chacun. Et bien sûr, grâce aux économies d'échelle, le coût de formation par employé diminuerait dans des proportions spectaculaires.

Qu'en est-il aujourd'hui ? Le miracle n'a pas eu lieu – tout au moins, pas encore. En dépit des prévisions de développement exponentiel formulées par les experts, le « *corporate e-learning* » en est encore à ses débuts. Faut-il pour autant ranger le e-learning dans le placard des rêves technologiques déçus ? Certainement pas. Les avantages de l'e-learning sont bien concrets et tangibles, et nul ne les conteste. En revanche, la mise en œuvre de processus d'e-learning, et plus exactement leur incorporation dans les processus de formation en entreprise, est une tâche exigeante, comme toutes les tentatives d'intégration d'innovation technologique dans un processus opérationnel. Quels que soient les bénéfices potentiels, faute de la méthode, de la discipline, et des ressources appropriées, le succès ne sera pas au rendez-vous.

Les premières expériences réussies d'utilisation de l'e-learning en entreprise montrent clairement qu'il doit être conçu de manière spécifique et originale, et non comme une simple transposition en ligne de la formation traditionnelle. Il ne s'agit pas simplement de rendre accessible sur le Web, ou sur l'intranet de l'entreprise, un nombre toujours plus important de ressources, et de mettre en œuvre les gadgets technologiques les plus récents et les plus sophistiqués. La clé du succès est de placer l'apprenant au cœur du processus et de le faire évoluer dans un environnement d'échanges et de partage, où le rôle du formateur n'est plus d'enseigner directement, mais de superviser la progression de l'acquisition des connaissances, d'apporter soutien et stimulation aux participants, de faciliter le partage d'expérience avec les autres apprenants, et d'aider à la mise en pratique réelle des connaissances acquises.

Un tel environnement devient ainsi propice à la création d'un cycle « j'apprends-j'applique » permanent. Le lien entre formation et gestion des connaissances, entre l'apprentissage individuel et la mise en commun des meilleures pratiques, devient alors concret et évident. Les responsables opérationnels des entreprises deviennent des acteurs essentiels de la formation, car il leur appartient, non seulement de participer au choix des programmes de formation mis en oeuvre, mais aussi d'en gérer le déploiement, d'en contrôler l'efficacité et d'en mesurer l'impact sur leurs propres résultats.

Un projet de e-learning est donc un projet majeur, produit par un processus d'entreprise fondamental, qui combine la formation et la gestion des connaissances. Pour le mener efficacement, il faut répondre simultanément à cinq exigences :

– utiliser la technologie de communication la plus récente et la plus innovante permettant une diffusion fluide et une interactivité motivante,

– transformer le rôle de l'instructeur, qui doit devenir un tuteur et un « coach » chargé de la progression et de l'encadrement personnalisé de chaque apprenant qui lui est confié,

– favoriser la constitution de groupes d'apprenants en une communauté d'apprentissage et de pratique,

– créer des contenus modularisés, ce qui permet non seulement la réutilisation des *« learning objects »*, mais aussi la personnalisation des parcours pédagogiques.

– comprendre la relation entre le e-learning et les autres formes de développement des connaissances

Pour répondre à ces exigences, un processus d'e-learning doit être conçu et mis en oeuvre d'une manière totalement intégrée, sur cinq dimensions :

– une dimension stratégique, liant clairement l'e-learning aux objectifs et aux contraintes de l'entreprise, tant au niveau de sa politique générale que de sa traduction financière, notamment en termes de retour sur investissement,

– une dimension pédagogique, couvrant la conception et la réalisation de contenus de formation adaptés à différents profils, organisés en filières et scénarios,

– une dimension organisationnelle, pour déterminer le rôle et la responsabilité de tous les acteurs impliqués dans le processus et l'impact sur les opérations (notamment au niveau de l'alternance formation-action et de l'évaluation des résultats),

– une dimension technologique, définissant le choix et la mise en oeuvre des outils informatiques nécessaires (logiciels, matériels, réseaux), leur impact budgétaire et leur faisabilité,

– enfin, une dimension humaine, intégrant l'e-learning dans la politique de développement des ressources humaines, la vision de la gestion des compétences, et la gestion du changement.

La réussite d'un processus de e-learning réclame donc une approche holistique, intégrant des dimensions de l'entreprise de niveau différent. Si le potentiel est impressionnant, le challenge ne l'est pas moins. Il réclame une combinaison efficace de réflexion et d'action. A ce titre, je suis particulièrement heureux de préfacer « Le Guide du e-learning », car dans cet ouvrage, Michel Mingasson a su non seulement définir avec clarté le cadre théorique dans lequel se situe l'e-learning, mais également proposer des solutions concrètes et nourries d'expériences pratiques.

Bonne lecture, et bienvenue dans le monde réel du e-learning !

Arnoud De Meyer

Singapour, 18 février 2002

Arnoud De Meyer est « *Akzo Nobel Fellow in Strategic Management* » et Doyen du Campus Asie de l'INSEAD. Ses centres d'intérêt en matière de recherche incluent la stratégie internationale de R & D, la stratégie industrielle et l'innovation par Internet. Il est le co-auteur de « *Benchmarking for Global Manufacturing* » (Business One Irwin, 1992), et de « *The Bright Stuff* » (Financial Times Prentice Hall, 2002). Il préside le Comité Académique de ICUS, un spécialiste international du développement et du déploiement de solutions d'e-learning.

Sommaire

Chapitre 5 **LES CONSÉQUENCES ORGANISATIONNELLES**

CONCLUSION

Introduction

Le monde se globalise. L'économie de libre échange devient le moteur du développement et de la croissance. Les entreprises sont les acteurs premiers de ce mouvement. Par conséquent, les hommes qui animent ces entreprises sont les protagonistes, volontaires ou non, de cette mondialisation. Les échanges planétaires, financiers, techniques et industriels, culturels, mettent les hommes en face d'un nouveau défi : être en permanence capables de comprendre le monde et ses changements. Les hommes échangent leur travail, leurs savoir-faire, leurs connaissances. Il devient nécessaire qu'ils comprennent et assimilent les connaissances nouvelles que leur apportent les interactions avec le monde. L'enjeu, pour eux, est important. En effet, il devient évident que les parcours professionnels où l'on reste toute une vie dans la même entreprise, dans le même métier, ne sont plus d'actualité. Tous, nous sommes appelés à changer plusieurs fois de profession au cours de notre carrière. Tous, nous sommes appelés à mettre en œuvre des pratiques différentes. Cette capacité, que l'on nomme **employabilité**, se construit et s'entretient. L'apprentissage et la formation continus deviennent une nécessité impérieuse pour chacun d'entre nous. Mais cette nécessité s'impose aussi à l'entreprise, organisme vivant. Celle-ci, soumise aux évolutions de l'environnement économique, se doit d'avoir des collaborateurs prêts à la suivre efficacement au cours de ces changements. La formation devient un levier essentiel pour aplanir la résistance au changement, réflexe premier devant un avenir incertain. Les entreprises qui se déploient sur un marché mondial intègrent des hommes qui ne connaissent rien de la culture de ces organisations. Les besoins de formation et d'apprentissage deviennent ainsi primordiaux et le marché de la formation au sein des entreprises se développe de manière considérable. De tout temps, la formation permanente a existé, mais ses méthodes et ses techniques doivent évoluer comme ont évolué toutes les autres activités de l'entreprise.

Le développement de nouvelles techniques[1] de l'information et des télécommunications (NTIC) a provoqué de nombreux changements dans les activités des entreprises. Nous constatons que ces techniques existent depuis plus de vingt ans, il est surprenant qu'il ait fallu autant de temps pour que les entreprises décident d'investir de façon importante. Il a fallu, pour cela, qu'elles se libèrent des solutions dites propriétaires où les fournisseurs recherchaient, de manière obsessionnelle, à créer une clientèle captive. Qui ne se souvient des architectures SNA (IBM), DNA (Digital) ou autres (H.P., Unisys, …) ? L'incompatibilité de ces systèmes propriétaires a conduit à des solutions opérationnelles coûteuses à mettre en œuvre, difficiles à maintenir, dépendantes des politiques d'évolution des fournisseurs. La différence actuelle est l'apparition de solutions techniques indépendantes des constructeurs et fournisseurs informatiques rendant compatible ce qui paraissait, il y a peu de temps encore, comme absolument impossible : faire communiquer un PC et un Mac ! En fait, le véritable progrès provient des facilités de communications entre différents postes de travail ou différentes machines. Dès lors que les communications deviennent faciles à mettre en œuvre, que les moyens de communication se développent sur l'ensemble de la planète, il devient possible pour les entreprises de réfléchir à l'intérêt de mettre en inter-relation des activités distantes, prises en charge par des acteurs également éloignés. Ce progrès s'est accompagné d'une facilité de programmation des échanges d'informations, ouvrant des possibilités nouvelles de coopérations distantes entre acteurs non nécessairement experts en informatique ! Les NTIC se sont, en quelque sorte, démocratisées provoquant des changements importants dans les processus des entreprises. Dès l'instant où l'on réfléchit à la délocalisation d'activités les unes par rapport aux autres, la ligne directrice de cette réflexion est de choisir la localisation la plus adéquate, permettant la plus grande efficacité des acteurs. Paradoxalement, il devient ainsi possible de rapprocher, en fin de compte, le client de l'entreprise, le fournisseur de l'acheteur, le consommateur du produit, l'enseignant de l'élève. L'activité de formation ne peut pas rester à l'écart de cette évolution et elle doit réfléchir à l'utilisation des NTIC dans l'art d'enseigner.

---

1. Nous réservons le terme de *technologie* à ce qu'il veut vraiment dire, c'est-à-dire l'étude des techniques (du grec *technologos* : qui traite des règles d'un art).

L'apprentissage à distance existe depuis longtemps, sa première forme étant l'enseignement par correspondance. Puis est apparu l'enseignement assisté par ordinateur (E.A.O.), dont on sait qu'il ne fut pas un succès. Aujourd'hui, le **e-learning** (formation utilisant les possibilités du réseau mondial de communication) prend son essor. Sans tomber dans le sensationnalisme, nous donnerons, dans un chapitre ultérieur, quelques chiffres montrant la croissance des activités utilisant le « Net » et l'écrasante supériorité des États-Unis dans ce domaine. Nous n'insisterons pas sur la multiplication des initiatives qui ont donné naissance à une prolifération de jeunes entreprises (les start-up). La fin de l'année 2000 et les premiers mois de 2001 nous ont rappelé qu'il est toujours hasardeux de faire des pronostics en économie. La seule évidence à retenir de ces turbulences est que, lorsqu'une technique est disponible dans des conditions de coûts et de faisabilité satisfaisantes, il serait absurde de ne pas en rechercher l'utilisation optimale. L'éducation et la formation à distance n'échappent pas à cette logique.

Cependant, contrairement aux activités purement commerciales, le métier d'enseignement et de transmission des connaissances garde une spécificité forte par le rapport particulier qu'elle instaure entre les hommes. C'est ce qui en fait sa grandeur. Il s'agit de mettre une expertise individuelle au service d'un individu, de sa propre connaissance et de son organisation du travail. Il s'agit de faire de l'entreprise une **organisation apprenante** par la mise en place, au-delà de la gestion des connaissances, d'une vraie gestion des compétences. C'est un véritable challenge.

CHAPITRE 1

L'entreprise face à ses challenges

*Tous les évènements sont enchaînés
dans le meilleur des mondes possibles.*

Voltaire.

LES CHOCS CULTURELS DE LA GLOBALISATION

▶ **Globalisation, fusions, délocalisations, des restructurations qui élargissent le champ du e-learning**

Les politiques économiques menées en Europe et aux États-Unis placent les entreprises dans une compétition qui se veut sans frontière, inscrite dans un vaste mouvement de dérégulation. En outre, les actionnaires (les « porteurs de gouvernance »), par l'intermédiaire des investisseurs institutionnels, ont pris un pouvoir prédominant. La recherche d'une plus-value rapide et importante (à deux chiffres) de l'action impose aux entreprises de prendre le chemin de la rentabilité maximale, ce qui a des effets multiples sur l'art de les gouverner (ce que l'on appelle aujourd'hui le gouvernement d'entreprise ou *corporate governance*). Ce mode de management conduit à distinguer deux effets importants. Le premier est la nécessité d'augmenter le chiffre d'affaires pour accroître la marge globale de l'entreprise et éviter l'annonce de bénéfices moins élevés que prévus ou *profit warning*. Pour cela, il est nécessaire d'investir de nouveaux marchés, ce qui s'obtient soit par l'acquisition de nouvelles activités par le biais d'absorption d'entreprises, soit, par la recherche d'un marché élargi sur l'ensemble de la planète, du moins dans les pays représentant un chiffre d'affaires potentiel important. Le deuxième effet est la nécessité d'accroître la rentabilité de l'action en recherchant des améliorations importantes de productivité. L'effet d'échelle pousse donc les entreprises à s'engager dans des fusions/acquisitions en vue de réduire le coût marginal de production. La fusion d'entreprises est un phénomène également transnational et qui, comme ci-dessus, élargit la taille du marché. Ainsi, en même temps que les entreprises se mondialisent, leurs clients s'internationalisent également. Il est inutile de donner des exemples de ces fusions impressionnantes, la presse et les médias se faisant largement l'écho de ces évènements. La nécessité de la croissance, l'obligation du libre-échange pour stimuler celle-ci, l'uniformisation du modèle économique libéral qui s'impose à toutes les nations, l'internationalisation presque obligatoire pour les grandes entreprises, la recherche de la maximisation de la valeur de l'action, telles sont les caractéristiques principales de l'économie de marché en ce début du XXIᵉ siècle.

Nous sommes donc en présence d'un vaste mouvement de concentration des forces de production par fusions, acquisitions, participations majoritaires au capital, établissement d'accords de coopération. Tous ces mouvements ont des conséquences importantes en termes de nombreuses restructurations d'entreprises améliorant l'effet d'échelle et permettant une productivité accrue. Mais ces réorganisations nécessitant des rapprochements entre entreprises confrontent des organisations généralement de cultures différentes. Ces chocs culturels ne se font pas sans dommages. Une fusion sur deux est un échec relatif faute d'avoir pris en compte cette dimension culturelle. Dans les deux cas, fusion et restructuration, le départ d'un certain nombre de collaborateurs est, objectivement, une perte de savoir-faire, une perte de la mémoire d'entreprise, une perte de substance intellectuelle. Aujourd'hui, certaines entreprises valorisent dans leur capital, ce que l'on appelle le capital intellectuel au même titre que la marque. Cette tendance est symptomatique d'une prise de conscience de la valeur de l'homme au sein de l'entreprise et elle peut contrebalancer, dans une certaine mesure, la perte de savoir-faire due aux départs volontaires ou provoqués de collaborateurs anciens et expérimentés.

Un point encore. Outre les restructurations, offensives ou défensives évoquées ci-dessus, la recherche d'une meilleure productivité et d'une réduction des coûts de production entraîne un vaste mouvement de délocalisation des unités de production. Ces délocalisations ont deux objectifs. Le premier est de rapprocher la production de son marché local, de réunir production et commercialisation, et créer une proximité des clients locaux favorable au développement du chiffre d'affaires. Le second est la recherche de sites où les coûts de production sont faibles, grâce à des coûts de main d'œuvre plus réduits. Ainsi, clients mondiaux, localisations multiples des entreprises, entreprise étendue, marché mondial, tout concourt à la multiplication des échanges qui, de plus en plus nombreux, se font aussi de plus en plus « en temps réel ». Dans ce foisonnement des flux de toutes natures (produits, finance, informations, ...), les techniques revêtent une importance considérable. Et parmi ces techniques, celles relevant de l'informatique et des communications ont pris la « part du lion ». Nous assistons à une véritable transformation des sociétés, due davantage à leur immersion dans ce monde technique qu'aux évolutions voulues par les gouvernements. Les techniques informatiques et de télécommunication permettent la mise en place de structures fonctionnant en réseaux, ce qui correspond parfaitement aux besoins des entreprises dans le monde économique actuel, tel que nous l'avons décrit succinctement. Il est difficile aujourd'hui de dire quelle est la cause et quel est l'effet, entre le développement étonnant des moyens de télécommunications et l'évolution du modèle économique. La synergie est totale. Grâce à ces techniques, les entreprises transnationales peuvent, à la fois, s'organiser en un vaste réseau mondial de production, de commerce et de finance, et conserver la maîtrise du fonctionnement de ce réseau. Les techniques informatiques ont investi tous les domaines de l'entreprise, la conception, la fabrication, la gestion administrative, la gestion des clients, le marketing, le commercial, le juridique, la gestion du personnel, etc... Il n'est donc pas étonnant de voir aujourd'hui la gestion des connaissances bénéficier de l'apport de ces techniques. Le e-learning, ainsi que nous le verrons, apportera sa contribution spécifique en constituant l'élément incontournable d'une gestion des connaissances efficace.

Les fusions (et les restructurations qui s'en suivent) et les délocalisations sont deux types d'évènements qui provoquent des chocs de culture entre les entreprises concernées. En effet, la fusion de deux entreprises (ou plus) met en présence deux collectivités ayant généralement des valeurs différentes, des habitudes de gestion différentes, des comportements internes différents, des approches du marché différentes. Il est donc indispensable de réussir le rapprochement des cultures, faute de quoi les déperditions en personnel risquent d'être importantes. La délocalisation implante l'entreprise dans un milieu différent de celui qui lui est naturel. Cela nécessite d'une part que le personnel délocalisé soit préparé à ce changement culturel et environnemental et d'autre part que le personnel local embauché soit préparé aux spécificités de l'entreprise. Dans les deux cas, le e-learning peut apporter une contribution majeure. La figure 1.1 résume ces considérations.

LA CAPITALISATION DU SAVOIR-FAIRE

> ▶ Le e-learning est le complément naturel de la gestion des connaissances et de la capitalisation des meilleures pratiques

Nous venons d'évoquer les grands mouvements de restructuration et de réorganisation des entreprises ainsi que quelques unes de leurs conséquences. Ces transformations si elles sont nécessaires à la compétitivité des entreprises, comportent cependant en elles-mêmes un risque important : celui de la dilution ou de la perte de savoir-faire. Or, depuis les années cinquante, le savoir-faire et son amélioration constante ont été au cœur des réflexions sur l'amélioration de l'efficacité globale des entreprises. En effet, venant des États-Unis après s'être développés d'abord au Japon avant de s'étendre à l'ensemble des entreprises occidentales, les mouvements d'amélioration de la qualité ont toujours focalisé leurs efforts sur l'identification, la formalisation et la généralisation des meilleures pratiques pour réduire les coûts dus aux défauts de production à tous les niveaux de la chaîne industrielle (conception, approvisionnements, procédé de fabrication, maintenance, commercialisation, ...). Cet effort de formalisation permet fondamentalement de construire et de mémoriser l'ensemble des savoir-faire de l'entreprise, capital qu'elle doit gérer pour pouvoir le conserver, l'actualiser, l'enrichir, le transmettre. C'est ce que l'on nomme la capitalisation du savoir-faire. L'aboutissement de cette capitalisation est ce qui s'appelle aujourd'hui la gestion des connaissances (*Knowledge Management*) dont nous parlerons plus précisément dans un prochain chapitre (chapitre 3). Soulignons simplement ici l'importance de cette gestion des connaissances. La perte d'un savoir-faire est irréparable pour une entreprise. Donnons-en un seul exemple. L'évolution de l'informatique a multiplié l'apparition de nouveaux langages de programmation, dits « orientés objet ». Ces langages sont plus complexes mais plus performants que les langages dits de troisième génération tels le cobol ou le fortran. Cependant, toutes les fonctions administratives des entreprises ont été informatisées dans les années soixante en utilisant de façon presque unique le cobol, pendant que les fonctions techniques utilisaient le fortran. Quarante ans plus tard, les applications informatiques de comptabilité ou de calcul de structures, par exemple, continuent de fonctionner avec leur langage d'origine. Mais le savoir-faire correspondant, c'est-à-dire la connaissance de la programmation en langages de troisième génération ainsi que des programmes d'entreprises eux-mêmes, a disparu rendant presque impossible la maintenance ou l'évolution de ces programmes. Lorsqu'une évolution devient nécessaire, l'entreprise doit alors changer totalement de système informatique pour intégrer des programmes plus modernes. Cette situation a fait la fortune de nombreux fournisseurs de programmes clé en main (les progiciels). Cette situation n'est pas dramatique lorsqu'il s'agit de refondre une comptabilité ou la paye du personnel, mais elle peut l'être bien davantage lorsqu'il s'agit de comprendre les raisons d'un dysfonctionnement dû à un programme de gestion de procédés industriels (nucléaire, par exemple !). On peut également se poser la question de savoir si les pertes de savoir-faire qu'a entraînées la privatisation des chemins de fer du Royaume-Uni n'est pas à l'origine des nombreux dysfonctionnements que l'on a pu constater.

Il est donc facile de comprendre l'importance de la capitalisation des savoir-faire pour l'entreprise. Mais elle est tout aussi grande pour les relations entre l'entreprise et ses clients. En effet, l'évolution toujours plus rapide des produits et des services proposés aux clients fait de la maintenance de ces produits et services une partie de la garantie de fidélisation du client et donc de la pérennité du chiffre d'affaires. Lorsqu'un produit tend à en remplacer un autre, les procédés de réparation et de maintenance ont tendance à être « oubliés » au bénéfice de produits plus novateurs, par manque de mise en pratique. La mémorisation et l'accessibilité de la description de ces procédures de maintenance sont pourtant une garantie de service au client. Les restructurations d'entreprises entraînent généralement des départs plus ou moins volontaires. Ces départs touchent principalement les collaborateurs les plus anciens (leur remplacement permettant de diminuer la masse salariale), et souvent les éléments les plus dynamiques. Dans les deux cas, il y a perte de connaissances (sans jeu de mots) pour l'entreprise. Les plus anciens sont porteurs d'une expérience et d'un savoir-faire qui sont le plus souvent au cœur des métiers de l'entreprise. Les plus jeunes sont fréquemment la source d'innovations. Lorsqu'il faut former les plus jeunes à ce savoir, les détenteurs ont disparu et réinventer un savoir-faire est toujours coûteux et laborieux. C'est pourquoi l'organisation efficace de la gestion des connaissances et la transmission de ces connaissances sont devenues un enjeu essentiel pour toutes les entreprises et toutes les organisations.

Pourtant, nombreuses sont celles qui accordent une importance trop faible à cet enjeu. Trop souvent encore la gestion des connaissances en entreprise est mal comprise et se borne en la constitution d'une base de données mémorisant des documents sans aucune analyse préalable, sans synthèse et sans organisation précise de l'information. Rassembler en un même endroit tout ce qui peut être éventuellement utile est la façon de faire la plus répandue, parce que la plus simple vraisemblablement, mais elle est sûrement la moins efficace. En effet, un document établi dans un contexte particulier n'est généralement compréhensible que par celui (ou ceux) qui l'a (l'ont) élaboré. Cette façon de faire privilégie l'aspect volume sur l'aspect pertinence et performance de l'utilisation. Enfin, même dans les cas où l'organisation des connaissances est sérieuse et efficace, l'utilisation de celles-ci n'est pas prise en compte dans un programme continu d'amélioration des performances des collaborateurs. Gestion des connaissances et formation (continue et intégrée au travail opérationnel) sont les deux volets inséparables d'une **organisation apprenante**.

LA PLACE DU E-LEARNING DANS L'EVOLUTION DES ORGANISATIONS

▶ Le e-learning est un outil d'accompagnement et de réussite des changements dus aux restructurations

Nous avons vu précédemment que le mouvement de globalisation du marché et d'organisation des entreprises créait des problèmes culturels lorsque l'une d'elles fusionne avec une autre ou lorsqu'elle s'implante dans un pays étranger à son marché d'origine. Dans les deux cas, le e-learning peut apporter une aide à l'intégration soit de deux cultures différentes (ou plus) soit au sein d'un environnement social, culturel, réglementaire nouveau (voir figure 1.1). Dans le premier cas, il faut faire connaître et comprendre la spécificité de chaque culture afin que chacun puisse être à même de mieux accepter les différences. Mais il s'agit surtout de faire comprendre pourquoi la fusion a lieu et ce qui, dans chacune des deux cultures et des deux organisations, sera mis en œuvre dans l'organisation future. Il s'agit de faire ressortir et accepter les complémentarités afin que la fusion apparaisse à tous non pas comme l'hégémonie d'une culture sur l'autre, mais comme une recherche de synergie et de complémentarité efficace. Le e-learning, en mettant à la disposition de tous, où qu'ils soient, un outil de démonstration, personnalisé dans la mesure de l'utile, facilite la prise de conscience des bénéfices (et des difficultés) de la fusion. Dans le second cas, qui concerne en particulier les mouvements de délocalisation, l'enjeu est de fournir au personnel délocalisé les informations nécessaires à la compréhension du milieu auquel ils vont se trouver confrontés et de donner au personnel local les informations dont il a besoin pour connaître les valeurs, les principes de fonctionnement et d'organisation, la vision de l'avenir, les objectifs de l'entreprise qui vient de les recruter. Là également, le e-learning offre aux salariés un outil d'apprentissage et de communication leur permettant, non seulement de prendre connaissance des messages que l'entreprise entend leur faire passer, mais aussi de poser les questions nécessaires pour atténuer (ou supprimer, dans le meilleur des cas) leurs appréhensions. Dans les deux cas évoqués, les possibilités d'informer, de communiquer, de discuter, d'échanger sont autant d'atouts que donne le e-learning et ses techniques pour réussir un mélange culturel et éviter des déperditions de savoir-faire qui constitue la sanction immédiate d'une fusion ou d'une délocalisation mal conduite.

Figure 1.1 *Le e-learning au cœur du libre échange*

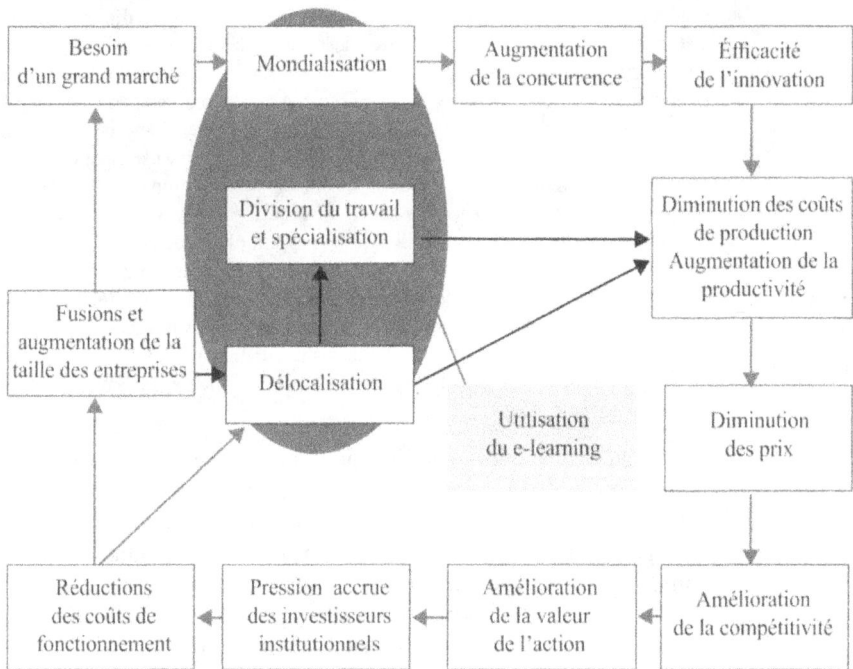

Un cas à méditer : une fusion américano française

La fusion était récente. L'entreprise, de nationalité française, venait de racheter un important cabinet de conseil américain. La nouvelle organisation imposait naturellement de fondre dans une même structure les activités de conseil de l'unité française et celles du cabinet américain. Compte tenu de la notoriété de ce dernier en matière de conseil, il fut demandé aux managers de cette unité de mener la fusion des activités. Un important contingent de consultants venant des États-Unis vînt s'installer au sein de l'organisation française et prit en main le processus d'intégration des activités de conseil en France. Bien que faisant un métier analogue, des différences existaient dans les méthodes et les pratiques. La présentation des propositions commerciales fut modifiée pour être conforme au modèle américain. La liste des missions possibles fut remaniée, de nouvelles interventions prenant la place de certaines considérées comme insuffisamment proches de la nouvelle culture. Tout cela fut annoncé lors d'un séminaire résidentiel au cours duquel, en quelques grands shows, les valeurs de la société de conseil furent énoncées. Des séances de travail en groupes furent organisées, où un ou deux consultants français se trouvèrent associés à une dizaine de consultants américains. Difficile, dans un tel contexte, de défendre un point de vue nécessairement minoritaire. Le résultat fut décevant. Plus de la moitié des consultants français s'en alla. Toute une culture spécifique disparut. Quelque temps plus tard, il fallut réinventer la méthodologie perdue, le marché étant demandeur de ce type d'intervention. L'oubli de prise en compte des différences culturelles a conduit à une perte de savoir-faire importante. Mais l'histoire ne s'arrête pas là. Lorsque la culture anglo-saxonne fut bien assimilée, une nouvelle fusion intervînt quelques temps après avec, cette fois, un très important cabinet de conseil français. Le même problème culturel resurgit, mais à l'inverse, la culture française étant devenue majoritaire. Mêmes causes, mêmes effets, un nombre important de départ entraîna une nouvelle perte de savoir-faire qu'il fallut combler à nouveau. L'intégration culturelle est une aventure toujours pleine de risques. Elle doit être menée de façon mesurée et prendre le temps nécessaire pour que le changement culturel se solde par un plus plutôt que par un moins. Toute culture a des particularités qu'il est bon de conserver et de faire partager.

Cet exemple pose la question d'une restructuration qui sache prendre en compte les différences culturelles pour éviter les pertes de savoirs et de compétences.

Au-delà de ces questions d'intégration, se pose en permanence la question de l'efficacité des opérationnels. Cette efficacité, gage d'une productivité satisfaisante, n'est pas une donnée exogène à l'organisation de l'entreprise. Tout au contraire, les choix organisationnels ont sur elle une influence directe et considérable. En particulier, l'adéquation des compétences des opérationnels aux tâches qui leur sont confiées est un facteur clé de cette efficacité. Et cette adéquation se construit et s'entretient. Le e-learning est l'outil privilégié pour y parvenir. Ainsi, la première fonction du e-learning est de formaliser et de distribuer le savoir-faire, en se dégageant des contraintes de temps et de lieu, en se soustrayant aux contraintes de l'espace-temps. Cette fonction n'est pas propre au e-learning et des moyens plus conventionnels peuvent également permettre d'informer et de former, n'importe où et n'importe quand. Cependant, ces moyens conventionnels imposent aux destinataires de ces formations de se rendre en un endroit particulier à une date fixée d'avance. Cette façon traditionnelle de procéder permet, en effet, de contacter tout le monde et d'organiser le planning des formations en fonction des impératifs de l'organisation de l'entreprise. Le e-learning donne la faculté de se libérer totalement (ou presque) de ces contraintes logistiques. En effet, tout apprenant potentiel a la possibilité de se connecter au système lorsqu'il le désire, au moment où cela lui est le plus nécessaire, sans quitter son lieu de travail, la plupart du temps. De plus, le système lui apportera une aide personnalisée dans sa démarche d'apprentissage qui tiendra compte de ses connaissances préalables, de ses difficultés de compréhension, de ses questions. La mise en place d'un système de e-learning est un projet important et complexe, mais, lorsqu'il est devenu opérationnel, il renforce considérablement l'efficacité de l'entreprise. En effet, la formalisation d'un savoir toujours à jour et sa diffusion immédiate sont les deux conditions pour que l'entreprise devienne une organisation apprenante. L'organisation toute entière bénéficie de l'accessibilité et du partage des connaissances, elle recueille en outre le retour d'expérience que suscite le e-learning et qui contribue à améliorer en permanence les pratiques et l'efficacité de l'entreprise.

Un des objectifs du e-learning est de fournir à chacun, au moment où il en a besoin, à l'endroit où il se trouve, selon le rythme qui lui convient, un ensemble d'outils de formation qui lui permette d'organiser son apprentissage de manière continue. L'évolution de l'environnement économique des entreprises, les modifications des conditions concurrentielles, la nécessité de croissance sont autant de raisons pour que les salariés aient un besoin important de faire évoluer leur savoir-faire. Un nouveau marché, de nouveaux produits et services, de nouvelles réglementations, autant d'évolutions qui obligent chacun à s'adapter. Le e-learning est un outil idéal pour préparer et réussir l'évolution des collaborateurs de l'entreprise lorsque celle-ci se trouve dans un contexte changeant. Cette capacité d'adaptation de tous est caractéristique d'une entreprise apprenante. C'est aussi donner à chacun la possibilité de faire évoluer ses compétences en fonction des besoins de l'entreprise, ce que l'on appelle l'employabilité. Préparer les employés de la production à un nouveau procédé de fabrication, les commerciaux à la vente d'un nouveau service ou aux relations avec un nouveau marché, le service de maintenance à un nouveau produit, les responsables d'unités à un ensemble réglementaire nouveau relatif à la protection de l'environnement, les raisons d'évolution sont nombreuses et toute entreprise se trouve, un jour ou l'autre, confrontée à cette problématique. Nous l'avons vu, le e-learning permet à l'entreprise de se prémunir contre une perte de savoir-faire due aux départs de certains de ses collaborateurs. On voit ici que c'est également le moyen de faire évoluer les compétences des collaborateurs. Préservation et évolution des savoir-faire sont les deux volets complémentaires du e-learning.

L'évolution des meilleures pratiques est indispensable pour préserver la qualité et la productivité. Cette recherche a été mise en pratique, au sein des entreprises qui ont adopté un programme de gestion de la qualité, par la création et l'animation des « cercles de qualité ». Ces groupes étaient composés d'un certain nombre de salariés, une dizaine environ, impliqués dans un même processus. Il leur était demandé de réfléchir au moyen de supprimer, de la façon la plus efficace possible, les causes de dysfonctionnements détectés dans le processus. L'objectif des cercles de qualité n'était pas d'innover mais d'exprimer et de partager des idées, puis de les valoriser au sein de l'entreprise. La philosophie des cercles de qualité s'appuie sur les observations d'Hezberg, selon laquelle la motivation doit se trouver à l'intérieur du cadre de travail par l'apprentissage, la communication, la responsabilité et la reconnaissance. Les participants à ces cercles de qualité se réunissaient périodiquement, en général à proximité de leur lieu de travail et en présence d'un animateur, pour échanger leurs points de vue et découvrir ensemble les modifications à apporter au processus pour éliminer les causes de défauts. Les thèmes privilégiés abordés dans ces réunions étaient l'agencement du poste de travail, l'entretien des machines, les méthodes de travail, la sécurité, l'efficacité. Certaines entreprises continuent à faire vivre des cercles de qualité, mais leur efficacité n'a pas toujours été très convaincante. Comment faire lorsque la recherche d'améliorations implique à la fois la chaîne de fabrication des composants localisée au Mexique (dans une des nombreuses *maquiladoras*) et la chaîne d'assemblage située aux États-Unis ? Comment faire lorsque les acteurs impliqués dans cette recherche sont à la fois dans l'entreprise et chez plusieurs fournisseurs ? Réunir en un même endroit, à des dates périodiques, des personnes venant d'horizons éloignés devient vite extrêmement coûteux. Même si l'enjeu économique justifie de tels coûts, les contraintes temporelles des participants rendent souvent impossible un rythme de réunions suffisant pour être efficace. Encore une fois, les principes et techniques du e-learning, en particulier la constitution de communautés de pratiques, permettent de résoudre cette difficulté. Le partage d'expériences devient facile car il est dégagé des contraintes de temps et de lieu. Chaque participant à une communauté exerce le partage d'expérience depuis son lieu de travail. Les outils mis à sa disposition facilitent la communication, synchrone ou asynchrone. Il sera suivi, comme l'ensemble des participants de la communauté, par un tuteur dont le rôle est de suivre l'avancement effectif du travail du groupe et de conseiller chacun, de manière personnalisée. On voit facilement que ces caractéristiques rejoignent les recommandations données par Hezberg pour obtenir la motivation des salariés.

LE E-LEARNING FACE À L'IMPACT DE LA « NOUVELLE ÉCONOMIE » SUR LE TRAVAIL

▶ Sous l'effet des techniques modernes, le travail change, la formation également

Les nouvelles techniques de l'informatique et des communications (NTIC) transforment le contenu du travail pour un certain nombre de raisons. Elles transfèrent à la machine une part de plus en plus grande des activités humaines. Ce transfert existe depuis la « révolution » industrielle du milieu du XIXe siècle et du XXe siècle. Mais aujourd'hui, ce transfert a lieu pour des activités non concernées jusque-là, c'est-à-dire des activités de prise de décision et de création, activités de nature intellectuelle par comparaison aux activités de pure production. Cette évolution a un impact important sur le contenu du travail et le face-à-face homme/machine de l'ère industrielle est remplacé par un face-à-face entre « pairs » « peer-to-peer » (P2P), donnant lieu à échanges et interactions. La productivité apparente du travail continue de croître dans les activités de production, entraînant une diminution de la quantité de main d'œuvre compensée, espère-t-on, par la création de nouvelles activités et de nouveaux emplois en amont et en aval de la chaîne de production : marketing et analyse de clientèle, services aux clients par exemple. Mais, dans cette transformation, tous les travailleurs des activités supprimées ne trouveront pas facilement une solution à leur problème d'emploi. Les plus avantagés seront ceux qui se montreront capables de s'adapter à un travail plus abstrait, demandant de savoir traiter l'information, sachant innover, maîtrisant les outils de communication, acceptant la mobilité… et parlant l'anglais ! Les autres seront les grands perdants de cette évolution… à moins que la formation ne les prépare à ce changement du contenu de leur travail. Ne sont pas concernés uniquement les cadres, car la nouvelle économie a également son « prolétariat » pour lequel le taylorisme n'a pas disparu, comme, par exemple, les employés des centres d'appel (les « call-centers ») qui, malgré leur travail répétitif, doivent savoir utiliser l'Internet, le courrier électronique, parler l'anglais, autant de compétences qui peuvent être acquises par une formation adaptée.

En même temps que les NTIC s'imposent, elles suscitent la création de nouvelles entreprises qui apportent un nouveau style de management. La spécialisation à l'excès tend à disparaître au profit d'une plus grande autonomie donnée au travailleur dont l'efficacité est mesurée par la réalisation d'objectifs définis préalablement. Cette autonomie, exige du salarié qu'il passe de la simple exécution d'une tâche au choix des moyens pour atteindre un objectif. Ce qui implique qu'il soit préparé au changement de contenu de son travail et qu'il ne puisse plus être jugé d'après sa seule qualification, mais d'après un ensemble de compétences qui, aux connaissances techniques, ajoutent des éléments complémentaires plus intangibles, comme des types de comportements, des savoir-faire particuliers ou des capacités à communiquer. Le salarié doit ainsi se préoccuper, tout au long de sa vie professionnelle, de développer des compétences nouvelles adaptées à son environnement de travail en constante évolution.

La formation en général et le e-learning en particulier ont un rôle éminent à jouer dans ces transformations du contenu du travail.

L'APPRENTISSAGE ET LA FORMATION, DES OUTILS D'AVENIR

▶ La formation devient un facteur clé de succès pour les managers opérationnels

La formation a souvent une fonction de « réparation » d'un manque ou d'un déficit de capacités de l'individu. En France, on parle de « seconde chance » donnée par la formation continue. Il s'agit, ici de tout autre chose. Il faut remplacer cette notion réparatrice par une vision dynamique portant en elle l'évolution nécessaire de l'homme vivant dans un environnement changeant. Il ne s'agit pas de réparer des conditions initiales déficientes dans le processus de participation au travail collectif de la société ou d'une entreprise, mais, quelles que soient ces conditions initiales, d'améliorer en permanence les capacités de chacun à s'adapter à un changement exogène. L'efficacité économique de la formation est souvent mise en doute. Des avis aussi contradictoires que tranchés existent sur ce sujet. « Nous ne sommes absolument pas sûrs de l'intérêt de la formation pour l'activité économique » dit J. Hartog, professeur d'économie à l'université d'Amsterdam, dans une publication de l'OCDE. Cette interrogation provient vraisemblablement du fait qu'au sein des entreprises, acteurs principaux de l'activité économique, la formation n'est pas considérée comme un outil d'efficacité économique.

Le bon sens conduit à convenir d'une évidence : dans une entreprise, ce sont les hommes qui réalisent la production. Les ressources humaines sont l'élément central d'une organisation. L'entreprise n'échappant pas aux évolutions constantes de son environnement, les hommes doivent progresser dans le même temps. Leur savoir-faire doit évoluer et toutes les fonctions de l'entreprise sont concernées : la conception, avec l'utilisation de nouveaux outils, la production, avec l'apparition de nouveaux produits et de nouveaux procédés, la distribution, avec la mise en œuvre de nouveaux moyens logistiques, la commercialisation, avec de nouvelles techniques de marketing et d'approche du client. De quoi les hommes, impliqués dans ces fonctions, ont-ils besoin pour réaliser les activités réclamées par l'organisation à laquelle ils appartiennent ? Ils ont besoin d'outils adaptés à leurs tâches et utilisant les possibilités qu'offrent aujourd'hui les techniques modernes. Ces outils de travail ont toujours existé, mais ils ont évolué avec le progrès et avec la recherche d'une plus grande efficacité dans le fonctionnement des organisations. Aujourd'hui, ils deviennent « intelligents » et sont capables de participer à la résolution de problèmes et à l'interprétation de l'information dont le volume croit de manière exponentielle. Le e-learning fait partie de cette catégorie d'outils en ce sens qu'il achemine l'information, participe à sa compréhension, facilite le développement et le partage des idées. L'accessibilité et la pertinence de l'information fournie sont deux qualités essentielles du e-learning (bien conçu !). De plus, l'adaptation de l'outil de travail aux évolutions environnementales est indispensable pour l'entreprise qui veut préserver son efficacité. Le e-learning permet une adaptation facile et une diffusion immédiate d'un nouveau savoir, d'un nouveau procédé, de nouvelles connaissances. Ce type d'apprentissage apparaît donc comme « la pierre angulaire » du fonctionnement d'une organisation apprenante. Créer une base de connaissances au sein de l'entreprise n'est pas suffisant. Il faut une dynamique qui entraîne dans un même mouvement les collaborateurs vers l'acquisition de connaissances nouvelles, le partage d'expériences, l'échange d'idées, l'élaboration de meilleures pratiques. Les techniques de l'information et des communications obligent à centrer toutes les actions autour du résultat. La formation n'échappe pas à cette tendance lourde. L'apprentissage permanent est la garantie d'une adéquation entre les besoins de l'entreprise et les compétences dont elle dispose. Les processus d'apprentissage sont destinés à permettre aux acteurs de répondre efficacement aux situations auxquelles ils sont confrontés. Pour la plupart des entreprises, la formation est un investissement parmi d'autres, dont la rentabilité est, soit négligée au bénéfice de la seule obligation légale, soit relève des règles générales de la prise de décision sur les coûts. La formation est souvent considérée comme « budgétivore » et les responsables opérationnels ne s'inquiètent que du respect du budget. De plus, le choix des formations présentées dans le catalogue du service Formation est, le plus souvent, laissé à l'initiative de son responsable, éventuellement des représentants du personnel. Ces habitudes doivent (et vont) changer. La formation doit être considérée, par les responsables opérationnels, comme indispensable à l'efficacité et à la productivité de l'entreprise. Ils devront s'impliquer dans le choix des formations suivies par leurs collaborateurs et cette implication sera prise en compte dans leur évaluation annuelle. Les enjeux du e-learning sont considérables et sous-estimés le plus souvent. Sa notoriété est réelle, mais elle souffre aujourd'hui des difficultés d'une « nouvelle économie » qui a grandi trop vite et qui jette la suspicion sur tout ce qui s'approprie le préfixe « e- ». La vraie dimension du e-learning reste encore actuellement mal connue.

La formation est donc indispensable pour l'entreprise. Mais elle est également une nécessité au niveau de chaque individu. Tout le monde sait, aujourd'hui, que chacun changera de métier, volontairement ou non, plusieurs fois dans sa vie professionnelle. Il faut donc s'y préparer à titre individuel. Et la seule façon de le faire est d'entretenir et d'acquérir des connaissances qui permettent ce changement de métier. Chacun doit être attentif à l'évolution du monde et préserver son employabilité tout au long de ses carrières successives. Cela ne peut se faire que par l'apprentissage et la formation continue. Encore faut-il trouver le temps et les moyens pédagogiques nécessaires pour entreprendre une formation continue efficace. L'État et ses représentants locaux doivent réfléchir, comme le font (ou le feront) les entreprises pour leurs salariés, à la mise en œuvre et à une véritable gestion d'une formation continue efficace, proposée par des organismes reconnus et ayant des comptes à rendre. Dans le cadre de cette gestion nouvelle, le e-learning doit pouvoir trouver une place de choix, en offrant des produits « sur étagères » efficaces et de qualité, en permettant à chacun d'y accéder quels que soient le lieu et le moment. On peut s'interroger sur le fait de savoir si l'apprentissage n'est pas, finalement, un acte de liberté, voire d'insoumission, par lequel l'homme manifeste un choix de vie parmi des sollicitations de plus en plus nombreuses et, dans le même temps, de plus en plus aliénantes. La bataille du siècle à venir n'est plus celle du bien contre le mal, mais plutôt celle de l'intelligence contre l'envahissante bêtise.

Nous n'insisterons pas davantage sur ce problème collectif, de dimensions nationale et gouvernementale. La suite de cet ouvrage est consacrée à l'utilisation du e-learning en entreprise.

CHAPITRE 2

La révolution du
e-learning

En parlant de nos affaires,
nous n'apprenons pas seulement beaucoup d'autrui,
mais aussi de nous-mêmes.
L'esprit achève ses propres pensées,
en les mettant dehors.

Louis XIV – Mémoires historiques - 1661.

CARACTERISTIQUES GÉNÉRALES DU E-LEARNING

► Un système de
e-learning se
construit à partir
de quatre princi-
pes de base
seulement

Les différents types de e-learning

Enseignement, formation, apprentissage, autant de mots qui recouvrent une idée centrale identique, à savoir le transfert de connaissances. Etablir une classification de tous les modes de transfert existants n'est pas une tâche aisée. Nous tenterons, cependant, cette classification à partir de trois critères :

– l'encadrement plus ou moins directif de l'apprenant,

– la modularité et l'adaptabilité du cursus pédagogique,

– le nombre potentiel d'apprenants.

Parmi les types d'apprentissage à fort encadrement, on trouve les cours particuliers qui s'adressent à un nombre très restreint d'élèves (1 à 10, comme ordre de grandeur), et l'enseignement traditionnel de l'Education Nationale, y compris les Grandes Ecoles, qui s'adressent à un nombre plus important d'élèves (10 à 300). Le cours particulier peut (doit) s'adapter aux particularités de l'élève tandis que l'enseignement traditionnel est identique pour toute une classe (ou toute une promotion).

L'Enseignement programmé laisse beaucoup plus d'initiative à l'élève qui doit organiser lui-même son temps d'apprentissage. Il en est de même pour l'enseignement universitaire. Dans les deux cas, la responsabilité de l'élève dans l'organisation de sa formation est plus importante. Le nombre d'élèves potentiels grandit (de 300 à 500). Le parcours pédagogique reste, cependant, identique pour tous les élèves.

Le e-learning, quant à lui, présente les caractéristiques suivantes : une forte initiative laissée à l'apprenant dans l'organisation de sa formation, un cursus pédagogique modulaire et adaptable à chaque élève, un nombre potentiel d'élèves aussi élevé que l'on veut.

La figure 2.1 présente cette classification. Le e-learning lui-même peut être conçu de différentes façons. En particulier, trois éléments importants peuvent différencier les manières de le concevoir :

Figure 2.1 *Comparaison entre les types d'enseignement*

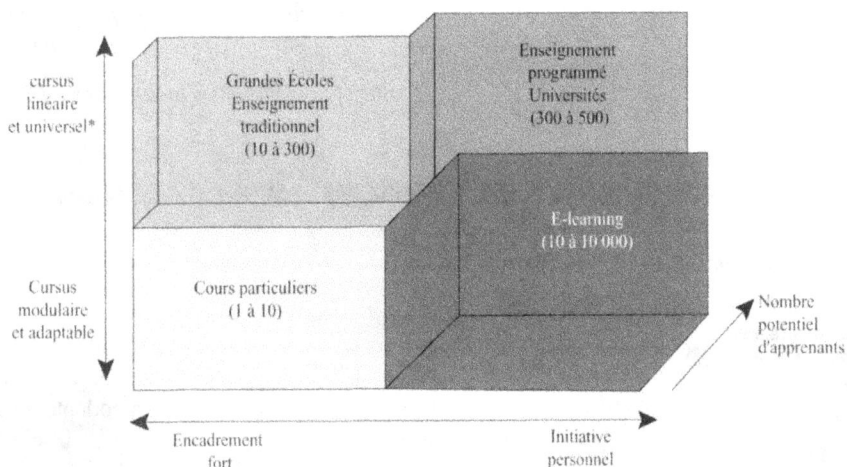

cursus linéaire et universel*

Grandes Écoles
Enseignement
traditionnel
(10 à 300)

Enseignement
programmé
Universités
(300 à 500)

E-learning
(10 à 10 000)

Cursus modulaire et adaptable

Cours particuliers
(1 à 10)

Nombre potentiel d'apprenants

Encadrement fort

Initiative personnel

* : le même pour tous

– la présence ou non d'un **tuteur**,

– l'existence ou non d'une part de **présentiel, où la présence est requise,**

– l'existence ou non de travail de **groupe**.

Selon les choix qui sont faits, les avantages de chaque type de e-learning sont différents. Les principaux critères d'évaluation retenus sont le degré d'autonomie de l'apprenant dans l'organisation de sa formation, l'importance des déplacements des apprenants pour la formation, la personnalisation plus ou moins importante du parcours pédagogique, l'importance du support apporté à l'apprenant, le jalonnement du parcours par des « points de passage » obligés et l'importance des échanges entre les acteurs. Le tableau ci-dessous compare les différents types de e-learning par l'application de ces critères :

Figure 2.2 *Comparaison des différents types de e-learning*

	e-learning isolé	*e-learning + tuteur*	*e-learning + tuteur + présentiel*	*e-learning + tuteur + présentiel + groupes*
Autonomie	+++	++	++	++
Déplacements	+++	+++	+	+
Personnalisation	+	+++	+++	+++
Support	-	++	++	+++
Jalonnement	-	+	++	+++
Echanges	-	+	++	+++

Ce tableau montre clairement l'avantage d'une solution qui combine le tutorat, le présentiel et le travail en groupe. C'est pourquoi, dans la suite de cet ouvrage, nous insisterons essentiellement sur ce mode de e-learning (e-learning global). L'absence de tuteur comporte le risque d'un parcours pédagogique choisi par l'apprenant qui soit inadapté à son cas, selectionné soit au hasard soit par facilité (on ne cherche à apprendre que ce que l'on connaît déjà). Le rôle du tuteur est important, nous y reviendrons plusieurs fois dans la suite de cet ouvrage. Tout le monde sait que la dynamique de groupe est un facteur de réussite d'une formation. C'est la raison du présentiel qui devient incontournable lorsqu'il s'agit de mettre en œuvre des jeux de rôle par exemple. Le groupe reste un allié efficace du formateur par les discussions, les débats, les échanges d'expériences, la volonté de se convaincre. De plus, c'est un bon moyen de baliser le processus d'apprentissage permettant d'éviter les dérapages et les découragements. Enfin, le travail en groupes permet la création de communautés dont on attend qu'elles perdurent pour devenir des groupes de pratiques participant activement à la formalisation des meilleures pratiques et concourant ainsi à l'amélioration de l'efficacité de l'entreprise.

Les quatre principes fondamentaux du e-learning

Le e-learning s'appuie sur quelques principes de base, simples mais exigeants.

• *Le premier principe* porte sur l'organisation du contenu pédagogique. La modularité de l'ensemble pédagogique est une condition importante pour pouvoir construire des parcours d'apprentissage adaptés à différentes situations de compréhension et d'acquisition chez les apprenants. Cette modularité, base de la personnalisation, est vraisemblablement ce qui est à la fois le plus important à réussir et le plus difficile à réaliser. A partir d'un contenu pédagogique d'origine, il s'agit d'analyser la progression théorique des connaissances pour identifier des sous-ensembles logiques et cohérents, c'est-à-dire :

1 – dont les pré-requis sont inclus dans le(s) module(s) précédent(s) ;

2 – découlant logiquement des modules précédents, c'est-à-dire apportant un complément de connaissances qui forme un ensemble cohérent avec ce qui a été précédemment acquis. En d'autres termes, en supposant que l'enseignement s'interrompe à ce stade, le bagage de connaissances acquis serait peut-être insuffisant mais cohérent et consistant ;

3 – dont certains sont conceptuellement redondants mais pédagogiquement différents pour être utilisés par des apprenants ayant besoin d'explications plus détaillées. Ce qui implique une réflexion préalable sur les profils des apprenants afin de définir par avance tous les modules nécessaires dans différents cas de progression possibles (filières et scénarios pédagogiques) ;

4 – qui sont associés à des tests (« quiz », simulations, questionnaires, QCM, exercices, études de cas, résolution de problèmes, mises en situations virtuelles, etc…) permettant d'aiguiller l'apprenant vers le module suivant le plus approprié et tester la complétude du parcours pédagogique ;

5 – dont chacun d'entre eux permet l'accès à des sources d'informations externes au système de e-learning pour apporter des compléments d'information à l'apprenant qui en ressent le besoin (ou si le parcours pédagogique impose cette consultation). Ces sources d'information peuvent être internes ou externes à l'entreprise ;

6 – dont l'ensemble forme un contenu conforme aux besoins de l'entreprise.

La modularité s'obtient en identifiant les éléments pédagogiques minimaux (le « **grain** » **pédagogique**) dont l'assemblage permet la construction des modules (voir chapitre 4, page 99). Un grain pédagogique peut être utilisé dans différents modules, améliorant l'efficacité de leur construction.

• *Le second principe* est l'utilisation des techniques actuelles (... et futures) de communications et informatiques pour remplacer, en tout ou partie, la présence physique de l'enseignant ou de l'animateur. L'utilisation de ces techniques permet :

1 – de « délocaliser » l'apprenant par rapport au professeur. Cette délocalisation permet de s'affranchir, autant qu'on le désire, de la nécessité de déplacer les apprenants pour les réunir en un même lieu, à une même date, pour une même période et pour suivre un cours identique (on s'affranchit, en quelque sorte, des règles de la tragédie classique : unité d'action, unité de lieu, unité de temps) ;

2 – de laisser l'initiative du déroulement du cours en grande partie à l'apprenant. Il ne s'agit pas de lui laisser une totale liberté. Ce qui impose que l'enseignant prévoit des « points de rencontre » réguliers avec ses étudiants. Ces points de rencontre peuvent, pour certains d'entre eux, être organisés de manière traditionnelle en présentiel ;

3 – à l'apprenant de communiquer avec son enseignant de manière synchrone (points de rencontre, classe virtuelles, ...) ou asynchrone (e-mail, forum, ...). Par ces échanges, l'enseignant – qui devient un tuteur – pourra orienter l'élève vers tel ou tel module (lorsque le test n'est pas entièrement automatique) ou toute source d'informations complémentaires ;

4 – à l'enseignant-tuteur, de suivre le parcours d'apprentissage de ses élèves.

• *Le troisième principe* est la modification du rôle de l'enseignant. Il n'est plus le professeur déroulant le contenu de son cours en chaire (ou l'animateur de séminaire) dont l'objectif est d'avoir terminé l'exposé entier à une date fixe. Chaque élève le perçoit davantage comme un conseiller qui lui est personnellement affecté que comme un professeur. Le professeur devient un tuteur (coach). Un professeur, devant un amphithéâtre de trois cents personnes n'a – si l'on peut dire –comme seule obligation d'arriver au terme de son cours dans les temps prévus, sans se préoccuper du nombre d'élèves qui « décrochent ». Aucun élève n'a la possibilité réelle de poser des questions pendant le cours ni de demander de reprendre une démonstration. Seuls les résultats de l'examen final donnent au professeur une vue globale et statistique du niveau de compréhension de l'auditoire. Un animateur, dans un séminaire de trente participants, pourra davantage identifier ceux qui ont des difficultés de compréhension et il pourra, dans une certaine mesure seulement, leur apporter un complément d'explications. Un tuteur de e-learning, débarrassé de l'exposé ex-cathedra, consacre la quasi totalité de son temps au suivi individuel des apprenants. Il surveille la progression de chacun et apporte, de manière synchrone ou asynchrone, les informations complémentaires demandées et les conseils nécessaires.

Mais, la modification du comportement concerne également l'apprenant. Un élève, dans un amphithéâtre ou dans un séminaire, subit la planification du cours et n'a aucune responsabilité dans son déroulement. Dans un processus de e-learning, l'apprenant doit organiser lui-même, en fonction de ses besoins et de ses contraintes, le déroulement temporel de son apprentissage. Il lui appartient de se servir, à bon escient, des possibilités que lui offre le e-learning.

• *Le quatrième principe*, rendu possible grâce aux multiples possibilités de communications est la constitution de groupes d'apprenants. Ces groupes sont constitués, de façon spontanée ou organisée, par des participants à un même cursus pédagogique qui partagent leur expérience, commentent tout ou partie du contenu, discutent entre eux des bénéfices et des difficultés d'application du contenu pédagogique, partagent leurs compétences en la matière. Ces groupes d'apprenants forment, au bout d'un certain temps, des groupes de pratiques, c'est-à-dire des collaborateurs de l'entreprise qui s'efforcent, par la mise en commun de leur expérience, de dégager les meilleures pratiques de l'entreprise dans un (ou plusieurs) domaine(s) opérationnel(s). L'identification et la formalisation des meilleures pratiques est un rouage essentiel de la gestion des connaissances au sein d'une organisation apprenante. Lancement de produits ou de services nouveaux, création d'une nouvelle activité, mise en place de nouveaux modes de gestion, gestion de projets, préparation à une délocalisation ou à une fusion, sont autant de domaines d'application du e-learning où la constitution de groupes de pratiques permet d'atteindre la meilleure efficacité dans un temps minimum.

Ces principes font du e-learning une méthode d'apprentissage fondamentalement différente de la formation traditionnelle d'entreprise. L'organisation du parcours pédagogique, l'organisation matérielle, la proximité avec les activités opérationnelles, l'organisation du contenu sont autant de différences profondes entre ces deux mondes d'apprentissage. Le tableau ci-après résume ces différences.

Figure 2.3 *Comparaison de la formation traditionnelle et du e-learning*

Formation traditionnelle (training)	e-learning
Organisation du temps	
Les modalités de formation sont fixées d'avance et s'imposent à tous, en dehors du temps de travail.	L'apprenant organise lui-même sa formation pendant son temps de travail.
Organisation du parcours pédagogique	
Progression linéaire et prédéfinie.	Progression adaptable à chacun en fonction de la situation.
Connexion avec les activités opérationnelles	
Sans connexion immédiate.	Intégrée aux activités opérationnelles.
Modalités	
Activité ponctuelle, ayant lieu à un moment précis avec date de début et date de fin imposées.	Activité continue.
Contenu	
Le contenu est le même pour tous et doit satisfaire le plus grand nombre. Il est organisé en programmes de manière centralisée. Il ne tient compte des changements de l'environnement de l'entreprise qu'avec retard.	Le contenu tient compte des besoins individuels et des interactions entre participants et avec le tuteur. Le contenu change constamment par les apports des utilisateurs, les expériences, les nouvelles pratiques.

La mise en œuvre du e-learning demande des compétences spécifiques. Tout d'abord, il faut des compétences pédagogiques pour toute la partie conception et scénographie des contenus. Identifier tous les parcours d'apprentissage en fonction des possibilités d'acquisition des apprenants demande une appréciation fine des difficultés potentielles de compréhension présentées par les contenus en ligne. Ainsi, l'ingénierie de formation est primordiale.

Ensuite, l'activité de tutorat demande, en plus des compétences pédagogiques, des capacités de dialogue orientées vers l'aide à apporter aux apprenants. Le tuteur doit également être capable d'orienter vers des expertises complémentaires, ce qui suppose qu'il en ait parfaitement connaissance. Il doit mettre en œuvre un « coaching » des apprenants dont il a la charge pour les aider à accomplir leurs parcours pédagogiques avec succès. Le coaching est un exercice difficile car il requiert sensibilité et finesse pour que le salarié ne se sente pas jugé ou personnellement mis en cause et une vraie connaissance du sujet enseigné pour garder sa crédibilité auprès du même salarié. Il devra conseiller l'apprenant en difficulté pour lui indiquer les moyens de surmonter l'obstacle, soit en lui apportant directement les informations complémentaires nécessaires, soit en l'orientant vers une source d'informations interne ou externe. Cette activité de coaching et de conseil est à la base de la personnalisation de la formation. Le tuteur est aidé dans cette tâche par les systèmes d'évaluation qui permettent le choix du contenu. Il doit répondre rapidement aux sollicitations de chacun tout en surveillant sa progression. Ces échanges entre l'apprenant et le tuteur contribuent évidemment à la personnalisation. Le tuteur doit savoir animer un forum ou une séance organisée en présentiel, relancer les discussions en évitant les bavardages et les digressions. Il doit préserver ou renforcer la motivation des apprenants pour éviter l'abandon. Il a ainsi trois responsabilités majeures : la compréhension, la motivation et la personnalisation. En plus de ses compétences pédagogiques, il doit être familier des nouvelles techniques mises en œuvre dans l'Internet, il doit disposer d'une expertise dans le(s) domaine(s) enseigné(s), il doit posséder une expérience opérationnelle. La qualité du tutorat fera la différence entre le e-learning et une auto-formation comme l'était l'E.A.O. Il s'agit donc d'une compétence à part entière et la découverte, au sein de l'entreprise, de ceux qui la possèdent est un véritable challenge.

Il faut, bien entendu, des compétences techniques pour que la qualité du matériau pédagogique ne soit pas mise en danger par une infrastructure à performances insuffisantes. L'usage des techniques de l'information et des communications demande la maîtrise des moyens nécessaires à mettre en œuvre et leur maintenance. La direction des services informatiques de l'entreprise est partie prenante dans le bon fonctionnement du système. Enfin, l'introduction du e-learning exige, au moins pour les premières expériences, un changement dans les habitudes de formation et de travail. Il faut susciter le besoin de travail coopératif et les partages d'expériences. Ces interactions sont, en effet, une caractéristique essentielle du e-learning. Il faut, également, faire des apprenants les acteurs de leur propre formation, ce qui nécessite une prise de conscience de leur responsabilité en la matière. Ces expertises sont absolument nécessaires, le e-learning ne se bornant pas à mettre en réseau des contenus de formation.

LE MARCHE MONDIAL DU E-LEARNING

Description générale du marché du e-learning

■ *Le marché aux États-Unis*

▶ **Un marché mondialement en expansion**

Globalement, le marché du e-learning se développe rapidement depuis deux ans environ. Ce développement tient, pour l'essentiel, à ce que les mentalités ont profondément changé ou sont en cours d'évolution. Jusqu'à ces dernières années (ces derniers mois ?), la formation était classiquement considérée comme un centre de coûts, vulnérable aux rigueurs budgétaires. Aujourd'hui, le e-learning, grâce à ses caractéristiques propres, est considéré (ou est en passe d'être considéré) comme un levier compétitif, capable de générer des avantages concurrentiels. D'une activité déconnectée de l'opérationnel, l'apprentissage par le e-learning s'est intégré dans le travail quotidien. Ces deux aspects ont considérablement favorisé le développement du marché.

La figure 2.4 représente l'évolution probable du marché de la formation. On voit que l'augmentation de ce marché est essentiellement due à la progression du e-learning. Aux Etats-Unis, le marché du e-learning est en pleine croissance et le potentiel reste encore important. Le marché en ligne représente un chiffre d'affaires de 600 millions de dollars en 1999, atteindra les 10 milliards de dollars en 2002 (étude Framingham) et 16,8 milliards de dollars en 2004 (étude IDC) alors que le marché mondial représentera un chiffre d'affaires de 23 milliards de dollars (étude IDC). En effet, la majorité des formations dispensées en ligne concernent aujourd'hui l'informatique. Demain, ces formations concerneront tous les domaines opérationnels de l'entreprise, les entreprises de taille moyenne représentant l'ensemble le plus important. Les critères retenus par les entreprises pour effectuer le choix du e-learning sont, tout d'abord la complexification des emplois et leurs évolutions rapides et fréquentes nécessitant une adaptation presque permanente des salariés. En outre, la nécessité de rester compétitif, imposant une productivité croissante, oblige d'une part à trouver des moyens de formation moins « gourmands » en temps et plus efficaces. La personnalisation des parcours du e-learning, la mise à disposition immédiate des cours à l'ensemble des salariés concernés concourent à cette efficacité plus grande. Enfin, la capacité qu'offre le e-learning de communiquer avec des experts est cause d'une amélioration de la productivité. C'est en ce sens que le e-learning s'intègre aux activités opérationnelles. Les secteurs d'activité les plus en pointe dans l'utilisation du e-learning sont les services, les transports et les communications. Evidemment, les entreprises les plus concernées sont celles qui ont des équipes dispersées. L'évolution est rapide et l'on estime (étude de Masie Center) que plus de 90 % des grandes entreprises utiliseront le e-learning en 2002-2003. Pour celles d'entre elles qui l'utilisent déjà, on constate une appropriation importante de la pratique par ses utilisateurs. Cela tient principalement au fait que le temps de formation est raccourci de façon importante par rapport à la formation traditionnelle pour une même acquisition de savoirs.

Nombreuses sont les entreprises ayant mis en œuvre le e-learning et ces quelques grands noms peuvent être cités = Hewlett Packard, Buckman, Dow Chemical, IBM, American Express, BP Amoco, Sony, 3M, Baxter, Xerox, Siemens, …

Figure 2.4 *La croissance du marché mondial de la formation est due au e-learning*

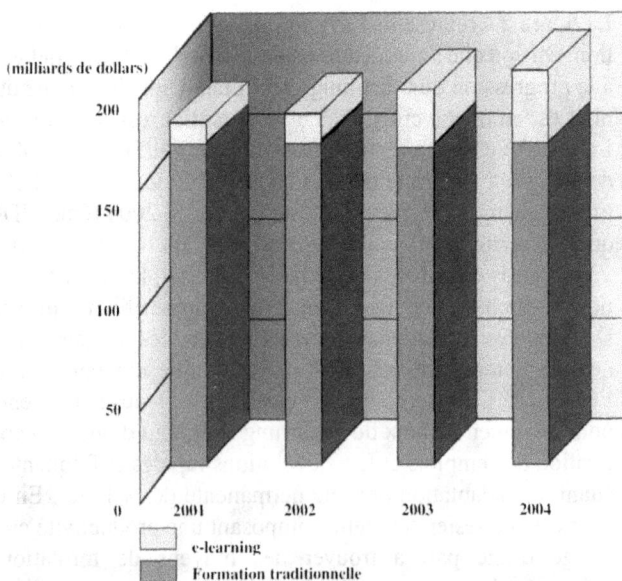

Les difficultés économiques actuelles ont des conséquences sur le marché du e-learning. Elles ont provoqué des fermetures, des fusions et des acquisitions parmi les fournisseurs de solutions de e-learning. Mais ces répercussions ont été moins importantes pour les entreprises de ce secteur que pour l'ensemble des entreprises de techniques informatiques. Le potentiel du marché n'est pas remis en cause. Seul, le comportement des acheteurs s'est modifié, comme dans tous les cas où les budgets sont resserrés :

– le cycle de décision s'allonge et les appels d'offre sont plus difficiles ;

– le prix devient le critère fondamental du choix ;

– la démonstration des économies potentielles est essentielle dans la proposition du fournisseur ;

– être un leader du marché devient un avantage important ;

– les acheteurs recherchent des solutions « clé en main » proposées par des intégrateurs.

■ *Le marché en Europe*

D'après une étude de International Data Corporation (IDC), le marché européen du e-learning, qui atteint 350 millions d'euros en l'an 2000, atteindra environ 4 milliards d'euros en 2004, ce qui représente un taux de croissance annuel moyen d'environ 95 %. La Commission Européenne estime que le marché global du e-learning en Europe devrait à terme atteindre 12 milliards d'euros. Le tableau ci-dessous donne une indication sur l'importance de ce marché dans les principaux pays d'Europe en 2002-2003.

Figure 2.5 *Marché du e-learning en Europe en 2002-2003*

Allemagne	220 millions d'euros
Royaume-Uni	174 millions d'euros
France	155 millions d'euros
Pays-Bas	112 millions d'euros
Suède	107 millions d'euros
Total	**768 millions d'euros**

La formation aux techniques informatiques représente plus de la moitié du total. Le reste concerne des formations aux métiers tels le commercial, le marketing, le management. Les pays les plus en pointe sont le Royaume-Uni, les Pays-Bas et la Suède. Le secteur bancaire est le plus dynamique en matière de gestion des connais-sances. Ceci s'explique du fait que la banque est essentiellement un métier de traitement d'informations ouvert aux applications multi-ples des techniques informatiques. Cette propension à la gestion des connaissances dans le secteur bancaire devrait s'amplifier pour atteindre un marché de 0,5 milliards d'euros en 2004 avec un taux de croissance de 38 %. Cette évolution se constate essentiellement en France, en Allemagne, en Italie, aux Pays-Bas, en Suède et surtout en Angleterre qui représente les quatre cinquièmes de ce marché.

Figure 2.6 *Evolution du marché du e-learning en Europe*

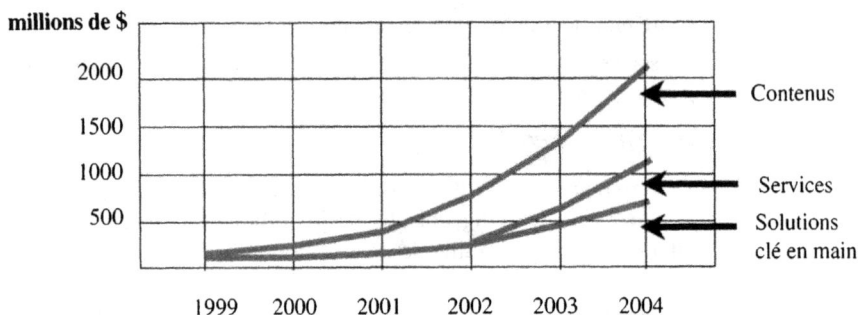

La croissance du e-learning est illustrée par la part croissante qu'il prend dans les dépenses totales de formation : 9,5 % en 1999, 13 % en 2000, 35 % en 2001. Les principaux freins identifiés sont tout d'abord le facteur linguistique, puis les grandes disparités des entre-prises dans l'utilisation des nouvelles techniques de l'information et des communications (NTIC) et, comme corollaire, la pénurie de compétences touchant aux NTIC, enfin les coûts encore élevés des télécommunications.

L'exemple ci-dessous décrit les choix faits en matière de e-learning par une grande entreprise.

Une **importante société informatique** lance une action de formation appelée Learning Space. Il s'agit de la mise en ligne de contenus pédagogiques existants sur la plate-forme Lotus Learning Space permettant de réaliser plusieurs fonctions :
– le téléchargement de contenus pédagogiques,
– la consultation de bases de ressources,
– la réalisation de travaux en groupes grâce à des forums,

– l'utilisation de messageries permettant des échanges asynchrones entre apprenants et avec un tuteur,
– la réalisation d'échanges synchrones par la téléconférence et les moyens audiovisuels.

Cet environnement est constitué de cinq bases interconnectées :
– une base comprenant les programmes détaillés de formation, les objectifs et les délais indicatifs,
– une base contenant les supports pédagogiques de toutes natures (textes, animations, vidéos, audio, …),
– une base constituant un espace de discussion où les participants peuvent avoir des échanges,
– une base contenant la liste des participants et des formateurs,
– une base accessible uniquement aux tuteurs, servant d'outil de gestion des tests, permettant de créer des questionnaires et de les incorporer aux différents cursus.

L'objectif est de proposer ces services à l'ensemble des collaborateurs de l'entreprise avant de les ouvrir aux clients extérieurs.

L'entreprise a décidé d'utiliser le e-learning pour améliorer la rentabilité des investissements importants qu'elle consacre à la formation ainsi que l'efficacité de celle-ci.

L'apprenant, après avoir choisi son parcours pédagogique, a accès à un sommaire dont chaque point d'entrée lui fournit un texte de présentation du cours et de ses objectifs, les instructions lui permettant d'accéder au support de formation stocké dans la base dédiée, les questionnaires et les tests qui permettront de l'évaluer. Un tutorat en mode asynchrone (e-mail) permet au tuteur de conseiller les apprenants sur les parcours les plus adaptés.

Concernant l'organisation du fonctionnement, la société a opté pour une formule qui impose un espace et un temps dédiés à l'activité de formation, négociés avec les responsables hiérarchiques des apprenants qui gèrent la formation de leurs équipes.

Les évaluations sont faites à partir de questionnaires QCM ou à base de questions ouvertes auxquels l'apprenant doit répondre avant de les envoyer sur le serveur. Le tuteur vient rechercher ces réponses, les annote et les retourne à l'apprenant via la messagerie électronique.

Les formateurs de l'entreprise insistent sur les changements que ce mode d'apprentissage induit dans la fonction de formateur : renforcement de l'assistance, suivi plus fin de la progression, meilleure assistance pour tracer le parcours des apprenants. Les échanges par l'Intranet constituent un outil primordial pour le partage d'idées.

Pour que le projet atteigne l'ensemble de ses objectifs, il faut que la capacité de transport des réseaux soit revue à la hausse afin d'être libérée de la contrainte de taille des fichiers. Un plan de communication amont est indispensable pour présenter le projet dans son ensemble, mais aussi pour insister sur le fait que les tests ne sont pas des outils de surveillance mais une aide indispensable et personnalisée à la progression.

La Commission Européenne joue un rôle important dans le développement de la formation à distance en participant à de nombreux projets européens pilotes. Des millions d'euros et des centaines d'années-hommes ont été dépensés dans des programmes tels que « Léonard de Vinci », « Socrates », ADAPT, et d'autres. Des centaines de prototypes ont été développés dont certains ont connu un réel succès commercial. La Commission a pris un certain nombre d'initiatives en mars 2001 pour promouvoir le e-learning au sein des membres de la communauté. Ces initiatives sont regroupées dans un projet nommé « Plan d'action e-learning » comportant un certain nombre de recommandations et d'axes d'actions concernant :

1°) – Les infrastructures

• création d'un outil d'aide à la décision et mise en place d'indicateurs permettant de mesurer la progression des usages des NTIC.

• mise en place d'un réseau européen d'échanges et de recherche concernant le e-learning, lancement d'une étude de faisabilité sur la création d'un centre d'excellence virtuel sur les nouveaux environnements d'apprentissage et lancement d'un appel d'offre européen (1re phase : novembre 2001 – 2e phase : février 2002) portant sur six thèmes touchant au e-learning, aux centres de formation virtuels, à la formation des formateurs à l'utilisation des NTIC, et des projets de démonstration d'utilisation du e-learning dans les domaines clés de la connaissance.

• aide au développement des infrastructures.

2°) – La formation

• étude de définition des compétences nécessaires à la « société de la connaissance ».

• promotion de la coopération européenne pour la formation des enseignants et des formateurs.

3°) – Les services et les contenus

• développement d'un environnement favorable à la création et à la diffusion de contenus et de services relatifs au e-learning.

• lancement et tests d'expériences dans les domaines des sciences et techniques, des langues, de l'art, de la culture et de la citoyenneté.

4°) – La coopération entre les états membres

• renforcement des réseaux européens pour l'éducation et la formation exploitant les possibilités de partenariat avec le secteur privé.

■ *Le marché au Royaume-Uni*

La place du Royaume-Uni en Europe s'explique par sa situation de tête de pont des firmes américaines qui cherchent à développer des affaires en Europe sur le marché du e-learning (quelques exemples : DigitalThink, THINQ, Interwise, KnowledgePlanet, ...). Une enquête a montré que, déjà, 20 % environ des entreprises utilisent le e-learning et, en 2002-2003, 85 % d'entre elles auront intégré ce mode de formation dans leur stratégie de gestion des ressources humaines. Dès aujourd'hui, la moitié des responsables de formation interrogés envisage d'acheter des composants de e-learning dans les 12 mois à venir. Ils disent avoir une bonne connaissance des possibilités du e-learning, seule la prolifération de l'offre dans ce domaine les rend perplexes et retarde leur décision. Les activités les plus souvent citées comme devant bénéficier de cette formation, sont le service client, la gestion de la qualité, le management et la direction, le commercial et les finances. Les secteurs d'activité les plus concernés sont les télécommunications, les industries de transformation, l'éducation, le secteur bancaire et financier.

■ *Le marché en France*

En France, le décalage par rapport aux Etats-Unis est d'environ deux ans (ce qui est une accélération considérable par rapport aux dix ans de retard classiques des pays européens sur les États-Unis dans beaucoup de domaines!). Aujourd'hui, le marché français est embryonnaire par méconnaissance des caractéristiques et des avantages du e-learning, par manque de réflexion sur le positionnement de la gestion des connaissances au sein des processus d'amélioration de la compétitivité, même si une enquête récente de la CEGOS montre que les choses changent dans ce domaine. Le marché du e-learning représentait à peine 30 millions d'euros en 1998 et 75 millions d'euros en 2000. Les prévisions portent ce chiffre à 200 millions d'euros en 2003. Les directions des ressources humaines sont encore très majoritairement les seules à réfléchir à l'emploi du e-learning, dans le cadre d'un simple remplacement de la formation traditionnelle actuelle. Compte tenu du fait que la plupart des entreprises consacrent un pourcentage important de leur masse salariale à la formation (entre 5 % et 12 %), le potentiel de développement du e-learning est élevé. Il reste à démontrer aux responsables opérationnels des entreprises que le e-learning peut être un levier compétitif. Fort heureusement les formations dispensées par les entreprises françaises ne sont pas seulement des formations à la bureautique, aux langues étrangères ou à la conduite de projet. Les formations métiers, qui représentent 43 % des formations délivrées, sont le domaine de prédilection du e-learning. Certes, convaincre les décideurs de l'efficacité du e-learning n'est pas aisé et représente aujourd'hui une réelle barrière à l'extension de ce mode de formation. Le mouvement général de décentralisation et de délocalisation des entreprises, la multiplication de leurs implantations sur le plan mondial pour les plus grandes d'entre elles, devraient favoriser le recours au e-learning. Encore faut-il que l'utilisation d'un Intranet ou de l'Internet devienne chose courante, ce qui n'est pas encore le cas mais qui devient de plus en plus un impératif pour toutes les entreprises. Les freins au développement du e-learning cités le plus souvent sont : le manque d'information sur le procédé (72 %), la maîtrise insuffisante des nouvelles techniques de l'information et de la communication (63 %), les coûts (60 %). Sans surprise, est également citée comme un frein important la culture d'entreprise ainsi que le manque d'information sur les possibilités du e-learning. En France les domaines d'activités les plus avancés dans ce domaine sont le secteur banques/assurances, le secteur de la santé et celui de l'information. Les grandes entreprises sont aujourd'hui les principales utilisatrices du e-learning pour les raisons évoquées ci-dessus (Renault, EDF-GDF, Axa, Total Fina Elf, Caisse d'Epargne, Société Générale, BNP-Paribas, France Télécom, Groupama, Air France, L'Oréal, Crédit Agricole, Vivendi, Danone, Volkswagen France, McDonald's…).

Une société de « banquassurance », leader sur son marché, a lancé un programme de e-learning intitulé *Compétences 2001* dès 1997. L'objectif principal de la formation est de garantir une bonne employabilité des collaborateurs et d'obtenir une meilleure adéquation aux besoins générés par les activités du groupe. Comme objectifs complémentaires, l'entreprise recherche un doublement des effectifs en formation, la réduction des durées d'absence au sein des services, la diminution du coût global de formation. Les facteurs clés de succès du projet ont été l'implication de l'encadrement dans la conception et la gestion des parcours pédagogiques ainsi que leur individualisation, la reconnaissance de la progression et la validation des acquis des collaborateurs, la prise en compte de la capacité d'apprentissage de chacun. L'ensemble du dispositif se caractérise par :
– des centres de ressources décentralisés,
– des tuteurs qui effectuent le suivi individualisé,
– de la documentation technique de référence sur les métiers,
– une plate-forme technique intranet et extranet.
Il comprend un système d'auto-évaluation de compétences au moyen de questionnaires de type QCM, complété par des entretiens avec un tuteur permettant d'orienter le collaborateur vers une éventuelle formation complémentaire.

Les contenus pédagogiques sont constitués d'une part à partir de produits standards du marché, et d'autre part par des simulateurs de processus de travail et des présentations de produits d'assurance développés spécifiquement. Les tuteurs sont des cadres de l'entreprise ou des experts dans un ou plusieurs domaines de compétences dispensant des formations en présentiel. Sont également accessibles des professeurs ou des enseignants au sein d'organismes de formation.

La rentabilité du dispositif Compétences 2001 a été démontrée : les temps de formation et les coûts de prestations externes ont été divisés par trois avec un taux de satisfaction accru des utilisateurs. La certitude de pouvoir diffuser un contenu pédagogique en six jours environ, indépendamment de la présence d'un formateur, est une grande valeur ajoutée.

Environ 30 % des entreprises pensent actuellement qu'elles vont remplacer leurs stages traditionnels de formation par du e-learning (12 % rejetant cette idée).

La satisfaction affichée par les entreprises qui utilisent le e-learning, constitue un autre indicateur interne. Le tableau de la figure 2.7 ci-dessous résume les faits en ce domaine.

Figure 2.7 *Satisfaction par rapport aux formations de e-learning*

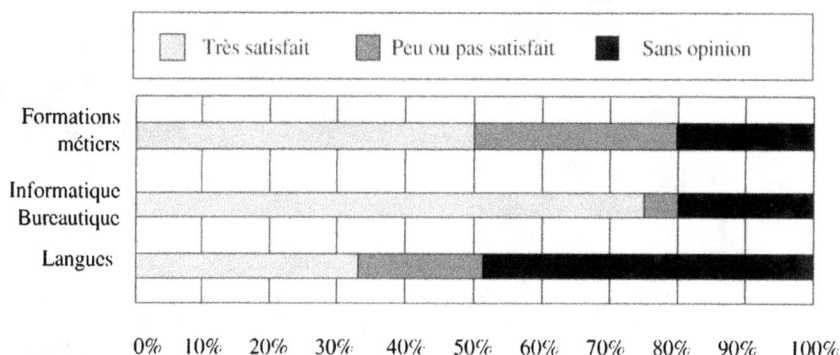

■ *Le marché en Asie/Pacifique*

Cette région, sortant de la crise des années 90, détient sur le marché du e-learning, une croissance potentielle importante, de l'ordre de 20 %. Le Japon, Singapour et la Corée du Sud deviennent des acteurs majeurs. Les entreprises américaines établissent des alliances avec les firmes nationales. On estime que 500 millions d'Asiatiques cherchent un accès à une formation supérieure, ce qui pousse les gouvernements locaux à rechercher des solutions en dehors du système d'éducation traditionnel. La Chine a lancé des plans ambitieux d'utilisation du e-learning pour développer son secteur éducatif. Les analystes voient dans la Chine le plus grand marché futur du e-learning. En effet, les efforts entrepris pour développer les activités utilisant les techniques de communication (le e-commerce) sont impressionnants. Le gouvernement a décrété l'année 2000 comme l'année du e-commerce avec des investissements massifs dans l'infrastructure des télécommunications. Le ministère de l'Éducation a annoncé un vaste plan de mise en œuvre du e-learning dans les universités, les écoles primaires et secondaires en engageant un budget de 10 millions de dollars. Et le gouvernement chinois pousse les entreprises à adopter le e-learning pour former leurs employés au e-commerce.

Les acteurs principaux

Le tableau suivant indique les acteurs principaux du marché du e-learning.

Figure 2.8 *Les principaux acteurs du marché*

Intégrateurs	Fournisseurs de contenus	Fournisseurs de technologies	Fournisseurs de services
Cleak2learn	Cleak2learn	Cleak2learn	Cleak2learn
Digital Think	DigitalThink	DigitalThink	DigitalThink
KnowledgePlanet	KnowledgePlanet	KnowledgePlanet	KnowledgePlanet
Smartforce	SmartForce	SmartForce	SmartForce
Lotus	Learning Tree	Vcampus	Vcampus
development	The learning Place	Intellinex	Intellinex
Saba Software	Learn2com	Centra Software	Learn2com
Lucent	LearningByte	Docent	LearningByte
Technologies	Maxim Training	IBM	IBM
Docent	KnowledgeNet	Teamscape	SmartPlanet
IBM	Icus.net	HP e-learning	Icus.net
ProsoftTraining	SkillSoft	Cisco e-learning	Andersen
Icus.net	Xebec McGraw-Hill	Interwise	Fast Track Consulting
Sema Group	Corporate Learning	LearnLinc	Cap Gemini-E & Y
Atos	INSEAD	Synergie3R	Accenture
Cap Gemini-E & Y	Cegos – e-learning	Netop School	Deloitte
Cisco	Form@lion	Syfadis	PricewaterhouseCoopers
	Oneline-formapro	SabaSoftware	Onelineformapro
	Oracle	Lotus	Activ'learning
	IProgress	Microsoft	Bestformation
	Brainpollen	Sylfide	B. Julhiet Interactive
	Mediapluspro	WBT Systems	Orgakienbaum
	Auralog		M2S

A côté de ces acteurs, les fournisseurs de portails (Learning Portals) proposent un accès à des contenus de formation provenant de sources différentes. Certains offrent également la possibilité de fonctionnement en groupes. Un certain nombre de fournisseurs de contenus ont mis en place des portails en complément de leur activité principale.

DE LA FORMATION AU E-LEARNING

Les différents types d'enseignement et leurs différences

La formation en entreprise est traditionnellement dispensée soit sous forme de séminaires résidentiels soit par correspondance. Cette dernière forme d'enseignement est la première qui propose une formation à distance. Dans les deux cas, l'enseignement est basé sur la diffusion du contenu de cours élaborés par l'enseignant suivant sa propre logique qui s'impose à tous les apprenants. Le rythme de l'enseignement est, lui aussi, imposé par l'organisation de la formation, que ce soit la planification des séminaires ou que ce soit le rythme des échanges imposé dans un enseignement par correspondance.

> ▶ Le e-learning se différencie de tous les autres types de formation à distance

L'enseignement assisté par ordinateur (EAO) a cherché à se dégager de cette programmation linéaire et uniforme en proposant des parcours différents pour les élèves en fonction de résultats de tests, par l'utilisation de CD-ROM (aujourd'hui ce type d'enseignement s'appelle « Computer-based training » ou CBT). Un des avantages de la formation traditionnelle est de permettre le contact humain entre les apprenants et avec le professeur. Avantage qui disparaît presque complètement avec l'enseignement par correspondance et avec l'EAO. La présence du professeur, qui est permanente pour une formation en séminaires, devient un contact intermittent et asynchrone pour la formation par correspondance et pour l'EAO. Dans les trois types de formation évoqués, le travail de l'élève est un travail individuel, sans échange avec d'autres apprenants. Cet isolement de l'apprenant ne lui permet pas de bénéficier d'échanges d'expériences avec ses collègues, ce qui rend plus difficile l'identification et la formalisation des meilleures pratiques. Enfin (« last but not the least »), la formation traditionnelle est une rupture dans le temps de travail opérationnel, considérée par les apprenants comme une activité différente qui n'a pas, ou peu, de points communs avec lui.

La situation est toute différente avec le e-learning (encore appelé « Web-based training » ou WBT). Par rapport aux points évoqués ci-dessus, la linéarité du cours est supprimée pour être remplacée par une personnalisation des parcours pédagogiques en fonction de résultats de tests et des conseils du tuteur. Ainsi, tous les apprenants ne suivent pas le même ensemble de modules de formation, chacun n'utilisant que ceux dont il a réellement besoin. Le professeur n'est pas physiquement présent, mais l'utilisation des moyens de communication synchrones et asynchrones permet à l'apprenant d'échanger avec son tuteur comme il l'entend. Ces mêmes moyens lui permettent d'entrer en contact avec les autres apprenants empruntant un parcours pédagogique analogue (mais non identique) en vue d'acquérir certaines compétences précises. Ces interactions permettent à chaque apprenant d'entreprendre, sous la conduite du tuteur, un travail collectif et d'engager un partage d'expériences visant à formaliser les meilleures pratiques. Enfin, le e-learning, complètement intégré dans le temps de travail opérationnel, permet une mise en application immédiate des connaissances acquises.

Le tableau ci-dessous résume les différences entre les types d'enseignement évoqués.

Figure 2.9 *Les différents types d'enseignements*

	Présence de l'enseignant	Localisation de l'enseignant	Structuration du cours	Travail de l'élève	Alternance formation/ application
Traditionnel (séminaire)	Permanente	Sur place	Linéaire, le même pour tous les élèves	Personnel et en groupe	Non
Correspondance (1)	Intermittente	Distante	Linéaire, le même pour tous	Personnel	Possible
EAO (2)	Intermittente	Distante	Adaptée à l'élève : ramifié ou à choix multiples	Personnel	Oui
e-learning (2)	Intermittente et à la demande	Distante	Adaptée à l'élève : algorithmes d'enseignement ?	Personnel et en groupe	Oui

(1) : supports écrits et audio-visuels (ex. : apprentissage individuel d'une langue)

(2) : interactivité des supports

Points forts et points faibles des différents types d'enseignement

Chaque type de formation possède ses points forts et ses points faibles.

La formation traditionnelle, par son caractère résidentiel, impose, dans une certaine mesure, le suivi des cours par les apprenants inscrits. Par contre, il n'existe pratiquement pas d'adaptation possible des cours à chaque élève en fonction de ses connaissances préalables et de sa capacité d'apprentissage. La motivation de l'apprenant s'obtient par la qualité des cours (ce qui est vrai pour tous les types de formation) et par contrainte (rendus d'exercices). Enfin, le travail de l'apprenant est, essentiellement, un travail solitaire.

La formation par correspondance permet à l'élève de suivre un apprentissage sur son lieu de travail (ou à son domicile) ce qui supprime les contraintes dues aux déplacements de la formation en séminaires. Par contre, il n'existe aucun contrôle au fil de l'eau du travail de l'apprenant, si ce n'est par des contrôles ponctuels en cours d'apprentissage. De plus, un cours par correspondance est identique pour tous les apprenants qui s'y inscrivent, il n'y a aucune personnalisation. La motivation qui pousse l'élève à aller jusqu'au bout du parcours pédagogique tient essentiellement au fait que l'apprenant paie d'avance la totalité du cours.

L'enseignement assisté par ordinateur permet une adaptation à l'élève ainsi qu'un suivi des cours sur le lieu de travail (ou à domicile). Par contre, il n'y a pas d'obligation de suivi si ce n'est la motivation obtenue en faisant payer à l'apprenant la totalité du cours dès le début.

Le e-learning cumule les points forts de chacun de ces types d'enseignement en limitant les points faibles (c'est un objectif!) au fait que la technique peut être un frein aux possibilités de ce type d'apprentissage. En effet, le e-learning permet un suivi permanent du travail de l'apprenant, une adaptation du cours à chaque participant, le travail en groupe, des échanges directs avec un tuteur.

Le tableau ci-dessous résume les principaux points forts et points faibles de chaque type d'enseignement.

Un frein important au développement du e-learning est la crainte de voir disparaître les contacts humains que permettent les séminaires résidentiels, surtout lorsque ceux-ci sont organisés avec une grande démonstration de convivialité (et de luxe!). Certes, le « décorum »

Figure 2.10 *Points forts et points faibles des différents types d'enseignements*

	Points forts	Points faibles
Traditionnel (séminaire)	Suivi obligatoire	Pas d'adaptation à l'élève Motivation par contrainte Travail solitaire
Correspondance	Travail de l'élève sur place	Pas d'obligation de suivi Motivation par les coûts Travail solitaire Pas d'adaptation à l'élève
EAO	Travail sur place Adaptation à l'élève	Pas d'obligation de suivi Motivation par les coûts Travail solitaire Tributaire de la technologie
e-learning	Suivi du parcours pédagogique Travail de l'élève sur place Adaptation à l'élève Travail en groupe	Tributaire de la technologie

disparaît lorsque l'apprenant suit un cours sur son lieu de travail. Mais le contact avec d'autres apprenants et avec un tuteur est un point essentiel d'un e-learning efficace. La présence physique momentanée est remplacée par un contact et des échanges qui peuvent se produire à tout moment. De plus, le e-learning n'exclut pas l'organisation de réunions de tous les apprenants avec leur tuteur, réunions de courte durée (une journée) mais qui permettent, non seulement des échanges directs entre les acteurs, mais également de jalonner l'avancement de la formation.

Ainsi, le e-learning possède un ensemble de caractéristiques qui le dote d'une série importante d'avantages :

– la mise en application de la formation dans le contexte du travail est immédiate, avec l'intervention d'un tutorat personnalisé, l'accès guidé à des documents et des informations complémentaires ;

– l'accès aux apprenants se fait facilement par les techniques du web ;

– les apprenants ont la possibilité de suivre les cours à leur convenance et à leur rythme ;

– les apprenants ne sont pas soumis aux contraintes d'un horaire et d'une date spécifiques d'un séminaire ;

– la localisation des apprenants et des tuteurs n'est pas imposée ;

– un cours peut être dispensé en même temps dans plusieurs langues ;

– l'apprentissage est intégré dans le temps de travail et n'apparaît pas comme une activité déconnectée de l'opérationnel ;

– la possibilité d'accéder facilement à des sources d'informations complémentaires enrichit la compréhension de l'apprenant ;

– chaque apprenant est vu par les autres comme une source accessible d'informations et de partage d'expériences ;

– les relations entre l'apprenant et le tuteur facilitent la compréhension.

Ces mêmes spécificités du e-learning créent un certain nombre de risques qu'il faut évaluer pour pouvoir les maîtriser :

– une surcharge permanente de travail supprimant le temps d'apprendre ;

– un management qui n'a pas de culture « apprenante » et qui considère la formation plus comme une obligation que comme une activité essentielle ;

– une infrastructure informatique et de communication inadéquate ;

– un manque d'appétence du personnel pour la formation.

DU E-LEARNING A LA GESTION DES CONNAISSANCES

▶ La création de communautés d'apprenants est la clé de la gestion des connaissances

Les meilleures pratiques

Le fonctionnement du e-learning impose, en principe, la constitution de groupes d'apprenants qui suivent, dans une même période mais à des rythmes différents, une même formation, c'est-à-dire qui appartiennent à une même filière (voir chapitre 4 – page 86). La constitution de ces groupes demande, de la part du gestionnaire de la formation :

– de surveiller régulièrement les inscriptions des apprenants,

– de s'assurer de la possession des **pré-requis** pour suivre une formation donnée,

– d'inscrire chaque apprenant à une filière (ou « promotion » virtuelle),

– de communiquer à chaque apprenant les noms de ceux qui appartiennent à la même filière que lui,

– de faire connaître à tous l'intérêt de ces groupes d'apprenants.

Ces groupes présentent deux avantages principaux. Le premier est qu'ils permettent de prévoir, dans le cursus pédagogique, des exercices à effectuer en groupe avec une date de remise de résultats, ce qui oblige les apprenants d'une même filière à se retrouver régulièrement au même point d'avancement. Ces exercices, ou du moins la remise des résultats, peuvent se faire en présentiel. Ce qui permet une relation directe entre les apprenants et renforce ainsi le sentiment d'appartenance à un même groupe. Les outils de communication mis à la disposition des apprenants au cours de leur formation leur permettent également des échanges synchrones (« chat », webcaméra, tableau de discussion, ...) ou asynchrones (e-mail, forum, ...). Ces contacts leur permettent de discuter de leur formation, de partager leurs difficultés de compréhension, mais, surtout, de discuter de la mise en pratique de ce qu'ils apprennent dans le cadre de leur travail opérationnel. L'intrication du temps de formation et du temps de travail doit, en effet, être telle que les connaissances acquises trouvent presque immédiatement leur application pratique. C'est la meilleure garantie du maintien de la motivation de l'apprenant et de l'obtention d'un réel retour sur investissement. La possibilité de mettre en application des idées ou des connaissances grâce au e-learning est un des challenges les plus passionnants dans la conception des contenus pédagogiques. De plus, dans le fonctionnement de ces groupes d'apprenants, la parole peut être prise par tous, quelle que soit sa propension à parler en public, alors que dans les cours traditionnels, en face-à-face, seuls les plus extravertis posent des questions et participent activement – et cela d'autant plus que l'animateur du séminaire aura tendance à leur donner la parole de façon préférentielle pour permettre une animation plus dynamique de son cours. Dans le e-learning, chaque apprenant prend le temps dont il a besoin pour poser une question, sans être angoissé par la présence physique d'un groupe qui est en attente de sa question. Ainsi, tous les apprenants sont intégrés dans un cercle vertueux qui les incite à une participation dynamique dans l'apprentissage. La réflexion que chacun mène sur la mise en œuvre des nouvelles connaissances acquises suscite des idées qui, par les échanges entre apprenants, avec le tuteur ou avec un expert, amènent le groupe à faire un choix sur un mode opératoire. Ce choix peut être rapidement testé par chaque membre du groupe qui peut alors discuter des résultats obtenus. Cette discussion entraîne une nouvelle réflexion des participants. Cette boucle perdure jusqu'à ce que le groupe considère avoir identifié une pratique considérée comme meilleure (voir figure 2.11 ci-dessous.)

Figure 2.11 *Fonctionnement du groupe*

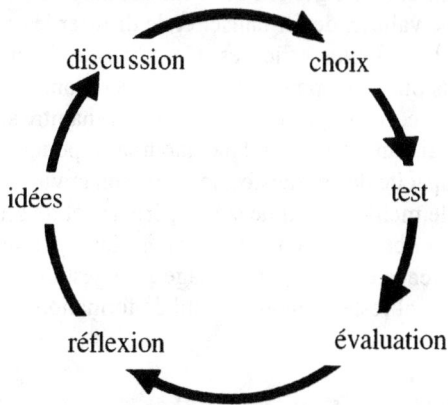

discussion — choix — test — évaluation — réflexion — idées

La gestion des connaissances

Le partage des connaissances constitue le premier avantage apporté par la création des groupes ou des communautés d'apprenants. Le second avantage est la transformation progressive du groupe d'apprenants en groupe de pratiques. Les concepteurs d'une formation e-learning sont censés connaître les modes de travail des futurs apprenants de telle façon qu'ils créent une relation directe entre le contenu pédagogique et le travail opérationnel. Le e-learning doit être conçu pour permettre aux apprenants de réaliser quelque chose. Mais cela n'est pas suffisant car la conception est alors top hiérarchique. Il faut susciter un apport spécifique de l'apprenant dans le contenu de la formation. Cela s'obtient par les échanges au sein du groupe. Ces échanges permettent d'enrichir les pratiques par l'expérience de chaque individu. La mise en pratique presque immédiate des nouvelles connaissances suscitera des commentaires venant des apprenants, échangés entre eux – et avec leur tuteur. Ce qui doit conduire vers une acceptation d'une nouvelle façon de faire, c'est-à-dire vers la mise en œuvre de nouvelles pratiques. Cela ne se fait pas immédiatement et demande un certain temps pour que la mise en œuvre des connaissances acquises permette un retour d'expérience. Il faut donc que le groupe d'apprenants perdure suffisamment de temps pour que ces échanges sur l'expérience puissent se faire et que le cercle vertueux évoqué au paragraphe précédent se mette en place. Le tuteur a, bien entendu, une part active à prendre dans cette transformation du rôle du groupe, mais également les responsables opérationnels dont dépendent les apprenants. Les communautés d'apprenants se transforment alors en communautés de pratiques, rouage essentiel d'une gestion des connaissances. Le rôle de cette dernière est de valider, de formaliser et de diffuser les pratiques considérées comme les plus efficaces. Ce mode de fonctionnement offre des outils puissants pour obtenir des opérationnels un travail effectif et efficace. Ainsi que nous le verrons au chapitre suivant, la gestion des connaissances est l'outil incontournable pour qu'une organisation ait la capacité de se transformer avec son environnement, pour qu'elle tire le meilleur parti de son expérience et de ses expertises, c'est-à-dire qu'elle devienne une organisation apprenante. Il n'y a pas de différence entre l'apprentissage et la gestion des connaissances, car le travail reste le meilleur outil de formation.

LES DOMAINES D'APPLICATION DU E-LEARNING

Nous avons déjà évoqué (voir page 29) un certain nombre de secteurs d'activités qui ont, aujourd'hui, mis en œuvre le e-learning dans leur organisation :

– le secteur bancaire et le secteur des assurances

– le secteur automobile

– le secteur de l'énergie (électricité, gaz, pétrole)

– le secteur de la santé

– le secteur des télécoms et de l'informatique

– le secteur de l'éducation

Au sein de ces secteurs d'activités, les applications du e-learning concernent essentiellement la communication des caractéristiques d'un nouveau produit ou service aux forces de vente et services marketing, la formation technique sur les produits aux services de fabrication et de maintenance, les processus internes comme la gestion de projets ou la gestion de la qualité aux services de conception et de fabrication, la gestion de la logistique, l'intégration dans l'entreprise pour les nouvelles recrues, les formations comportementales comme la conduite de réunion ou l'expression écrite et orale et, bien entendu, la bureautique et les langues.

Une étude menée en France par l'OFEM précise les domaines d'application du e-learning les plus courants. On trouve en première place, et sans surprise, la bureautique avec 48 % des entreprises indiquant ce domaine d'utilisation. Puis viennent, dans l'ordre décroissant : les langues (32 %), les formations métiers (32 %), l'informatique (30 %), le commercial et le marketing (13 %), la qualité (3 %).

En fait, les domaines d'application du e-learning peuvent recouvrir tous les domaines de la formation traditionnelle en entreprise, en dehors des formations qui demandent obligatoirement une présence physique de l'apprenant sur un lieu précis comme l'apprentissage sur une machine-outil. La figure 2.12 donne quelques exemples du champ d'application du e-learning.

Nous avons évoqué, (voir chapitre 1) le rôle que l'Etat pouvait jouer dans le domaine de la formation. Dans le cadre des applications du e-learning, il est un domaine où une initiative de l'Etat pourrait être lancée avec profit. C'est le secteur de la santé, principalement le secteur médical. Car un problème récurrent se pose, celui de la formation permanente des médecins. Les différentes disciplines médicales sont en pleine mutation et les recherches entreprises en génie génétique ne feront qu'amplifier ce mouvement. Les médecins, et particulièrement les médecins généralistes ou les spécialistes en ville, ont des difficultés pour trouver le temps nécessaire pour suivre une formation dispensée en milieu hospitalier. Il est clair que le e-learning peut en l'occurence apporter une solution. La mise à disposition immédiate à l'ensemble des médecins de ville des résultats des recherches en pathologie et en thérapeutique répond au besoin de mise à niveau indispensable des connaissances dans ces domaines. Bien entendu, cela implique une organisation au niveau national, dont le maître d'ouvrage pourrait être un organisme national de la santé publique (comme la Caisse Nationale d'Assurance Maladie, en France), dans laquelle les hôpitaux et les laboratoires auraient un rôle éminent à jouer. Le plus difficile sera, sans doute, de faire évoluer la mentalité des médecins envers l'informatique et l'organisation de leur temps de travail.

Figure 2.12 *Exemples d'application – (d'après Icus)*

Contexte	Projet	Population cible	Difficultés d'une formation traditionnelle	Avantages du e-learning	Indicateur de performance
Lancement de produit	Campagne marketing	Forces de vente et marketing	Population peu disponible et dispersée	Rapidité, population nombreuse, flexibilité, coûts	Augmentation des ventes sur la gamme de produits
e-business	Création d'une nouvelle activité « e- »	Personnel redéployé	Délais	Rapidité et flexibilité	Rapidité de mise en œuvre
Call-center	Guichet d'accueil unique	Opérateurs	Délais, absence de suivi post-formation	Rapidité, flexibilité, suivi post-formation	Augmentation du % d'appels traités
Refonte de processus	application d'un ERP	Utilisateurs du système	Absence de suivi post-formation	Suivi post-formation	Augmentation du % d'utilisation du nouveau système
Fusion/ acquisition	Réorganisation et nouveaux modes de gestion	Managers	Délais	Rapidité, flexibilité, coûts, et nombre d'apprenants	Rapidité de mise en œuvre
Accueil	Séminaire d'intégration	Nouveaux embauchés	Décalage entre l'entrée et le séminaire	Flexibilité, complémentarité avec le présentiel	Délais d'intégration raccourcis

Figure 2.12 *Exemples d'application – (d'après Icus)*

Contexte	Projet	Population cible	Difficultés d'une formation traditionnelle	Avantages du e-learning	Indicateur de performance
Gestion de projet	Méthodologie	Chefs de projet	Longueur et lourdeur de la formation	Rapidité, flexibilité, coûts, et nombre d'apprenants	Productivité des projets
Communication Institutionnelle	« Kick-off » de début d'année	Managers et forces de vente	Indisponibilité des managers	Complémentarité avec présentiel, flexibilité, coûts, création de communautés	Diffusion des messages dans les structures
Projet d'entreprise	Sensibilisation	Haute direction	Indisponibilité	Flexibilité	Diffusion des messages dans les structures

CHAPITRE 3

La gestion
des connaissances

> *L'esprit humain ne peut rien créer ;*
> *il ne produira qu'après avoir été fécondé*
> *par l'expérience et la méditation ;*
> *ses connaissances sont les germes de ses productions.*
>
> *Buffon – Discours sur le style - 1753*

COMPETENCES, CONNAISSANCES ET SAVOIRS

▶ La compré-
hension des
concepts fonda-
mentaux per-
met de définir
les liens qui les
relient

Les activités de l'entreprise sont, de plus en plus, des activités intellectuelles qui demandent de comprendre et d'interpréter les évènements pour, finalement, permettre la prise de décision. Une entreprise constitue un organisme vivant qui présente des analogies de fonctionnement avec l'être humain. La vie de l'homme est faite d'émotions, de raisonnements, de comparaisons et d'interprétations, de projets, de décisions et de choix. Il est sensible aux changements de son environnement. Il en est de même pour l'entreprise. La maîtrise de son environnement, complexe et changeant, est une condition de sa survie qui exige une intense activité intellectuelle, répartie dans les différentes structures de son organisation. De même que l'intelligence individuelle est due au fonctionnement de l'ensemble des cellules nerveuses et du cerveau, l'intelligence de l'entreprise provient de l'activité interconnectée des individus qui la composent, propriété émergente d'un système. L'activité intellectuelle de tous les acteurs est une condition indispensable. Cette activité est, avant tout, faite de traitements d'informations en provenance de l'intérieur et de l'extérieur de l'entreprise. Les évolutions extrêmement rapides des techniques de communication rendent indispensable la capacité de l'entreprise à gérer efficacement le flot toujours plus important des informations qu'elle reçoit et qu'elle génère. La gestion des informations demande la maîtrise des techniques correspondantes.

Les données, les informations, les connaissances forment un ensemble continu dans lequel la part de valeur ajoutée par la contribution humaine est croissante. Les données ne peuvent être sujettes à interprétation, alors que les informations et les connaissances permettent d'avoir des intuitions et d'innover. Mais accumuler des connaissances est insuffisant, voire inutile, si celles-ci ne sont pas utilisées et partagées. Il faut donc que les processus opérationnels et les processus de gestion des connaissances (le knowledge management) soient étroitement connectés. Les managers doivent veiller attentivement à cette connexion.

L'objectif principal de la gestion des connaissances est la démocratisation des compétences par leur mise à disposition du plus grand nombre. Une compétence est une capacité à résoudre des problèmes dans différents contextes, en mobilisant des savoirs acquis de toute nature en fonction d'objectifs. Elle comprend des démarches intellectuelles et des savoirs. La définition et la compréhension de ce qui fait ces savoirs sont difficiles. Il faut distinguer la compétence de la performance, qui mesure une manifestation de la compétence, et de la responsabilité qui définit le contexte dans lequel se manifeste la compétence. Pour tenter de parvenir à une définition opératoire, nous dirons qu'une compétence est un ensemble de connaissances et de savoirs. Les connaissances proprement dites sont, par définition, modélisables ce qui les rend susceptibles d'être utilisées simplement par des traitements informatiques. Cette modélisation rend les connaissances transférables. La modélisation de type Merise ou Objet en est un exemple. L'expression d'une théorie est un autre exemple. Ces connaissances doivent être mises sous contrôle pour assurer leur pertinence, celle-ci pouvant se modifier au cours du temps. Le savoir, quant à lui, peut être explicite ou implicite. Le *savoir explicite* ou expérience, qui peut être démontré c'est-à-dire exposé et expliqué, ne se modélise pas de la même façon. L'expérience peut se définir comme la cohabitation de plusieurs démarches intellectuelles dont le champ de formalisation est très vaste, allant des démarches totalement formalisées jusqu'à celles qui relève d'un acquis devenu inconscient. Les techniques les plus utilisées pour formaliser ce type de savoir sont celles d'un domaine de l'intelligence artificielle, appelé **Systèmes Experts**. Le savoir est issu de l'interprétation de phénomènes dans un environnement. Il n'entre pas, ou rarement, dans le domaine des certitudes objectives. Ne dit-on pas d'un expert « qu'il s'est forgé une philosophie » dans son domaine ? L'expérience s'acquiert avec le temps et évolue avec lui. Toute tentative de formalisation doit donc prendre en compte cette évolution qui n'est pas un simple processus de mise à jour. En effet, la mise à disposition de l'expertise impose le consensus des experts. Dans de tels systèmes, le savoir se formalise sous la forme de règles (ou d'assertions) dont la forme la plus simple est :

SI < évènement1 > ET < évènement2 > ALORS < évènement3 > avec Probabilité P

Le savoir implicite, celui qui ne se modélise en aucune façon parce qu'il ne peut être démontré mais uniquement montré, est ce qu'on appelle un « **don** ». Il ne peut s'acquérir, mais il doit s'entretenir. Cette partie des compétences échappera à toute formalisation et son transfert sera plus difficile. Il est vital, pour un manager, de savoir identifier les dons que possèdent ses collaborateurs et de mettre en œuvre, dans la mesure où ceux-ci servent les intérêts de l'entreprise, les conditions nécessaires et suffisantes pour les conserver et les utiliser. Le savoir implicite doit être préservé et cultivé. Le manager doit être capable de le mobiliser dans des contextes où il sera partagé et utilisé, d'éviter que celui qui a le savoir soit celui qui a le pouvoir. L'échange informel en face-à-face ou par les moyens techniques de communication est le meilleur moyen de réussir ce transfert. Il est donc indispensable de mettre en place des mécanismes de créations de groupes ou de communautés au sein desquels, les membres ont la possibilité d'échanger entre pairs. Le challenge de la gestion des connaissances est de transformer les savoirs individuels en savoir collectif, la capacité intellectuelle du groupe étant plus importante que celle des individus pris isolément.

LA CHAINE DE VALEUR DE L'INFORMATION

▶ La transformation d'une information en connaissance transmissible

L'information est omniprésente dans la vie de l'entreprise et dans celle de ses collaborateurs. Cette information est de plus en plus volumineuse et se présente le plus souvent de manière électronique. Elle est alors stockée sous forme de bases de données informatiques. Elle porte essentiellement sur les évènements internes à l'entreprise et sur les évènements externes lorsque ceux-ci ont un impact sur son fonctionnement. La mémorisation de cette information a pour but de permettre la prise de décision. Comme dans tous les actes de la vie humaine, la mémorisation des évènements du passé sert à prendre des décisions concernant l'avenir. D'où l'importance d'accumuler l'information sur les évènements qui font la vie de l'entreprise. Mais l'accumulation de l'information entraîne des difficultés de plus en plus grandes dans son utilisation. En effet, le volume des données présentes dans les différentes bases est souvent très important et la recherche des quelques données utiles est un exercice redoutable qui ne peut se faire sans avoir recours aux spécialistes et aux informaticiens. Ensuite, la prise de décision se fait souvent, non pas à partir de données brutes en grand nombre, mais sur une représentation synthétique de ces données permettant une interprétation efficace. En fait, il faut disposer non pas de données mais d'informations. Avant qu'une information ne soit utilisable, de nombreuses étapes de transformation sont à franchir. L'enchaînement de ces étapes constitue ce que l'on pourrait appeler la chaîne de valeur de l'information.

La première étape est celle de la recherche. Les données souhaitées se trouvent réparties dans l'ensemble des bases de production de l'entreprise, dans les bases documentaires internes, dans des bases de données externes.

Après avoir recherché les données utiles c'est-à-dire après les avoir localisées, il faut rassembler et collecter l'ensemble de ces données qui ne sont pas écrites dans un même format, qui sont situées dans des bases dont l'organisation est différente.

La collecte étant faite, il faut ensuite sélectionner les seules données vraiment utiles à la prise de décision et écarter toutes celles qui ne feraient qu'engendrer un « bruit de fond » sans valeur ajoutée. La sélection comporte la décision d'écarter toute information jugée sans valeur suffisante. C'est donc un acte décisionnel.

Il faut ensuite homogénéiser la présentation des données conservées et les organiser pour les mémoriser dans une base en fonction des préoccupations des managers utilisateurs. La présentation brute des données n'est, généralement, pas efficace pour la prise de décision.

Il faut être en mesure d'identifier des tendances, des relations cachées, c'est-à-dire de terminer la transformation des données en véritables informations.

Enfin, il faut distribuer ces informations à valeur ajoutée aux différents utilisateurs sous une forme satisfaisante qui permette une rapide compréhension de leur signification.

Figure 3.1 *La transformation des données en information*
(d'après J. Rayport et J. Sviokla, professeurs à Harvard)

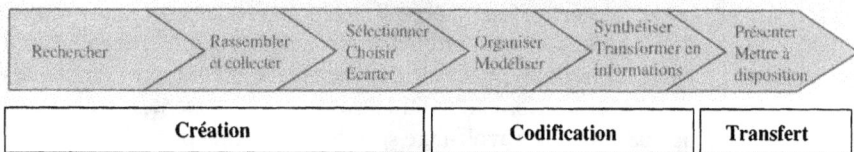

Rechercher	Rassembler et collecter	Sélectionner Choisir Écarter	Organiser Modéliser	Synthétiser Transformer en informations	Présenter Mettre à disposition

Création	Codification	Transfert

Des outils existent aujourd'hui qui réalisent la totalité des étapes de cette chaîne (voir page 61). Il reste à l'utilisateur à prendre la décision. Car aucun outil, aucune méthode ne peut remplacer l'intuition ou guérir d'une propension à la non prise de décision.

LES CARACTÉRISTIQUES FONDAMENTALES DU « KNOWLEDGE MANAGEMENT »

La place de la gestion des compétences

► Le « Knowledge Management » et sa chaîne de valeur bénéficient des avantages du e-learning

Le management par la prise en compte des compétences prend de plus en plus d'importance dans la GRH depuis le début des années 90. En effet, prendre en compte la gestion des compétences, c'est mettre au cœur de l'apprentissage des collaborateurs de l'entreprise la capacité de résoudre des problèmes, de prendre des décisions, c'est-à-dire la capacité d'agir et, en fin de compte, d'être efficace. Or, l'efficacité de l'entreprise est faite de celle des hommes qui la constituent. Malgré cela, la gestion des connaissances en entreprise reste encore une étrangeté, parfois un alibi. La raison principale en est que la place de cette gestion particulière n'est pas assez réfléchie et que son rôle n'est pas clairement perçu. Souvent confondue avec une gestion de documents, fut-elle automatisée en tout ou partie (GED : gestion électronique de documents), la gestion des connaissances a encore beaucoup de chemin à parcourir pour être considérée comme un élément clé de l'efficacité de l'entreprise. Une entreprise vit de la production de produit et/ou de services qu'elle propose sur le marché. Or, cette production est le fait des hommes, même si les tâches les plus mécaniques sont de plus en plus automatisées. Cette automatisation renforce d'ailleurs l'importance de la contribution des hommes dans la production par l'augmentation de la valeur et de la technicité de leur travail. De la pure fabrication, les tâches s'orientent vers le contrôle, la conception, la gestion, l'administration. Contrôler un processus de fabrication demande une parfaite connaissance des opérations dont il est constitué, l'acquisition d'un savoir-faire sur la meilleure façon de garder le processus dans ses limites admissibles de fonctionnement, la capitalisation d'une expertise non formalisée qui garantie la qualité de la production. Aujourd'hui cependant, de nombreuses entreprises ont compris l'importance de l'apprentissage et elles sont nombreuses à proposer une formation initiale aux nouvelles recrues, seule façon de transmettre le savoir-faire spécifique de l'entreprise. Il y a donc, à la fois, reconnaissance de l'importance du capital de connaissances internes à l'entreprise et sous-estimation de l'importance d'une réelle gestion de ces connaissances. Pourtant la gestion des connaissances a un impact certain sur les relations que l'entreprise entretient avec ses clients. En effet, une meilleure connaissance de ceux-ci et une mise à disposition de ce savoir par l'intermédiaire d'une base de connaissances continuellement actualisée permet une plus grande réactivité dans ces relations et, donc une meilleure performance. Les connaissances et les savoir-faire sont les caractéristiques d'une compétence. La gestion des connaissances ne peut avoir de sens que si elle est reliée à une véritable ingénierie des compétences. Et celle-ci consiste non seulement à construire une vision claire des compétences individuelles et collectives dont l'entreprise a besoin aujourd'hui pour exécuter correctement ses métiers, mais aussi de construire un plan d'évolution de ces compétences pour que l'entreprise possède celles qui lui seront nécessaires demain. Il s'agit, en fait, d'avoir la capacité de faire évoluer le « capital » compétences de l'ensemble des collaborateurs de l'entreprise en anticipant sur les besoins de celle-ci, sur l'évolution de son environnement concurrentiel et réglementaire, du marché des produits et services ainsi que de celui de l'emploi. Cette vision des compétences actuelles et futures est ce que l'on appelle le modèle de compétences de l'entreprise. Il décrit, en fonction des activités actuelles et futures de l'entreprise et de leur organisation, les fonctions et les emplois qui leur correspondent complétés par les profils associés, c'est-à-dire les types de compétences nécessaires pour exécuter ces activités. Cette description s'accompagne d'une évaluation quantitative des besoins et de leur priorité. Ce modèle est au cœur de la gestion des compétences. Il permet d'anticiper les compétences nécessaires à l'organisation des activités productives, il est donc stratégiquement nécessaire. Il est significatif d'une vision des hommes dans l'entreprise qui, perçus initialement comme une ressource ayant un coût qu'il faut réduire, deviennent un investissement. Il fait passer d'une attitude purement réactive à une attitude volontariste et proactive. Il ne s'agit plus de minimiser un coût mais d'optimiser un investissement, la gestion n'est plus axée sur le court terme mais sur le long terme.

La chaîne de valeur de la construction des compétences

De façon analogue à la chaîne de valeur de l'information, il existe une chaîne de valeur dans la construction des compétences : acquisition, utilisation, développement sont les trois maillons essentiels de cette chaîne. Sans en faire une description détaillée, nous en décrivons succinctement chacune des étapes essentielles :

1°) – L'acquisition de compétences

A partir du modèle de compétences, l'entreprise cherche à acquérir celles dont elle a besoin pour mettre en œuvre sa stratégie métier. Il s'agit d'une gestion prévisionnelle en ce sens qu'il faut évaluer qualitativement et, au moment opportun, quantitativement, les types de compétences nécessaires. Ce modèle permet d'établir un recensement du capital intellectuel existant. Il s'agit d'identifier les experts (les « knowledge workers ») et mettre en place, si cela n'est pas déjà réalisé, les dispositifs de capture et de formalisation de ces savoirs. En complément, des plans d'acquisition sont établis qui sont, à la fois, des plans de description de postes, de recrutement et de formation.

2°) – L'utilisation des compétences

L'acquisition des compétences est insuffisante si les détenteurs ne sont pas motivés, ou ne sont pas mis en condition, pour s'en servir effectivement et efficacement. Le système d'évaluation des performances est l'élément essentiel de ce maillon de la chaîne. C'est par lui que passe la reconnaissance des compétences de chacun et de la manière dont il les utilise. Les moyens actuels comme le e-learning sont des instruments privilégiés de cette communication et de ce partage de compétences.

3°) – Le développement et l'entretien des compétences

Il s'agit de faire évoluer les compétences en fonction des orientations précisées dans le modèle de compétences. C'est à ce stade que l'apprentissage et la formation en entreprise prennent toute leur place. L'entreprise peut agir sur les pratiques de communications et d'interactions qui permettent à chacun d'élargir son champ de compétences, ne serait-ce que par une meilleure connaissance des compétences détenues par les autres. Les besoins de l'entreprise en ce domaine sont formalisés sous forme de plans de formation et de développement de nouveaux moyens d'apprentissage comme le e-learning. Le problème est d'obtenir la contribution de l'ensemble des opérationnels à la mise en œuvre réelle de la gestion des connaissances. Psychologie et marketing interne sont plus importants que les considérations techniques. Dans ce domaine aussi s'exprime la résistance au changement. Elle se manifeste par l'inquiétude de certains managers devant la remise en cause de principes consacrés comme la rétention de l'information et donc la préservation du pouvoir.

Les étapes de la gestion des connaissances

Pour décrire les principes fondamentaux de la gestion des connaissances, nous pouvons nous appuyer sur la chaîne de valeur de l'information mentionnée au paragraphe précédent.

En effet gérer des connaissances c'est, tout d'abord, les rechercher et les collecter. On peut distinguer deux types de sources de connaissances : internes et externes. Les connaissances internes sont celles possédées et acquises par l'organisation dans son fonctionnement. Le recensement de ces connaissances n'est pas chose facile. Il faut, non seulement localiser le détenteur de ces connaissances, mais il faut également y avoir accès. Or, le savoir est souvent confondu avec le pouvoir. La détention d'informations est fréquemment l'instrument d'une lutte de pouvoir. Il faut donc franchir cette barrière qui est un véritable obstacle au changement. Faire comprendre que le partage est plus enrichissant que l'appropriation exclusive implique un changement culturel.

Le maillon suivant est la sélection des connaissances pour écarter celles qui n'ont pas de nécessité prévisible. Cette sélection doit être conduite en tenant compte des compétences à développer, ce qui demande une juste appréciation de l'utilité des connaissances introduites dans le système. La participation de pédagogues et d'experts opérationnels est indispensable pour que cette sélection soit efficace. Il faut avoir une idée des évolutions à venir dans les activités de l'entreprise et des techniques correspondantes pour que les connaissances nécessaires soient présentes dans le système au moment où, leur métier ayant évolué, les utilisateurs en auront besoin.

Organiser, Synthétiser, Présenter forment les maillons suivants de la chaîne de valeur. Les connaissances utiles ayant été sélectionnées, il faut alors les mettre sous une forme adéquate. Le système doit permettre l'exploration du contenu à différents degrés de profondeur et d'étendue pour tenir compte des différents niveaux d'expertise et d'expérience des utilisateurs. La facilité d'accès (rapidité et sélectivité du moteur de recherche) et la présentation ergonomique sont deux critères essentiels pour que le système de gestion des connaissances soit utilisé par les collaborateurs de l'entreprise, ce qui est, après tout, l'objectif ultime.

La mise en œuvre de la gestion des connaissances passe donc par un enchaînement d'étapes qui sont toutes importantes :

– la formalisation de la stratégie métier et la définition des objectifs et des enjeux sont le préalable fondamental, car c'est de cette stratégie et de ces enjeux que dépendent les compétences dont l'entreprise aura besoin ;

– l'établissement du modèle de compétences qui est la traduction de la stratégie métier en termes de savoir-faire et de connaissances nécessaires ;

– la mise au point d'un plan d'acquisition des compétences que l'entreprise ne possède pas et qui sont nécessaires à la réalisation de sa stratégie, y compris l'identification des savoirs existants ;

– l'établissement des plans de formation qui permettront l'adaptation des compétences actuelles aux besoins futurs ;

– la planification de la création et de la maintenance de l'outil de gestion des connaissances ;

– la mise en place du e-learning comme outil fondamental de l'apprentissage et de la formalisation des meilleures pratiques ;

– la mise en place des acteurs clés de la gestion des connaissances et du e-learning.

La figure 3.2 représente cette succession d'étapes et leur relation avec la chaîne de valeur de la gestion des connaissances telle qu'elle a été décrite ci-dessus. Le Knowledge Management est un processus de e-learning beaucoup plus performant que la formation traditionnelle, grâce à l'auto-enrichissement permanent qu'il met en œuvre. La diffusion des connaissances et de tous les types de savoirs (explicite et implicite) est un facteur clé de succès pour les organisations apprenantes placées dans un environnement changeant. La synergie est profonde entre la gestion des connaissances, la formalisation des meilleures pratiques et le e-learning. La figure 3.3 illustre cette synergie en présentant le cycle vertueux du Knowledge Management.

Figure 3.2 *La mise en œuvre de la gestion des connaissances*

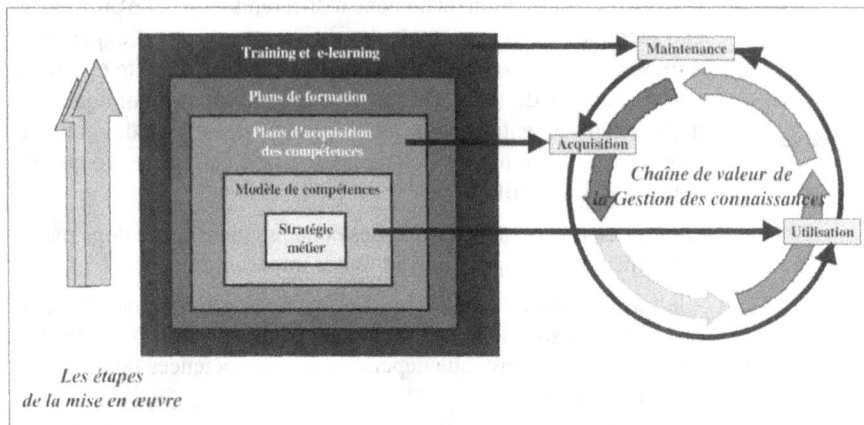

Figure 3.3 *Le cycle du Knowledge management*

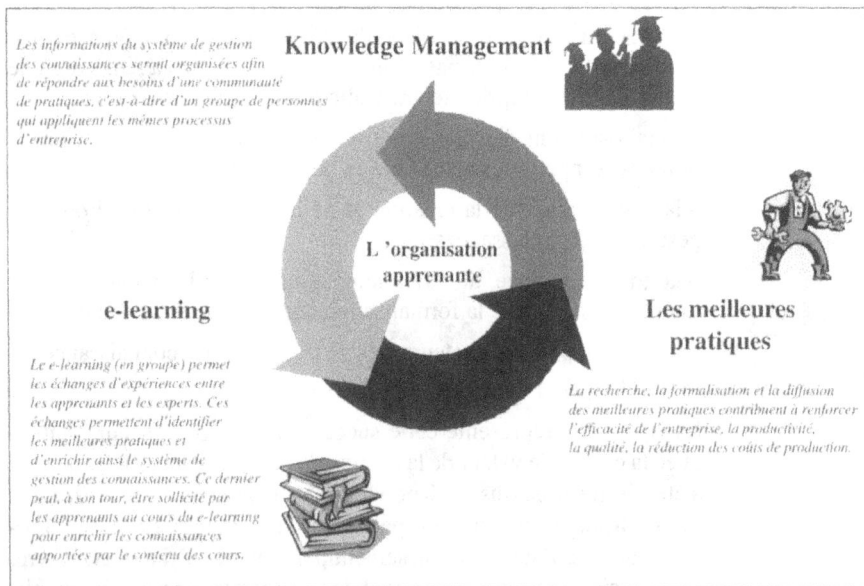

L'évolution des systèmes de gestion des connaissances

Il existe différents niveaux d'évolution des systèmes de gestion des connaissances en fonction de l'ambition que l'entreprise investit dans le développement de cet outil :

– La préhistoire, ainsi que nous l'avons évoqué, est l'époque d'une simple gestion électronique des documents. Beaucoup d'entreprises mettent en ligne leurs principaux documents (rapports, procédures, normes, …). L'accès aux documents est facile à partir de la connaissance de l'adresse (URL) de la bibliothèque. Un téléchargement permet alors d'imprimer les documents recherchés, au poste de travail. Ce système ne permet donc que l'accès et la récupération de documents sans garantir que les utilisateurs soient en possession de la dernière version.

– L'époque actuelle, plus sophistiquée dans les fonctionnalités du système, offre la mise en ligne des documents (l'impression n'est plus nécessaire, car la réponse au formulaire peut se faire en ligne) toujours à jour, la création de nouveaux contenus par l'acquisition des expériences et des expertises pour diffusion, la gestion de l'information en temps réel.

– Le futur (proche) est celui que nous tentons de décrire dans ce chapitre. Il s'agit de construire un système qui reflète les savoir-faire de l'entreprise toute entière pour les mettre au service des opérationnels afin que l'entreprise atteigne l'ensemble de ses objectifs. Le système de gestion des connaissances devient le « cerveau » collectif de toute l'entreprise, les réseaux constituant son système nerveux. Il devient une aide à la performance globale. Un véritable système de gestion des connaissances implique la création, la mémorisation, la diffusion d'informations à valeur ajoutée et d'expertises au sein de la communauté entière de l'entreprise. C'est une « philosophie du management » qui combine la gestion avisée de l'information et une culture d'organisation apprenante. Il ne faut jamais oublier que c'est l'usage de l'information qui importe et non sa seule mémorisation. Le système de gestion des connaissances doit être dynamique, c'est-à-dire refléter le changement d'un environnement concurrentiel mouvant.

LES OUTILS DU « KNOWLEDGE MANAGEMENT »

▶ Les systèmes informatisés qui permettent la mise en œuvre du Knowledge Management

Les classes d'outils de gestion des connaissances

Ces outils apportent une contribution plus ou moins importante dans le fonctionnement de la chaîne de valeur de l'information, c'est-à-dire la transformation d'une donnée ou d'une information en un savoir partagé. Ils permettent de rechercher, de générer, de mémoriser, d'analyser des données et des informations, mais ils ne savent pas gérer la complexité du contexte. Une information ne prend sa réelle signification que lorsque l'on prend en compte le contexte dans lequel elle a été créée et celui dans lequel elle sera utilisée. Or le contexte est ce qui est le plus difficile à transmettre. Les progrès en intelligence artificielle, déjà utilisés pour améliorer la synthèse des informations, permettront d'accroître les performances de ces outils en matière de prise en compte de contextes de plus en plus complexes. Les outils d'acquisition simples permettent de savoir où se trouve l'information recherchée (moteur de recherche, agents intelligents, …). Les outils de synthèse reposent sur l'utilisation d'associations de mots ou de phrases, la recherche de corrélations. Les outils de codification sont les plus courants, allant des simples dictionnaires de données aux bases de connaissances et aux outils de simulation, en passant par les cartographies de connaissances. Les outils de simulation, dont font partie les systèmes experts, permettent de tester des hypothèses, d'acquérir une expérience, de manière plus rapide et plus efficace que le moyen traditionnel du tâtonnement. Le transfert, quant à lui, est la garantie du passage du savoir individuel au savoir collectif. Il permet la compréhension et l'acquisition par un individu de l'expérience du groupe. Dans cette catégorie, on trouve les outils qui permettent un dialogue continu dans le temps, quelle que soit la localisation des acteurs. Ces outils sont nombreux et vont du simple e-mail aux outils de groupware (voir ci-dessous). Les paragraphes suivants détaillent quelques outils parmi les plus répandus.

Les EIS (Executive Information System)

L'accès des utilisateurs aux données de l'entreprise est un besoin fondamental. Or, cet accès demande de savoir où rechercher l'information dont on a besoin, ce qui est parfois difficile ou demande l'intervention de techniciens spécialistes. Les premiers outils destinés à faciliter cet accès furent les infocentres, concept imaginé par IBM. L'infocentre mémorise les données et les organise. Ce qui permet ainsi de les restituer sous une forme exploitable, mais constante et identique pour tous les utilisateurs. La première technique d'interrogation fut le QBE (Query by Example) bientôt remplacée par l'utilisation de langages de requête (L4G). Bien qu'apportant une amélioration certaine en permettant une personnalisation des requêtes, ces langages sont d'une manipulation qui n'est pas toujours accessible à un utilisateur non expérimenté. De plus, ces langages sont très consommateurs de ressources et demandent des capacités de traitement importantes. Ces infocentres sont utilisés aujourd'hui pour la production de tableaux de bord dont la forme et le contenu sont définis par avance.

Profitant de l'architecture client/serveur et de l'augmentation des puissances des postes de travail individuels, sont apparus des outils plus performants et plus adaptables aux besoins des utilisateurs : les « Executive Information Systems » ou EIS. Ces outils exécutent automatiquement un ensemble de procédures de recherche dans les différentes bases de données de l'entreprise, et ceci de façon transparente pour l'utilisateur. L'EIS assure la connexion du poste de travail avec les serveurs contenant les informations utiles, collecte et consolide les informations. Ces informations collectées sont ensuite mises en forme, en utilisant généralement une présentation graphique, ce qui facilite l'interprétation. La mise en forme n'est plus identique pour tous, mais peut être adaptée aux besoins des divers utilisateurs. En se reportant à la chaîne de valeur de l'information (voir figure 3.1), les fonctionnalités principales d'un EIS sont donc la recherche, la collecte, l'analyse et la synthèse, la présentation des informations.

Figure 3.4 *Schéma de fonctionnement d'un EIS*

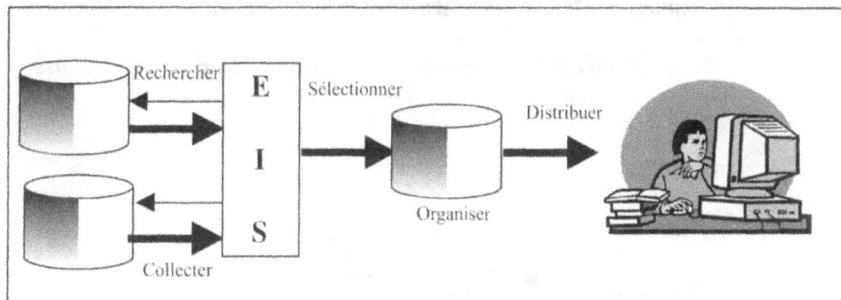

Grâce aux EIS, les managers peuvent accéder aux données opérationnelles qui concernent les divers processus de production de l'entreprise (tous les processus qui génèrent des informations mémorisées). Ces outils participent ainsi à l'accélération de la prise de décision et à la réduction du cycle des processus de management. Ils peuvent être utilisés pour déléguer des responsabilités, tout en permettant le contrôle des décisions prises par le niveau hiérarchique adéquat.

Les Datawarehouse

Ces outils apportent une amélioration dans le processus de mémorisations des données et des informations de production de l'entreprise. Mais en raison de leur volume, le temps de recherche et d'extraction peut devenir prohibitif. De plus, les données produites sont détaillées, ce qui n'est pas nécessairement utile pour un décideur. Enfin, le paramètre temps intervient, conduisant à l'archivage des données ayant une certaine ancienneté, ce qui supprime l'interactivité de la consultation. Pour résoudre ces différents problèmes, le concept d'entrepôt de données (*Datawarehouse*) a été développé. Il s'agit de serveurs de données consolidées, provenant des bases de données de production. Toutes les données sont collectées, transformées selon un principe d'organisation unique et réparties selon différents niveaux d'organisation temporels (journalier, hebdomadaire, mensuel, annuel,...). Seules les données récentes sont disponibles de façon détaillée. Ce sont celles qui sont également archivées. L'extraction des données est réalisée par un moniteur associé à chaque base de production, qui détecte toute mise à jour de la base et les envoie au collecteur de l'entrepôt. Celui-ci organise ces données selon un même format et par niveaux d'historisation. L'analyse est ensuite effectuée par un EIS au moment de la consultation. Pour réduire la taille des bases de l'entrepôt, les données sont souvent réparties dans des bases spécialisées par grands sujets, appelées « marchés de données » (*Datamart*). La figure 3.5 schématise le fonctionnement d'un tel entrepôt.

Figure 3.5 *Schéma de fonctionnement d'un Datawarehouse*

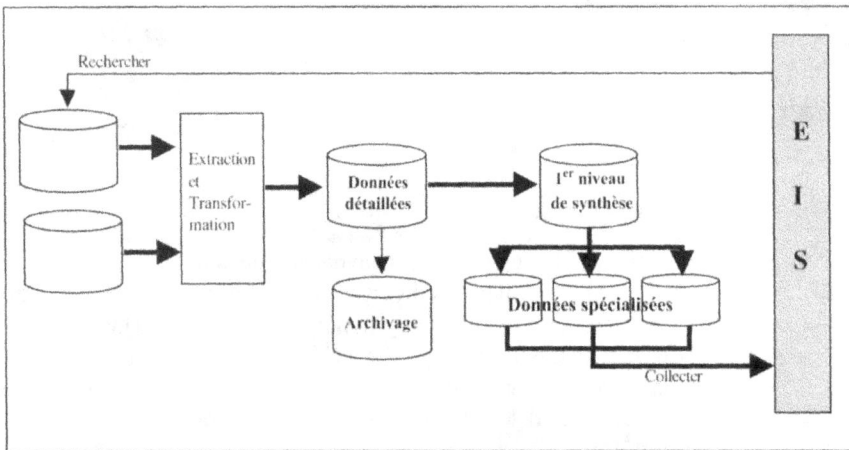

Pour faciliter la recherche des seules informations pertinentes pour la décision à prendre, on intègre parfois au mécanisme d'extraction, un système d'induction qui, à partir de l'ensemble des données, tente d'identifier des tendances plus ou moins stables (*Datamining*). Cette amélioration est un pas en direction des bases de connaissances et des systèmes experts.

Les bases de connaissances et les systèmes experts

Aujourd'hui, les bases de connaissances sont encore trop souvent constituées de documents n'ayant fait l'objet d'aucune analyse préalable. Rassembler en un même endroit tout ce qui peut être éventuellement utile est la façon de faire la plus répandue (peut-être parce que la plus simple). Or, un document établi dans un contexte particulier est, généralement, incompréhensible par toute autre personne que celle qui l'a élaboré. Cette façon de faire privilégie, à tort, l'aspect volume sur l'aspect pertinence. Dans le meilleur des cas, on se trouve en présence d'une gestion de documents, qui peut être électronique (GED). Nous avons vu précédemment qu'une compétence pouvait recouvrir différents types de connaissances qui demandaient des modes de représentation différents. La modélisation classique utilisée dans la conception des bases de données permet la représentation des connaissances proprement dites. Elle fait appel aux notions d'entités ou d'objets et de relations. Le savoir, quant à lui, lorsqu'il est explicite se représente sous forme de règles qui formalisent une expérience. Lorsque cette expérience présente une valeur ajoutée importante, elle est généralement la possession d'un expert dans le domaine considéré. Elle se formalise sous la forme d'assertions se présentant de la façon suivante :

SI < évènement1 > ET < évènement2 > ET... ALORS < événement i >
avec probabilité p

Ces règles sont regroupées par domaine d'expertise dans une « base de règles ». Cette base est sous la responsabilité de l'expert du domaine qui maintient la pertinence des règles et l'enrichit éventuellement de nouvelles règles, au fur et à mesure que progresse l'expérience de l'expert. En formalisant ainsi l'expérience, on se rend compte de l'acquis informationnel obtenu par le travail et la recherche de solutions.

De plus, contrairement aux bases de connaissances classiques telles que décrites succinctement ci-dessus, l'utilisation des bases de règles demande parfois des choix et des interprétations qui rendent leur mise en œuvre et leur utilisation plus complexes. Le schéma suivant représente l'organisation du fonctionnement des acteurs autour d'un système expert.

Figure 3.6 *Schéma de principe d'un système expert*

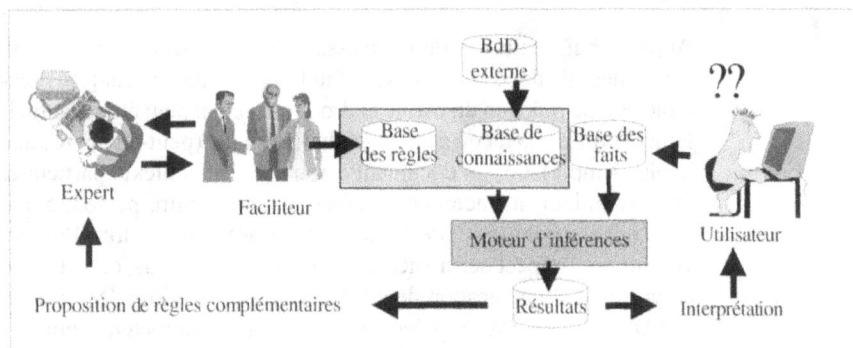

A partir d'une situation décrite au moyen de faits par l'utilisateur, le système explore toutes les règles qui traitent de ces faits, en tire des conclusions qui servent à leur tour de nouveaux faits jusqu'à ce qu'aucune règle nouvelle ne trouve d'application. Les conclusions sont également des faits. Il existe généralement des options qui leur sont attachées et qui permettent à l'expert de contrôler le comportement du système. Un fait résultat (intermédiaire ou définitif) peut être affichable, « demandable » (valeur demandée à l'utilisateur), invisible à l'utilisateur. La base de connaissances proprement dite récupère éventuellement les données des bases externes et assure leur structuration. Des mécanismes internes assurent la recherche d'incohérences potentielles par l'utilisation de « méta-règles » (des règles sur les règles), gèrent l'incertain par l'intermédiaire de coefficient de vraisemblance et de probabilité. Le moteur d'inférences fonctionne par chaînage avant ou arrière des règles, déclenche les interfaces d'entrée/sortie avec la base de connaissances. Le raisonnement suivi doit être restituable dans un langage compréhensible de l'utilisateur.

Pour construire et faire vivre une base de connaissances, il faut en faire un véritable projet et lui affecter un manager. Les critères de réussite d'un tel projet sont les suivants :

1 – entreprendre une étude des besoins des utilisateurs de la future base.

2 – définir une structuration de la base et des données qu'elle devra contenir. La base peut contenir une partie documentaire. Dans un tel cas, il est nécessaire de définir un minimum de règles définissant la formulation des documents à introduire (ce que l'on doit y trouver).

3 – construire une stratégie des priorités d'acquisition des données, de sélection et d'élimination.

4 – valider toute information et tout document avant son incorporation dans la base.

5 – s'assurer de la pertinence du contenu et gérer l'obsolescence.

6 – éviter le foisonnement exponentiel qui peut rendre la base inutilisable.

La chaîne de valeur de l'information (voir page 53) est un bon guide dans les étapes de mise en œuvre de tels outils.

La raison d'être de ces outils est la mise à disposition du plus grand nombre de connaissances et d'expertise qui sont, normalement, en possession de quelques individus. On comprend facilement le rôle complémentaire qu'ils peuvent jouer dans un processus de e-learning, au cours duquel l'apprenant est orienté vers les connaissances mémorisées dans ces outils pour compléter le contenu pédagogique fourni. Bien évidemment, ces outils ont leur place dans l'exercice des activités opérationnelles, comme cela se produit déjà dans un certain nombre de domaines d'activités telles que la pharmacie, la médecine, la recherche pétrolière et bien d'autres. L'utilisation de ces outils a un impact important sur l'organisation des processus. En effet, en leur absence, un certain nombre de problèmes doit être dirigé vers des structures spécialisées de l'entreprise, possédant l'expertise nécessaire pour résoudre ces problèmes et prendre les décisions qui s'imposent. Par contre, l'utilisation d'un système expert par un poste de travail opérationnel permet à celui-ci d'exposer le problème qui se présente et d'obtenir une réponse dont la pertinence et la fiabilité sont garanties par la maintenance que l'expert exerce sur la base des règles du système.

Par exemple, l'ouverture d'un crédit bancaire par un poste du front-office peut se faire en utilisant un tel système dont la base de règles contient toutes les situations possibles du demandeur et qui fournira la (ou les) réponse(s) acceptable(s) pour l'établissement bancaire compte tenu du risque financier. En l'absence d'un tel outil, la demande doit être transférée vers un poste spécialisé du back-office, retardant d'autant la réponse attendue par le demandeur. L'utilisation du système permet au titulaire de résoudre des problèmes nouveaux et apporte ainsi des connaissances nouvelles à l'utilisateur. L'expertise étant « décentralisée », l'efficacité globale de l'entreprise s'en trouve améliorée. Ce résultat est, finalement, l'objectif premier de la gestion des connaissances.

Les EPSS (Electronic Performance Support System)

Les EPSS sont à la fois des outils de formation et d'aide opérationnelle. Lorsqu'il s'agit d'outils de formation, ils permettent de mesurer les performances d'un acteur dans une situation donnée et, donc, d'apprécier le degré d'acquisition des connaissances requises. L'individu est mis en situation, en reconstituant l'environnement de travail, au travers de simulations et d'exercices. Lorsqu'il s'agit d'outils d'aide opérationnelle, ils apportent une aide documentaire sur le fonctionnement organisationnel des procédures attachées au poste de travail considéré. Sur un poste de travail, l'aide peut être apportée de manières différentes selon la sophistication du procédé. Cette aide peut être entièrement externe au poste de travail. Il s'agit alors d'un « *help desk* » et l'utilisateur doit arrêter son travail pour demander l'aide dont il a besoin. L'aide peut être interne au poste de travail et être appelée depuis l'application utilisée. L'utilisateur fait appel à l'outil d'aide pendant la réalisation de son travail. Enfin, l'aide peut être en tout ou partie automatique, l'outil d'aide analysant le comportement de l'utilisateur et apportant de lui-même les corrections nécessaires, en anticipant les besoins de l'utilisateur. Ce type d'aide peut aller jusqu'au système expert. Les EPSS sont utiles lorsque la complexité des tâches est importante ou lorsque le contexte est changeant. Dans les autres cas, l'appel à une aide externe peut être une solution suffisante et plus économique. D'autre part, si un EPSS est mis en place, il faut prévoir également la mise en place de sa maintenance.

Le tableau ci-dessous présente les principales différences existant entre une base de connaissances, un EPSS et un système de e-learning.

Figure 3.7 *De la base de connaissance au e-learning*

	Base de connaissances	EPSS	e-learning
Objectif	Informer	Assister	Enseigner
But	Être une ressource	Aider à la performance	Développer les savoirs
Utilisateur	Recherche une information utile	Indique à l'utilisateur ce qu'il faut faire	L'apprenant apprend à réaliser une tâche

Figure 3.7 *De la base de connaissance au e-learning*

	Base de connaissances	EPSS	e-learning
Pédagogie	Définie par l'utilisateur	L'apprentissage est secondaire par rapport à la performance	Définie par le contenu pédagogique
Interruption du travail	Oui, moins que le e-learning	Minimal ou nul	Oui
Exemple 1 : Dépanner un ordinateur	Obtenir une information sur le système	Utiliser un outil pour déterminer la cause de la panne	Formation du technicien informatique
Exemple 2 : Vente d'un produit	Rechercher des informations sur le consommateur, le produit, le marché, … avant la vente	Utiliser un outil d'aide à la réalisation d'une proposition	Formation à la vente
Analogie	Bibliothèque	Aide d'un expert	Enseignement

Le Work-flow et le Groupware

Ces outils constituent ce que l'on appelle le « Computer Supported Cooperative Work » ou CSCW ce qui peut se traduire par « Travail coopératif assisté par ordinateur ». Ils s'attachent à améliorer l'efficacité de la communication, de la coopération et de la coordination entre les membres d'un groupe associés au même projet. Ils se sont développés dans les entreprises en même temps que les réseaux informatiques.

Les outils de Work-flow sont des outils qui automatisent le fonctionnement d'une procédure répartie sur différents postes de travail. Chaque poste accomplit la (ou les) tâche(s) dont il a la responsabilité et le résultat de son travail est transmis au poste suivant. L'outil gère les priorités et les urgences, les tâches en attente. L'objectif de ces outils est de faire mieux et plus vite.

Les outils de Groupware (Lotus, Novell, Oracle, …) comportent généralement une messagerie, une fonction d'édition partagée entre tous les utilisateurs, une fonction de conférence électronique, une fonction support du processus de décision, une fonction de gestion de documents et de données réparties avec synchronisation des mises à jour, une fonction workflow, une fonction de planification et un environnement applicatif spécifique du domaine d'activités traité.

Ces outils permettant la reconfiguration des processus sont ainsi très utilisés comme moyen du reengineering, leur objectif ultime étant la recherche d'une efficacité plus grande. Ils créent un espace virtuel de communication interne à un groupe, permettant des interactions entre les participants qui favorisent la génération d'idées.

POURQUOI UNE GESTION DES CONNAISSANCES ?

▶ **La gestion des connaissances participe à l'efficacité globale de l'entreprise**

La gestion des connaissances est un outil efficace de mise en œuvre d'un travail collectif où les progrès obtenus bénéficient à chacun et crée le sentiment d'appartenance. Nous avons déjà présenté un certain nombre d'outils apportant une contribution à cette gestion. Ces outils peuvent faciliter le fonctionnement des processus de génération, de codification et de transfert des connaissances. Dans certains cas, ils peuvent même automatiser certaines tâches « intelligentes ». Mais ils ne sont qu'une part de l'organisation à mettre en place pour réaliser une véritable gestion des connaissances. Celle-ci doit s'intégrer dans la réflexion stratégique de l'entreprise, prendre en compte la dimension culturelle, s'associer aux autres processus. Pour quelles raisons une entreprise décide de mettre en place une réelle gestion des connaissances ? Elles sont nombreuses. En voici quelques unes :

– la capitalisation des expériences

– le partage des savoirs les plus pertinents

– le travail en commun de réflexion d'identification des meilleures pratiques

– la décentralisation des expertises

– la mise à jour en continu des connaissances

– l'adaptation des connaissances aux changements d'environnement

– le développement du sentiment d'appartenance

– la transformation en organisation apprenante

1°) – La capitalisation des expériences

A travers le fonctionnement des processus de l'entreprise, commerciaux, de production, d'administration, de management, les acteurs acquièrent une expérience souvent importante, parfois essentielle pour l'entreprise. Si un mécanisme n'est pas en place pour capturer cette expérience, non seulement le bénéfice pour l'entreprise est perdu et elle devra renouveler l'expérience, mais elle perd l'opportunité de transférer l'expérience acquise aux autres acteurs. La gestion des connaissances permet la sauvegarde d'un savoir-faire qu'il est important pour l'entreprise de ne pas perdre au fil du temps. Elle permet ainsi le transfert d'expertises sur de longues périodes.

C'est ainsi que, dans l'industrie aéronautique française, l'expérience acquise dans la conception et la fabrication de la Caravelle a servi dans la conception du Concorde. Puis l'expertise enrichie a servi à la conception de la famille Airbus. La capitalisation des expériences crée un référentiel des pratiques auquel tous les acteurs peuvent se référer en tant que besoin.

2°) – Le partage des savoirs les plus pertinents

La capitalisation des expériences enrichit le savoir collectif de l'entreprise et formalise ses pratiques. Mais capitaliser sans partager n'apporte pas de valeur ajoutée dans la pratique. Chaque collaborateur de l'entreprise acquiert un ensemble de connaissances et de savoirs dont la mise à disposition, pour le bénéfice de tous, accroît l'efficacité globale de l'organisation. L'entreprise est un système qui possède, comme tout système, des qualités « émergentes » que ne possède pas chacun des acteurs qui la composent pris isolément, comme le tas de sable a des propriétés différentes des grains qui le constituent. La mise en commun est une opération qui est beaucoup plus qu'une simple addition. C'est ce qui fait qu'une entreprise peut être performante sans que tous ses collaborateurs ne soient des génies !

3°) – Les meilleures pratiques

Il s'agit là d'un point important. La qualité, au sens large du terme, contribue à la productivité par application de la règle des zéros : zéro défaut – zéro délai – zéro stock. Cette règle signifie que les processus de l'entreprise doivent fonctionner sans défaillance, sans prendre du retard et sans générer des opérations en attente. Ce résultat ne s'obtient généralement pas immédiatement, mais par une succession d'essais et d'ajustements. Lorsqu'un objectif est atteint, la pratique correspondante est généralisée. L'identification de ces meilleures pratiques s'obtient par l'échange et la mise en commun de l'expérience entre les acteurs concernés. Tout contrat, tout projet fournit un complément de connaissances. L'amélioration permanente, et l'adaptation à un changement de contexte, relève du même principe. C'est pourquoi le e-learning global insiste sur la mise en place de communautés d'apprenants et leur transformation en communautés de pratiques.

Le champ d'application des meilleures pratiques est vaste. Il comprend les modes et contrôles de fabrication, les contrôles des matières premières et des conditionnements, les modes d'entreposage et de distribution, les pratiques de laboratoire et d'essais, la documentation technique de l'entreprise, l'établissement des spécifications, le fonctionnement de l'autocontrôle et du contrôle interne de qualité, le fonctionnement des processus d'évaluation, les conditions d'hygiène et de sécurité, ... Sans se limiter aux activités strictement opérationnelles, les meilleures pratiques s'étendent également au management et aux activités de gestion. La diffusion des meilleures pratiques accélère la courbe d'apprentissage, améliore la productivité, favorise l'innovation. Elle accélère les processus de mobilité d'une spécialité à une autre et améliore ainsi la flexibilité.

Un autre aspect, souvent méconnu, de la recherche des meilleures pratiques est celui de l'identification des stratégies individuelles mises en œuvre par les salariés postés, surtout lorsque la pénibilité du travail est importante. L'expérience acquise au fil du temps permet aux travailleurs d'inventer les postures et les gestes, les enchaînements qui minimisent la pénibilité des tâches et, donc, les incidents de santé professionnels. Identifier ces pratiques et les diffuser a un impact immédiat sur l'absentéisme pour causes médicales et participe ainsi à la prévention. Cette identification se fait d'autant plus facilement qu'elle a lieu au sein d'une véritable communauté partageant les mêmes difficultés opérationnelles. Peut-être aussi, parce que plus on est près de l'opérationnel de base, plus le partage est facile ?

4°) – La décentralisation des expertises

La capitalisation des connaissances porte également sur celles des experts qui peuvent être codifiées de telle façon que leur diffusion soit possible. L'utilisation des systèmes experts est un exemple d'une telle décentralisation de compétences. Elle permet de mettre en front-office des activités normalement dédiées au back-office et elle remplace le temps différé par le temps réel dans l'utilisation de ces connaissances expertes. Ainsi, non seulement les acteurs ont accès à des connaissances qui leur permettent d'accroître le champ de leurs activités mais le temps de transfert à l'expert et de traitement du problème par ce dernier est supprimé. Deux remarques s'imposent cependant :

– toute expertise ne peut pas se décentraliser selon ce processus. Certaines mettent en jeu des responsabilités particulières qui exigent un traitement spécifique ;

– le rôle des experts ne s'en trouve pas pour autant amoindri. Au contraire, leur responsabilité s'accroît par l'utilisation décentralisée de règles qu'ils formulent eux-mêmes. Il leur incombe de veiller à la pertinence et à la mise à jour de celles-ci.

5°) – La mise à jour en continu des connaissances

Le fonctionnement informatisé ou procédural de la chaîne de valeur de l'information (voir figure 3.1) permet de mettre en place un mécanisme permanent d'acquisition d'expérience et de connaissances. Ce mécanisme garantit l'enrichissement continu de la base de connaissances de l'entreprise et pérennise ainsi son efficacité.

6°) – L'adaptation des connaissances au changement d'environnement

Les entreprises sont confrontées à des évolutions environnementales permanentes, touchant au marché, à la concurrence, à la réglementation. Ces changements ont des conséquences sur les pratiques de l'entreprise. L'identification et la diffusion rapide de ces évolutions est une condition d'efficacité et de réactivité de l'entreprise. Il importe que les acteurs concernés soient informés le plus rapidement possible des changements intervenus. Les mécanismes mis en place pour la gestion des connaissances, en particulier le e-learning, permettent cette diffusion rapide et générale.

7°) – Le développement du sentiment d'appartenance

La formation est le moyen le plus sûr de rendre les hommes efficaces. Elle est également une forme de reconnaissance en leur permettant d'améliorer leurs performances et leur statut. Lorsqu'un individu voit reconnaître sa participation à l'élaboration et la mise en œuvre de pratiques plus performantes ou plus sûres, le sentiment de faire partie d'une organisation dans laquelle il a un rôle reconnu à jouer s'accroît et influence sa motivation. Ce sentiment d'appartenance partagé permet l'adhésion aux valeurs de l'entreprise et est à la base d'une véritable culture d'entreprise. Le capital intellectuel est de plus en plus souvent valorisé au bilan des entreprises et beaucoup d'entre elles présentent leur savoir-faire dans leur rapport annuel. Un certain nombre de critères sont utiles pour mesurer ce capital humain, parmi lesquels figurent la fierté d'appartenance, la qualité de l'apprentissage, le plaisir ressenti d'être dans l'entreprise.

8°) - La transformation en organisation apprenante

En fin de compte, le fonctionnement continu de la chaîne de valeur de l'information (voir figure 3.1) est le facteur clé de réussite d'une adaptation permanente et réactive de l'entreprise aux évolutions auxquelles elle doit faire face. C'est lorsqu'une organisation a cette capacité réactive que l'on peut parler d'organisation apprenante. Compte tenu des changements importants qui caractérisent la vie des entreprises à l'heure actuelle, cette capacité d'apprendre rapidement à s'adapter est un facteur clé de développement. L'entreprise apprenante garantit un environnement professionnel en évolution constante qui contribue à fidéliser les collaborateurs. Cette fidélisation contribue, quant à elle, à préserver la mémoire de l'entreprise et à combattre la volatilité des prestations intellectuelles.

Les objectifs opérationnels de la gestion des connaissances sont donc :

– accélérer l'accumulation et la diffusion des connaissances,

– fournir un accès rapide et ergonomique aux bases de connaissances,

– éliminer les contraintes de lieu, de temps et de résistance au changement,

– inciter à la participation active au fonctionnement du système.

On peut schématiser le fonctionnement d'une gestion des connaissances par un modèle tel que celui représenté à la figure 3.8 ci-après. Ce modèle vise à montrer que la capitalisation et la diffusion des connaissances se nourrissent du fonctionnement opérationnel de l'entreprise et des informations qui proviennent du monde extérieur.

Figure 3.8 *Le fonctionnement de la gestion des connaissances*

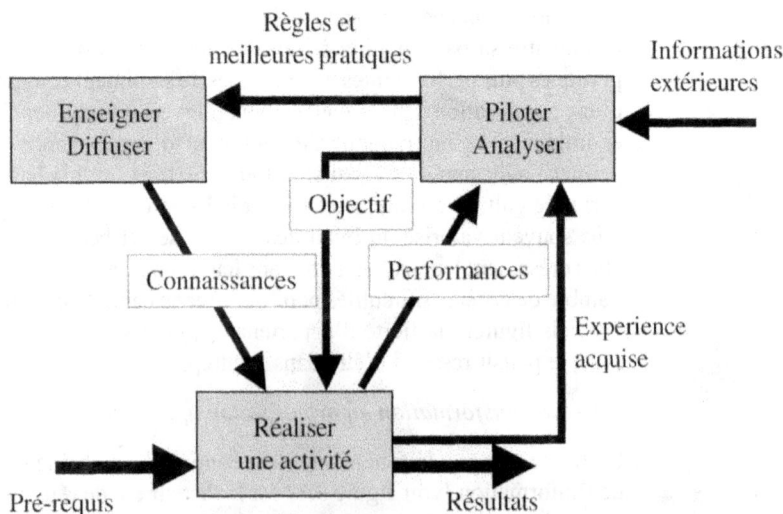

Ainsi, les systèmes internes d'une entreprise sont au nombre de quatre :
- le système opérationnel qui réalise l'ensemble des activités productrices,
- le système de pilotage et de management qui fixe les objectifs, analyse les résultats, identifie et formalise les meilleures pratiques,
- le système d'information qui automatise la chaîne de valeur de l'information,
- le système d'enseignement et de formation (e-learning) qui assure la formalisation et la diffusion des connaissances sur le lieu de travail.

La gestion des connaissances permet de capitaliser les savoir-faire. Mais elle ne garantit pas l'appropriation des connaissances par les collaborateurs de l'entreprise. Ce n'est pas parce que leur diffusion est organisée et que l'accès à ces connaissances est possible, que les salariés auront le goût, le temps, la nécessité d'aller rechercher les informations et, surtout, de les assimiler. L'accès à l'information n'a jamais garanti son appropriation. Pour que la gestion des connaissances soit un outil effectif et efficient de l'organisation apprenante, il faut accompagner sa mise en place par une formation adaptée aux enjeux et aux conditions environnementales actuelles.

Le e-learning apparaît donc comme un élément essentiel de la gestion des connaissances et des compétences. Au moment où l'entreprise cherche à faire de cette activité autre chose qu'une gestion documentaire, le e-learning permet à la formation de se positionner comme un partenaire privilégié du management de l'entreprise dans la recherche d'une efficacité renouvelée. La figure 3.9 illustre les interactions entre le e-learning et la gestion des connaissances. La frontière entre formation et développement des compétences n'existe plus. La gestion des compétences est, à la fois, source d'opportunités de développement pour le e-learning et source d'informations pour les parcours d'apprentissage. Enfin, on ne saurait parler de la gestion des connaissances sans dire qu'elle a un impact sur les relations que l'entreprise entretient avec ses clients. En effet, une meilleure connaissance de ceux-ci, une meilleure appréciation de leurs besoins et une mise à disposition de ce savoir par l'intermédiaire d'une base de connaissance mise à jour de façon continue permet à l'entreprise d'avoir une plus grande réactivité et d'améliorer ses performances, ce qui constitue un atout concurrentiel.

Figure 3.9 *e-learning et gestion des connaissances*

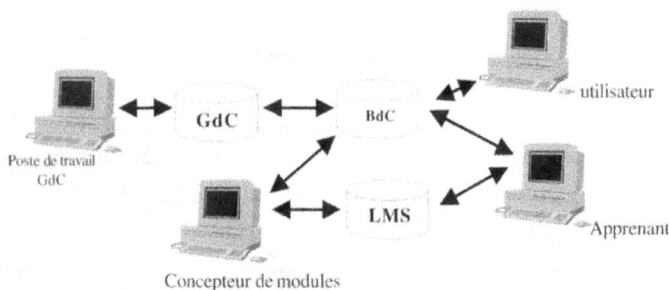

GdC = Gestion des connaissances   BdC = Base de connaissances   LMS = Learning Management System

Construire une organisation apprenante est difficile. Il faut vaincre de nombreux préjugés, comme le fait de considérer que formation et travail font partie de deux mondes différents, que le seul travail est productif ou que l'apprentissage ne peut se réaliser qu'en séminaires, que le e-learning est une variante coûteuse de la formation tradition-nelle. Il faut que l'apprentissage permanent devienne un élément central de la culture d'entreprise.

Aujourd'hui, les grandes entreprises qui ont mis en œuvre un système de gestion des connaissances sont de plus en plus nombreuses. Nous n'en citerons que quelques-unes comme exemples : Hewlett-Packard, Dow Chemical, IBM, American Express, Buckman, BP Amoco, Sony, 3M, Baxter, Xerox, etc... Le savoir est un atout concurrentiel.

UNE OBLIGATION

Aucune société ne peut fonctionner sans une mémoire collective sous peine de disparition. L'histoire des civilisations et des sociétés est celle des moyens choisis par celles-ci pour mémoriser et transmettre leurs règles de fonctionnement. La tradition orale est le premier de ces moyens, qui a perduré jusque dans les corporations de compa-gnons transmettant les secrets du métier. Puis, cette transmission orale a été supplantée par la mémoire écrite dont l'Encyclopédie de Diderot et d'Alembert reste le symbole. Aujourd'hui, l'ordinateur donne à l'homme des moyens considérables pour assurer cette mémo-risation et cette transmission du savoir. Les entreprises ne sauraient échapper à ce qui permet aux sociétés de vivre.

CHAPITRE 4

Au cœur du e-learning

UN APERÇU SUR LE FONCTIONNEMENT DE LA MÉMOIRE

► Comprendre les grands mécanismes de la mémoire permet d'identifier les critères d'wefficacité des outils de formation

Il ne s'agit pas ici de décrire, dans le détail, le fonctionnement du cerveau dans ses fonctionnalités de mémorisation. Mais il s'agit de donner certains aperçus sur l'organisation de la mémoire pour en déduire quelques règles utiles pour l'apprentissage.

Le processus de mémorisation peut être décomposé en quatre étapes :

– la phase sensorielle très brève,

– la phase de mémorisation à court terme (la mémoire de travail),

– la phase de mémorisation à long terme,

– le processus de rappel ou réminiscence. Il semble qu'il y ait dans la mémoire plus d'informations disponibles que d'informations accessibles. L'efficacité du processus de rappel dépend fortement de la stratégie de mémorisation.

On distingue ainsi deux types principaux de mémoires : la mémoire à court terme et la mémoire à long terme. La première possède une capacité et une durée limitées de conservation des informations. Des expériences ont été faites pour comprendre ce fonctionnement. Si on présente à un sujet un ensemble d'éléments (chiffres, mots, concepts, phrases courtes, ...) à mémoriser et qu'on lui demande un rappel immédiat, en moyenne sept éléments seulement seront rappelés par le sujet (c'est le problème essentiel du garçon de café !). On sait aussi que l'on peut distinguer une mémoire visuelle, une mémoire auditive, sensorielle, c'est-à-dire des mémoires particulières attachées aux sens. La mémoire visuelle conserve des images mentales sur une durée plus longue. Enfin, des séquences de lettres présentées auditivement sont mieux retenues en rappel immédiat qu'en présentation uniquement visuelle. On peut en déduire que l'association du son et de l'image favorise la mémorisation.

Pour passer d'un stockage à court terme à un état plus ou moins permanent de mémorisation à long terme, deux types de mécanismes principaux entrent en jeu :

– des mécanismes physiologiques qui dépendent du temps de présentation et du nombre de répétitions de la présentation,

– des mécanismes psychologiques qui dépendent de l'organisation de la présentation des informations et de la motivation de l'individu. Le regroupement des informations en ensembles cohérents soulage la mémoire à court terme et facilite le passage à la mémorisation à long terme. Il faut donc proposer au sujet des symboles permettant ce regroupement, comme une image par exemple. Le regroupement des concepts en catégories est également un élément favorisant la mémoire à long terme. Des expériences récentes menées en France ont montré que les calculateurs prodiges utilisent la mémoire visuelle et leur mémoire à long terme alors qu'un individu ordinaire n'utilise, dans ce genre d'exercice, que sa mémoire à court terme. Dans un tel exercice, l'image mémorisée est un élément favorisant la mémoire à long terme.

Dans la rétention à long terme, il semble que l'information retenue devienne de plus en plus abstraite avec le temps pour se réduire aux thèmes généraux au bout d'un certain délai. Cependant, le phénomène de répétition (récitation par cœur) permet de mémoriser à long terme des textes entiers (qui n'a pas gardé le souvenir d'une fable de La Fontaine ?).

La présentation d'une image est plus efficace pour la mémorisation que la présentation des mêmes concepts sous forme de mots car l'image étant commentée, elle provoque un double encodage dans la mémoire.

Un autre résultat de l'expérience est que plus on apprend, plus on oublie. Il faut donc découper l'objet de la mémorisation en modules séparés par des périodes de repos permettant de conforter l'acquisition. Ce fractionnement allonge la durée de l'apprentissage, mais l'acquisition est plus profonde et, donc, plus pérenne. La difficulté est de trouver le fractionnement optimal. L'alternance des périodes d'apprentissage et des périodes de mise en application est un bon moyen de réaliser ce fractionnement.

D'après Piaget, l'apprentissage passe par une modification des représentations mentales. Deux processus interviennent dans la mémorisation : L'assimilation et l'accommodation. L'assimilation est un enrichissement de structures mentales existantes permettant d'enrichir des informations que l'on possède déjà. Dans l'accommodation, le schéma mental est remis en question. Il faut reconstruire une vision organisant différemment les connaissances nouvelles et acquises. L'apprentissage doit trouver les moyens de faire évoluer les schémas mentaux pour permettre l'assimilation puis l'accommodation. L'assimilation seule est insuffisante.

Figure 4.1 *Les étapes de la mémorisation*

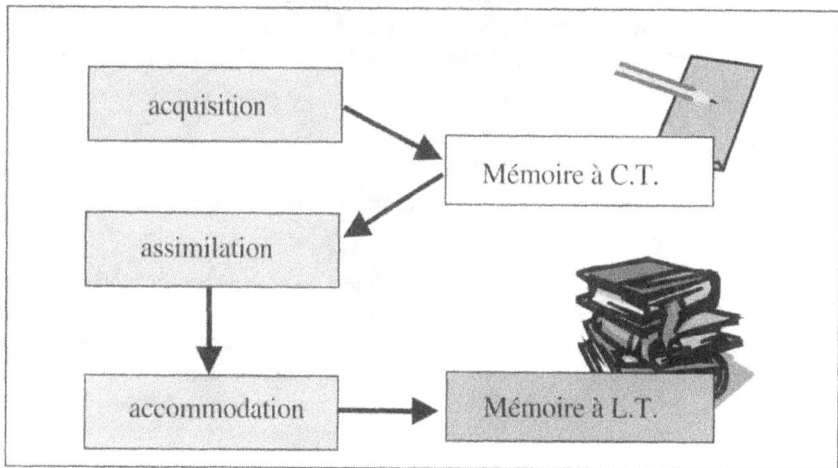

L'activité de l'apprenant doit être sollicitée de multiples façons pour qu'il puisse construire sa représentation mentale.

De cet ensemble de considérations, on peut tirer quelques éléments de règles pour organiser un apprentissage :

– éveiller la motivation du sujet pour apprendre,

– forcer son intérêt à aller jusqu'au bout en faisant ressortir les fins de phrases ou de paragraphes,

– associer le son, l'image et le texte,

– utiliser la répétition multiple,

– fractionner le contenu en modules (loi de JOST) et alterner avec des périodes d'activité.

UN ANCÊTRE : L'ENSEIGNEMENT PROGRAMMÉ

► Les leçons à tirer des expériences d'enseignement informatisés à distance

Les fondateurs de l'enseignement programmé sont B.F. Skinner et N. Crowder (1954). C'est l'époque de l'avènement d'une culture technique avec l'utilisation des procédés numériques. Pour Skinner, grâce à ces techniques, l'enseignement peut être individualisé et associé à une promesse de réussite. Sa philosophie relève du « béhaviorisme » en stipulant que la connaissance du comportement et des lois qui le régisse permettent de produire, chez un sujet, un comportement prédéfini. On agit sur le sujet en renforçant par le mécanisme de récompense le comportement que l'on veut fixer. Pour y parvenir, il faut progresser pas à pas, ce qui permet de distribuer le plus grand nombre de récompenses. Le contrôle devient ainsi un élément essentiel de l'apprentissage. En définitive, l'apprentissage doit :

– être organisé par une progression à petits pas, rythmée par le constat immédiat de la réussite,

– adapté au rythme de chacun,

– garantir le succès par des exercices à la mesure de ce que peut faire le sujet.

Pour Crowler, une progression pas à pas peut laisser intacts, chez le sujet, des raisonnements erronés. La correction de l'erreur s'obtient, soit en recyclant, soit en démontant le mécanisme ayant conduit à l'erreur. L'individualisation concerne non seulement le rythme mais aussi le contenu, en organisant des cheminements différents dans une même séquence (algorithmes d'enseignement).

C'est sur la base de ces considérations que se sont développées des expériences d'enseignement assisté par ordinateur (EAO ou *Computer based Training*). Tout d'abord de type « tutoriel » (prévoyant toutes les réponses possibles de l'élève), l'enseignement assisté par ordinateur s'est construit autour de « la simulation inventive » (où l'élève doit trouver le comportement adéquat par rapport aux résultats à obtenir). Piaget souligne la tendance du milieu enseignant à confondre la création et la transmission du savoir, la source du savoir et l'émetteur dans un seul sujet qui est le professeur. L'enseignement programmé à distance permet de séparer de façon nette la création du contenu de sa diffusion. Fondé sur le principe de l'auto-formation, l'enseignement programmé n'a pas été un succès. Laissé seul en face de sa machine, sans contact avec un tuteur et sans possibilité d'accès à des sources d'informations externes, l'apprenant a été poussé rapidement à l'abandon. L'utilisation des techniques informatiques n'est pas une « injure » à la culture en ce sens que toute éducation ne saurait se couper de son époque. Peut-on aller jusqu'à penser que la technique permettra d'apprendre la diversité et de cultiver la différence ? Les paragraphes qui suivent tentent de démontrer que le e-learning, tel qu'il doit être conçu aujourd'hui, apporte une réponse à cette question et tient compte des leçons tirées de l'enseignement programmé.

COMPRENDRE LE E-LEARNING

▶ **Les principes et concepts du e-learning : modularité, ergonomie, interactivité**

Les principes fondateurs

Nous avons évoqué (voir chapitre 2 – page 21) quatre principes de base du e-learning que nous rappelons ici.

Tout d'abord, la modularité des contenus. Celle-ci a plusieurs conséquences. La première est la possibilité de procéder à une évaluation de la compréhension et de l'acquisition des connaissances par l'apprenant à l'issue de chaque module. Cette évaluation quasi continue de la progression de l'élève peut exister dans une formation traditionnelle, mais la modularité du e-learning rend systématique cette continuité de l'évaluation. De plus, cette dernière permet au système de e-learning d'orienter l'élève vers le module le plus adapté en fonction des résultats obtenus. Cette orientation conditionnelle est à la base de la personnalisation des parcours pédagogiques qui n'existe pratiquement pas dans la formation en séminaires en présentiel. Au lieu d'un enseignement de type magistral qui aboutit à des acquisitions très variables selon les individus, cette modularité permet de faire varier le temps et l'effort d'apprentissage des apprenants pour conduire chacun d'eux au niveau de compétences souhaité. L'évaluation a lieu à deux niveaux. Le premier est celui de l'apprenant, c'est l'auto-évaluation. Elle fonctionne à l'aide de tests automatiques qui fournissent à l'élève une mesure de sa progression, plus ou moins sophistiquée, qui permettra de l'orienter vers le module le plus adapté, voire à reprendre le module qu'il vient de parcourir. Le second niveau d'évaluation est exercé par l'évaluateur qui, d'une part a accès aux résultats des tests de l'apprenant et, d'autre part peut compléter et affiner l'évaluation par des échanges entre lui-même et l'élève. Le processus d'évaluation doit être soigneusement réfléchi. Pour s'en convaincre, il suffit de se rappeler les différences de notation données par plusieurs examinateurs sur un même travail. Il y a une part subjective dans toute évaluation. Cependant, le fait que le processus d'évaluation automatique soit le même pour tous les apprenants diminue l'impact de cette subjectivité.

Le second principe déjà évoqué est l'utilisation des possibilités techniques de communication de l'Internet (ou de l'Intranet d'entreprise).

Ces possibilités de communication (e-mails, forums, « chat », tableau blanc virtuel, …) permettent une relation presque permanente entre l'élève et le « professeur », donnant l'occasion au premier de demander toute explication complémentaire pour améliorer sa compréhension, et au second de surveiller la progression de chaque élève et de donner les conseils adéquats.

Les possibilités de communication permettent aussi aux apprenants de communiquer entre eux et de partager ainsi leurs réflexions sur le cours et sur son application opérationnelle. Ces échanges créent une solidarité entre les élèves qui constituent alors une communauté d'apprenants (quatrième principe). Si ces derniers font perdurer leur communauté au-delà de la formation et continuent de partager leurs expériences, le groupe devient alors une communauté de pratiques dont l'objet est d'identifier et de formaliser les meilleures pratiques dans un domaine particulier. Cette continuité de fonctionnement est un des objectifs de la gestion des connaissances (voir chapitre 3 – page 70).

Le troisième principe est la présence d'un tuteur au lieu d'un animateur de séminaire. L'utilisation des techniques de communication évoquées ci-dessus donne au tuteur la possibilité de suivre chaque élève, ce qui ne peut se faire que très partiellement en formation traditionnelle. Ce suivi peut être synchrone ou asynchrone, c'est-à-dire que l'échange élève-tuteur se fait en temps réel ou différé. Le « chat » permet une relation synchrone, le courrier électronique permet un échange asynchrone. Les techniques synchrones peuvent être utilisées avec profit dans un certain nombre de cas. Des conversations en ligne peuvent introduire des sujets, permettre au tuteur d'assigner un travail. Ces techniques rendent possible, par les moyens de la téléconférence, l'organisation de réunions entre personnes distantes.

Mais l'avantage le plus important est le renforcement du fonctionnement des communautés de pratiques.

A ces caractéristiques du e-learning, il faut ajouter la fréquence du retour d'information (feed-back) à l'apprenant en provenance du tuteur ou en automatique. Les tests organisés en fin de modules fournissent les moyens d'une évaluation automatique dont les résultats sont fournis immédiatement à l'élève. Celui-ci peut ainsi, tout au long du parcours pédagogique, estimer sa progression. Ce retour d'information est un élément important de motivation, incitant l'apprenant à poursuivre sa formation.

L'utilisation de médias appropriés permet des présentations visuelles qui facilitent la mémorisation. En formation traditionnelle, le recours à la mémoire visuelle se fait traditionnellement par l'utilisation de « transparents » et, plus rarement, par la projection de films ou de bandes vidéo. Le e-learning permet l'utilisation systématique (chaque fois que cela paraît avoir un avantage) des techniques vidéo et audio. La grande variété des moyens de présentation maintient l'intérêt et la curiosité de l'élève, favorisant ainsi la mémorisation.

Enfin, à tout moment, l'apprenant peut être mis en communication avec des sources d'information complémentaires par des liens hypertextes inclus dans les pages écran des modules pédagogiques. Ces liens peuvent donner accès à des bases d'information et de connaissances internes ou externes à l'entreprise. Les moyens de communication permettent également à l'élève de contacter l'expert du sujet au sein de l'entreprise.

Grains pédagogiques, modules, filières et organisation d'ensemble

■ Organisation générale

Il y a deux conceptions dans la manière de concevoir une pédagogie : la méthode « directive par objectifs » et la méthode « constructive ».

La première se fonde sur la prééminence des objectifs à atteindre, indépendamment de l'apprenant. Ces objectifs sont hiérarchisés et l'enseignement est organisé en fonction de cette hiérarchie. Les caractéristiques propres de l'apprenant sont secondaires. Cette conception possède une tendance naturelle à simplifier les contextes d'apprentissage pour favoriser une progression préconçue de l'apprenant. Elle se justifie essentiellement lorsqu'il s'agit d'un enseignement d'initiation ou d'information plutôt que vers une acquisition approfondie de connaissances. La simplification « rend l'enseignement plus facile pour l'enseignant, la prise de notes et la préparation des tests plus faciles pour l'apprenant, la conception des tests plus simple pour l'évaluateur et l'écriture du contenu pédagogique plus aisé pour le pédagogue. Il s'agit, en fait d'une conspiration de la facilité! » (Spiro).

La seconde conception pédagogique, dite constructive, met l'accent sur les attentes de l'apprenant, prend en compte son savoir initial, sa motivation, ses aptitudes. Elle insiste sur le fait que l'environnement pédagogique doit être aussi varié et proche de la réalité que possible. Elle est orientée vers l'exécution de tâches ou de résolutions de problèmes, en utilisant au maximum la réflexion et le dialogue entre apprenants. La complexité de l'environnement d'apprentissage doit être le reflet de celle de l'environnement de travail. L'objectif est d'aider l'apprenant à maîtriser la complexité de son environnement opérationnel, non pas de le simplifier.

Dans les faits, l'approche pédagogique, comme nous le verrons ci-dessous, doit parvenir à un juste équilibre entre ces deux conceptions, en fonction de la nature du contenu, du profil des apprenants et des contraintes techniques qu'il ne faut pas oublier. Six dimensions doivent être prises en compte dans l'élaboration de cette approche pédagogique :

1 – L'interactivité entre apprenants et entre l'apprenant et son tuteur,

2 – Le degré d'interactivité entre l'apprenant et l'ordinateur,

3 – L'orientation vers les résolutions de problèmes et études de cas,

4 – La mise en situation réelle,

5 – La stimulation de la motivation et de l'intérêt de l'apprenant,

6 – L'utilisation de ressources d'informations pertinentes et intéressantes.

Ainsi, la première étape consiste à définir l'organisation d'ensemble du cours :

– quel scénario pédagogique ?

– quel(s) mode(s) de tutorat ?

– quels modules ?

– quelles mises en situation ?

– quelle part de présentiel ?

– quel système d'évaluation ?

Il faut, tout d'abord, s'interroger sur la (les) finalité(s) de la formation : que veut-on transmettre aux apprenants pour les rendre plus efficaces dans leurs activités opérationnelles ? Le scénario pédagogique est directement relié à la question des objectifs généraux de la formation. Comment l'apprenant sera-t-il mis en situation d'agir, de comprendre quels sont les pré-requis dont il aura besoin en situation réelle et comment obtiendra-t-il ces pré-requis ? Pour que des connaissances deviennent une compétence, il faut que l'apprenant soit capable de les utiliser dans le contexte de son travail quotidien. Le scénario doit définir le découpage général modulaire du contenu pédagogique et déterminer ce qui sera délivré à distance et ce qui sera organisé sous forme de séminaires en présentiel. Ces séminaires seront des « points de rencontre » obligés qui seront autant d'obligations pour les apprenants d'être parvenus à un certain degré d'avancement de leur parcours de formation. Le positionnement de ces points de rencontre ne doit, cependant, pas être un frein à l'autonomie d'organisation de chaque apprenant. Il doit donc être soigneusement réfléchi pour préserver des rythmes d'avancement différents entre les apprenants. Le système d'évaluation doit être décrit dans ces grandes lignes et dans ce qu'il aura de structurant pour en faire un véritable système de pilotage de la formation. Il doit définir les modalités par lesquelles l'apprenant sera évalué et comment, grâce à cette évaluation, il pourra « savoir qu'il sait ». Le système d'évaluation est un élément clé du e-learning et doit être structuré comme le contenu du cours. Il doit mesurer la réalité de l'acquisition des connaissances par la capacité de l'apprenant à les transposer dans un contexte réel, ce qui est l'objectif ultime du e-learning. Il doit permettre un « traçage » du parcours de l'apprenant pour apporter les informations utiles au tuteur dans son action de conseil et d'orientation.

L'organisation du contenu découle de quatre concepts : la filière, le thème, le module, le grain pédagogique. Les notions de thème (et de sous-thème) découlent d'une analogie avec la table des matières d'un ouvrage. La figure 4.2 ci-dessous montre un exemple de telle table. Les têtes de chapitres correspondent à des thèmes, c'est-à-dire à un sujet global qui peut être décomposé en sous-thème pour organiser les informations fournies. Puis chacun des sous-thèmes est décrit par un ensemble de paragraphes qui correspondent à la notion de module. Les modules peuvent être différents dans leur contenu (mais avec le même sujet) selon le profil des apprenants à qui il est destiné, c'est-à-dire selon les filières de formation. Chacun de ces concepts est précisé dans les paragraphes suivants.

Figure 4.2 *Exemple de table des matières*

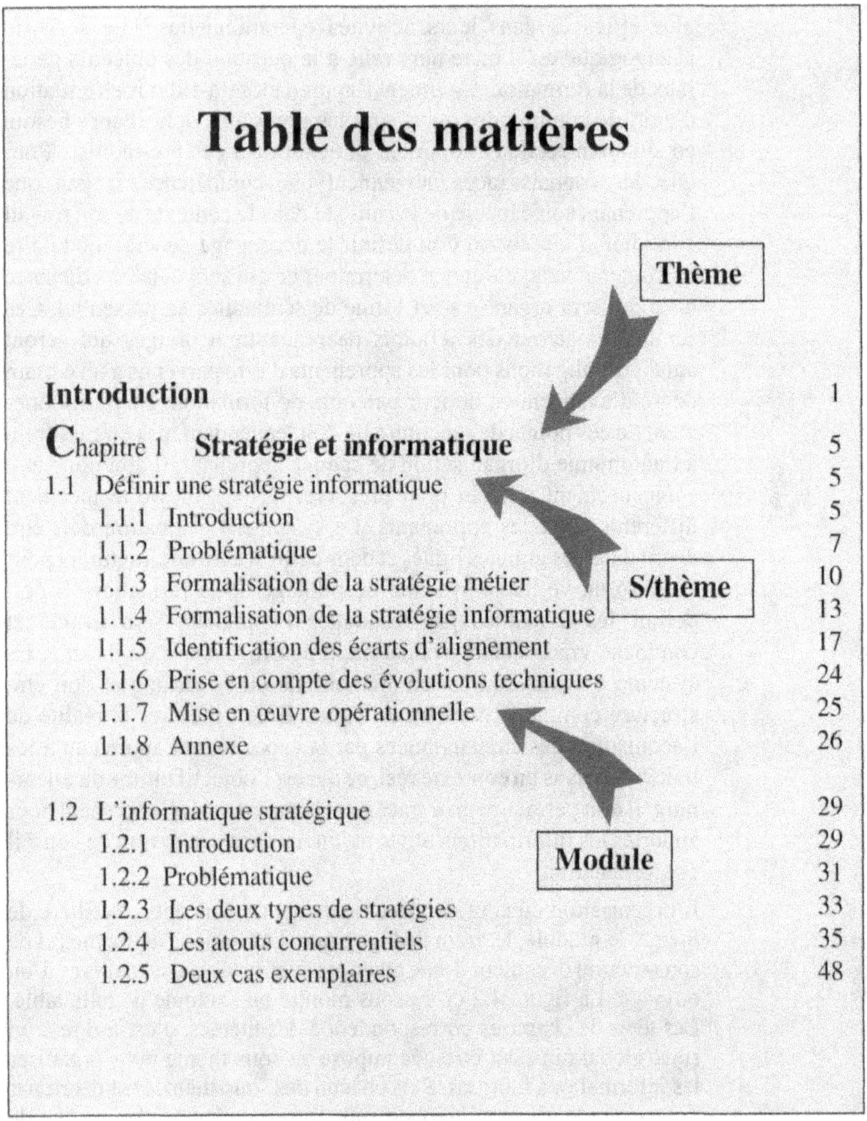

Table des matières

Thème

S/thème

Module

■ *Les filières*

Nous décrivons ici les principes qui conduisent à l'établissement d'un cours respectant les règles de fonctionnement du e-learning évoquées au chapitre 2 – page 24, à savoir :

– modularité, gage de la personnalisation ;

– « e-relations » entre l'apprenant et son tuteur ;

– tutorat participatif ;

– travail en groupes communicants.

La première règle est particulièrement structurante pour le contenu du cours. Elle signifie qu'il faut rendre modulaire ce contenu pour atteindre deux objectifs. Le premier est de pouvoir construire un parcours pédagogique adapté à certains profils, tous les apprenants n'ayant ni les mêmes connaissances préalables du sujet ni le besoin d'un même niveau de connaissances en fin de parcours. On appelle filière un profil cible de l'apprentissage qui regroupe des apprenants ayant une même connaissance initiale du sujet et une même expertise cible à acquérir.

La seconde est de proposer, à l'intérieur d'une même filière, des cheminements différents aux apprenants qui tiennent compte de leurs progrès ou de leurs difficultés, c'est-à-dire de leur capacité d'apprentissage. Ce double objectif oblige à construire une « scénarisation » de l'apprentissage.

La complexité du sujet constitue une troisième dimension de la conception du contenu modulaire. La scénarisation constitue la stratégie pédagogique qui doit définir, à la fois, la conception du contenu et les filières auxquelles est destiné l'enseignement. Cette réflexion doit être préalable à toute conception de modules. Les paramètres à prendre en compte pour la définition des filières sont (voir figure 4.4) :

– la complexité du sujet, intrinsèque et au regard des populations cibles ;

– le niveau de connaissances à acquérir. On peut distinguer trois niveaux : une simple information sur le sujet, un niveau de connaissance relevant de la vulgarisation, un niveau de connaissance approfondi relevant de l'expertise ;

– la connaissance préalable du sujet par l'apprenant. Le parcours pédagogique est nécessairement différent pour une population ayant déjà une connaissance du sujet et pour une population pour laquelle le sujet est entièrement nouveau ;

– la capacité d'apprentissage en relation avec la complexité du sujet.

Figure 4.3 *Exemple de constitution des filières*

Sujet	Complexité	Connaissance cible	Connaissance préalable	Capacité d'apprentissage	Filières
Statistiques	Forte	Vulgarisation	Faible	Faible	Ouvrier qualifié niveau 1
				Forte	Ouvrier qualifié niveau 2
		Expertise	Faible	Forte	Contrôleur moins d'un an d'expérience
Statistiques (suite)	Forte (suite)	Expertise (suite)	Forte	Forte	Contrôleur plus d'un an d'expérience

Formation Contrôle Qualité

La figure 4.3 ci-dessus est un exemple de définition des filières pour une même formation s'adressant à deux populations différentes, avec identification au sein de chacune de ces populations de deux filières différentes. Chacune de ces quatre filières doit bénéficier d'un parcours pédagogique spécifique. Cette différence va se manifester de multiples façons :

– des modules différents (ouvrier qualifié niveau 1 et Contrôleur expérimenté) ;

– des modules complémentaires (ouvrier qualifié niveaux 1 et 2) ;

– des tests de fin de modules différents (contrôleur expérimenté ou non) ;

– des modules d'exercices différents.

En plus de ces différences dans la conception des modules de formation, le tutorat devra s'adapter à chaque filière. Dans l'exemple du tableau 4.1, le tutorat exercé sur la filière des ouvriers qualifiés (niveaux 1 et 2) devra s'assurer davantage de la compréhension du pourquoi que de la mémorisation, alors que pour la filière des contrôleurs, le tutorat devra s'assurer d'une réelle maîtrise du sujet. Cet exemple montre toute l'importance d'une réflexion sérieuse sur la constitution des filières, compte tenu des conséquences sur la conception du contenu pédagogique. Enfin, les filières sont à la base de la

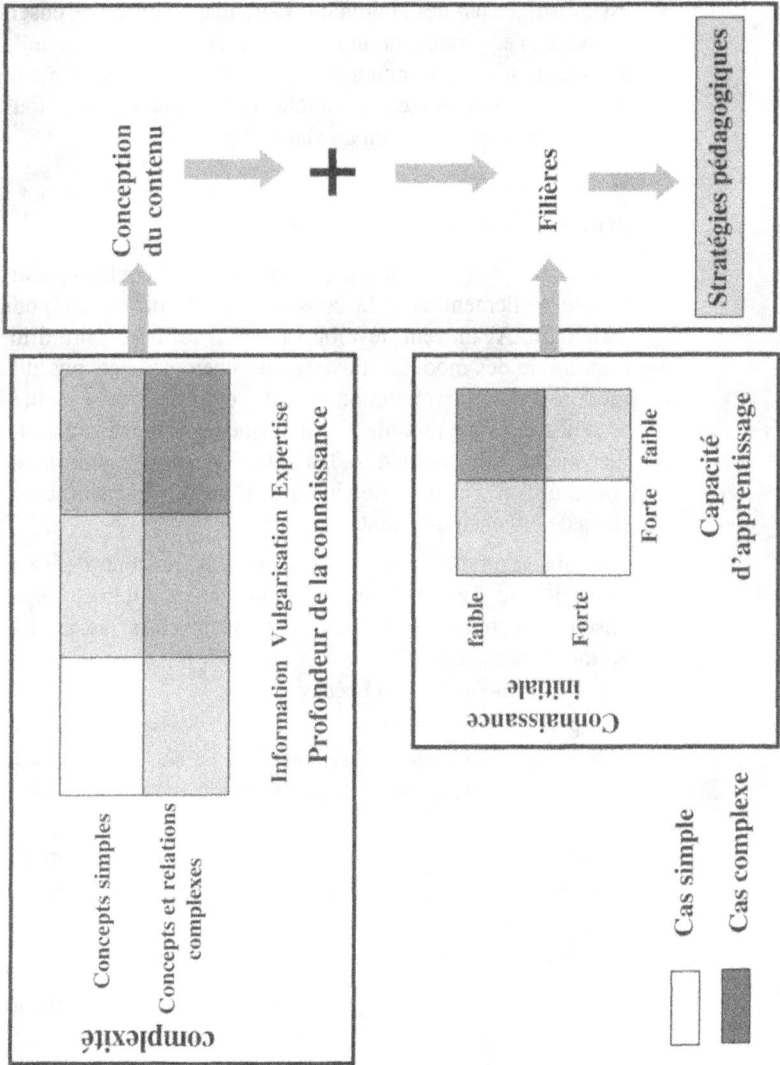

Figure 4.4 *Filières et modules*

constitution des communautés d'apprenants. Une telle communauté est constituée par des apprenants participant à un même ensemble de formations et partageant une même expérience opérationnelle. C'est au sein de telles communautés que se constitue un savoir-faire qui devient une partie du capital intellectuel de l'entreprise. Nous avons évoqué ce point important au chapitre 3.

■ *Les modules*

1°) – *L'organisation et le contenu*

Après avoir défini les filières, la conception du contenu pédagogique débute réellement avec la construction des différents modules de formation. Avant tout développement, il est nécessaire d'identifier l'ensemble des modules ainsi que les cheminements possibles d'un module à l'autre en fonction des filières et des tests éventuellement associés à chaque module. C'est ce que nous appelons l'architecture du contenu (voir figure 4.5). Il s'agit d'une cartographie des modules constitutifs d'une formation indiquant les enchaînements et les conditions de ces enchaînements.

A quoi sert un découpage en modules ? Après tout, l'enseignement pourrait être fourni de manière linéaire et complète en un seul ensemble, comme le contenu d'un séminaire classique. Le découpage en modules permet :

– de construire un scénario pédagogique,

– de proposer une progression dans l'apprentissage,

– de s'assurer de la compréhension d'une partie du cours indispensable à celle de la suite, c'est-à-dire de maîtriser la progression de la compréhension,

– d'insérer au bon endroit les tests qui valident cette compréhension,

– d'introduire des modules complémentaires pour les apprenants ayant des difficultés,

– de réutiliser certains modules dans d'autres formations.

On imagine mal un livre qui ne contiendrait qu'un seul chapitre (bien qu'il existe des livres qui ne contiennent qu'une seule phrase !). Le découpage en chapitres souligne la progression de la démonstration ou de l'histoire, et constitue une sorte de respiration. Les modules sont analogues aux chapitres d'un livre. Ils structurent le cours et organisent le processus d'acquisition. Ils doivent donc tenir compte du fonctionnement de la mémoire, ainsi qu'il a été évoqué (voir page 77). Leur conception demande une parfaite connaissance de la matière à enseigner et une compétence pédagogique certaine. Il faut s'interroger sur la nature des connaissances à transmettre, identifier ce qui « fait sens », l'environnement informationnel qui accompagne les concepts de base du futur module. Cet environnement crée un réseau sémantique qu'il faut identifier pour donner accès aux connaissances complémentaires qui viendront consolider la compréhension. Le schéma ci-dessous (voir figure 4.6) donne l'exemple du réseau sémantique qui accompagne le concept « d'entretien d'évaluation » qui se trouve au cœur d'un module « Comment conduire un entretien annuel d'évaluation ? ».

Souvent, un cours de e-learning se construira à partir d'un contenu existant et destiné à une formation traditionnelle. Pour utiliser correctement cette matière première, il faut en comprendre le contenu, identifier les étapes pédagogiques correspondant à un module, être capable d'imaginer les difficultés de compréhension possibles pour concevoir une démonstration complémentaire utilisant un cheminement intellectuel différent et plus détaillé. Si le cours est conçu directement pour le e-learning, il faut identifier les étapes de compréhension par lesquelles il est obligatoire de passer pour pouvoir s'assurer d'une assimilation satisfaisante (qui sera évaluée par des tests). Dans tous les cas, une réflexion est à mener sur la taille d'un module. En effet, un des objectifs prioritaires du e-learning est l'intégration de l'apprentissage dans le travail opérationnel. Pour cela, les connaissances acquises doivent être mises en application dès que possible. Pour cette raison, un module ne doit pas comprendre de trop nombreuses connaissances nouvelles qui demanderont du temps pour être assimilées et, par conséquent, pour être mises en application.

Lorsque la mise en situation est une exigence pédagogique forte, la notion de module qui vient d'être exposée, doit être légèrement modifiée. En effet, une mise en situation peut se faire essentiellement de deux façons :

– par l'utilisation d'un scénario,

– par la simulation.

Un scénario est une succession de situations dans lesquelles on enseigne à l'apprenant un comportement adéquat, le passage à la situation suivante étant conditionné par la résolution du problème posé. La réalisation informatique d'une mise en situation est d'une assez grande complexité car chaque situation réagit sur les données qui définissent l'ensemble des autres situations. Le déroulement du scénario peut ainsi exiger des passages successifs dans une même situation dont les données de contexte ont évolué. Le stade ultime du scénario est la simulation qui décrit l'ensemble de la situation dans

Figure 4.5 *L'architecture de contenu*

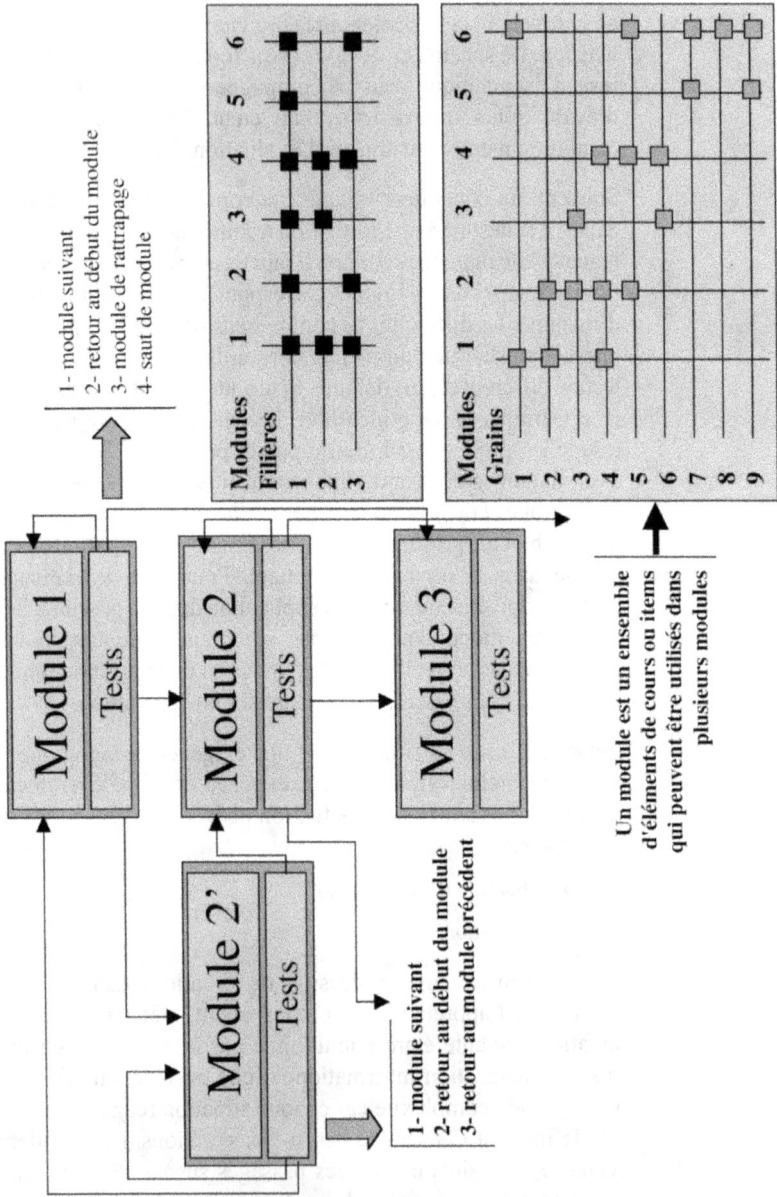

1- module suivant
2- retour au début du module
3- module de rattrapage
4- saut de module

Modules
Filières

Modules
Grains

Un module est un ensemble
d'éléments de cours ou items
qui peuvent être utilisés dans
plusieurs modules

Module 1
Tests

Module 2
Tests

Module 3
Tests

Module 2'
Tests

1- module suivant
2- retour au début du module
3- retour au module précédent

Figure 4.6 *Réseau sémentique*

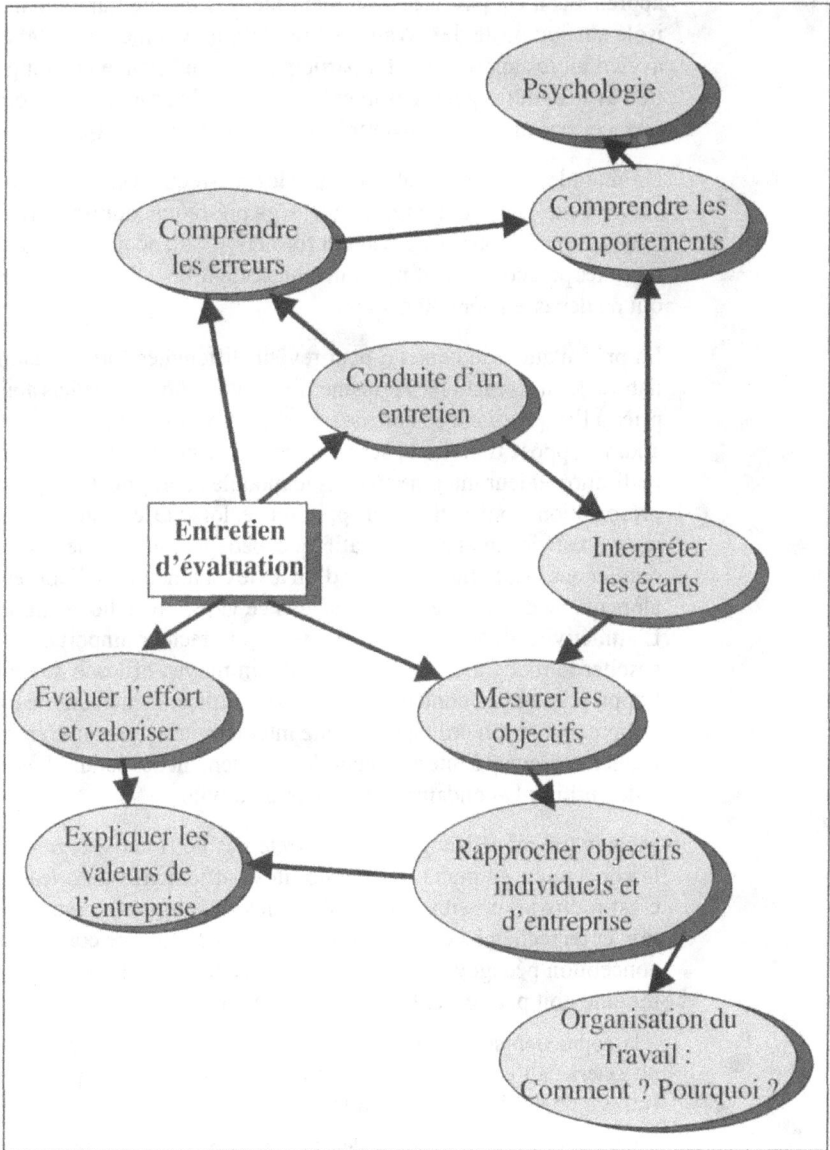

laquelle se trouve l'apprenant en fonction de ses décisions, en temps réel. Le scénario a un avantage intéressant : la mise en concurrence de groupes d'apprenants. Nous insisterons sur l'importance des communautés (voir page 127). La création de groupes au sein des apprenants n'est pas nécessairement facile. Lorsque l'apprenant est isolé sur son poste de travail, rien ne l'oblige vraiment à collaborer avec d'autres apprenants. La participation à un groupe en compétition avec d'autres peut renforcer la solidarité du groupe et, en conséquence, être un facteur favorable à la pérennité de celui-ci.

Un module se définit également par les pré-requis nécessaires pour suivre cette phase d'apprentissage. Ces pré-requis doivent être soit maîtrisés par l'apprenant avant la formation, soit acquis au cours de modules précédents. Enfin, il faut tenir compte de la durée d'attention qui ne dépasse guère 30 à 40 mn.

La présentation du contenu peut revêtir différentes formes selon la nature des informations à transmettre. L'utilisation de médias appropriés à l'acquisition de connaissances, comme les séquences vidéo et audio, suppose d'écrire le script de ces séquences et de prévoir leur réalisation et leur intégration dans le module approprié. Ces types de présentations sont à utiliser, de préférence, lorsque le contenu à transmettre est davantage informatif que pédagogique. Il ne faut pas oublier que la rapidité de lecture d'un texte est fonction de l'apprenant alors que le déroulement d'une séquence vidéo ou audio est imposé. L'attractivité de la présentation reste un facteur important pour susciter la motivation de l'apprenant. Un moyen efficace de rendre l'apprentissage du contenu attractif est d'utiliser l'interactivité entre l'apprenant et son ordinateur. Cette interactivité est obtenue en obligeant l'apprenant à intervenir sur l'enchaînement des écrans. Les jeux vidéo utilisent abondamment cette interactivité.

Mais le travail pédagogique ne s'arrête pas là. Il faut intégrer, dans la conception du cours, les possibilités particulières du e-learning, c'est-à-dire les possibilités qu'offrent les techniques de communication et de recherche d'informations. Cette particularité complique la conception pédagogique, mais l'enrichit considérablement. Chaque module doit permettre, lorsque cela s'avère utile à l'apprenant :

– la connexion sur une base d'informations complémentaires, interne ou externe à l'entreprise, par une manipulation la plus simple possible (utilisation des liens hypertexte) ;

– l'envoi de messages (demandes d'explications) à un tuteur par l'utilisation d'une messagerie ;

– l'envoi de messages (partages d'expériences) aux autres apprenants, ce qui suppose de pouvoir connaître ceux d'entre eux qui participent à la même formation ;

– la discussion synchrone éventuelle entre apprenants et avec le tuteur par utilisation des « chat » ou des classes virtuelles ;

En fin de compte, les liens possibles à prévoir depuis le poste de l'apprenant sont les suivants (voir figure 4.7) :

– vers un site web ;

– vers un moteur de recherche de l'Internet (ou de l'Intranet) ;

– vers les boîtes aux lettres électroniques du tuteur et des membres de la communauté d'apprenants ;

– vers une (des) base(s) de données complémentaires (interne ou externe) ;

– vers les logiciels de bureautique du poste ;

– vers les autres apprenants par un forum (asynchrone), un « chat » ou tout système synchrone ;

En ce qui concerne l'utilisation de liens permettant à l'apprenant de se connecter sur des sources internes ou externes d'informations complémentaires, quelques commentaires sont nécessaires. Il est certain que l'utilisation de ces liens est une caractéristique du e-learning qui permet de situer le contenu pédagogique dans un ensemble plus large de connaissances, ce qui fournit à l'apprenant une vision étendue de l'utilité des connaissances qu'il acquiert. Une connaissance n'en est vraiment une que lorsqu'elle s'intègre dans un réseau de liens entre des connaissances qui se complètent mutuellement. Mais l'attention doit être attirée sur le fait qu'une connexion sur une de ces sources ne peut se faire sans une réflexion portant sur l'opportunité de cette connexion au stade où en est l'apprenant dans sa formation. Si des informations complémentaires sont apportées trop tôt et/ ou en trop grand nombre, elles risquent de perturber la compréhension et de perdre l'apprenant dans un réseau de connaissances qu'il ne maîtrise pas. L'ensemble de ces connexions forment un réseau sémantique dont il faut maîtriser la complexité, faute de quoi l'on arrive à la situation bien connue où tout est dans tout et où tout le monde se perd. L'expertise pédagogique doit donc s'exercer ici également pour que le choix des liens soit judicieux.

Un module peut être accompagné d'un certain nombre d'outils tels qu'une base de données d'exercices régulièrement remise à jour pour des essais successifs, une base de données sur des exemples d'application dans l'entreprise également mise à jour pour bénéficier des exemples les plus récents, des références de textes et d'auteurs avec les liens permettant de les retrouver rapidement.

En complément, il faut prévoir les liens allant du tuteur vers l'apprenant.

Les séminaires traditionnels permettent de réunir les apprenants. Ce qui favorise la naissance d'un sentiment d'appartenance à un groupe. Les classes virtuelles peuvent remplir un rôle analogue. Les apprenants reçoivent en même temps sur leur écran les informations que le professeur inscrit sur son propre écran et peuvent intervenir s'ils le désirent. Les techniques de vidéoconférence peuvent s'avérer utiles pour la mise en œuvre de ces classes virtuelles. Celles-ci permettent un travail commun des apprenants, mais elles ne peuvent complètement remplacer les avantages d'un contact direct. C'est pourquoi, il faut réfléchir à la nécessité d'inclure dans le parcours pédagogique des réunions en présentiel qui faciliteront les échanges et renforceront la communauté.

Figure 4.7 *L'apprenant est relié au monde*

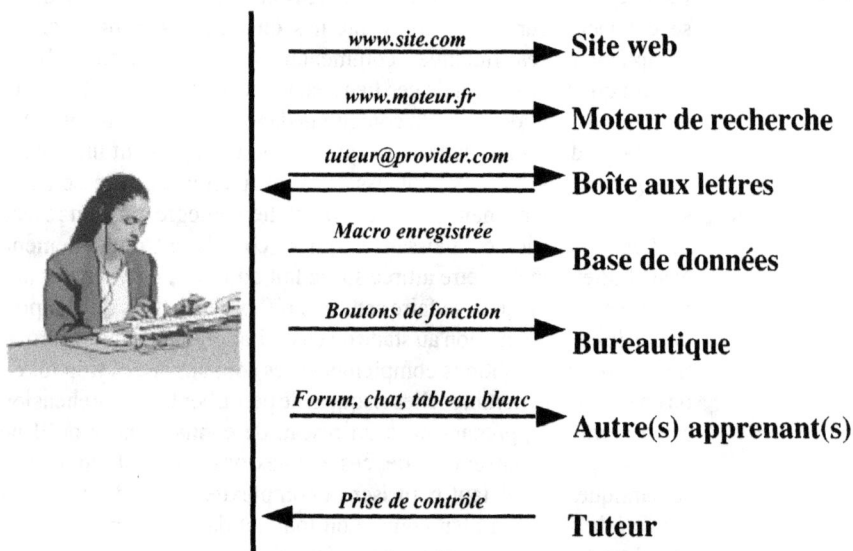

www.site.com → **Site web**

www.moteur.fr → **Moteur de recherche**

tuteur@provider.com → **Boîte aux lettres**

Macro enregistrée → **Base de données**

Boutons de fonction → **Bureautique**

Forum, chat, tableau blanc → **Autre(s) apprenant(s)**

Prise de contrôle → **Tuteur**

2°) – L'évaluation

L'objectif de l'évaluation est de savoir quelles sont les compétences acquises par l'apprenant, les nouvelles capacités théoriques et/ou pratiques ou comportementales. La difficulté reste l'objectivité de l'interprétation des résultats car des risques de biais existent tant chez l'apprenant qui cherche à satisfaire le tuteur que chez ce dernier qui sera évalué à son tour par le management. L'utilisation de tests automatisés diminue ce risque, sans le faire complètement disparaître. En effet, la machine ne peut improviser un dialogue adapté aux circonstances du moment et il faudra toujours compléter les tests automatiques par une évaluation réalisée par le tuteur. Enfin, une évaluation ne peut être faite uniquement en fin de formation. C'est un processus continu qui doit être découpé comme l'ensemble du parcours pédagogique, par les modules de formation. C'est pourquoi un module se termine généralement par des tests qui, selon les résultats obtenus, orientent l'apprenant vers le module adéquat. Ces tests peuvent être de différentes natures :

– des « quiz » ou des QCM (questionnaires à réponses multiples) dont les réponses sont mémorisées et évaluées ;

– des réponses déclaratives (e-mail) à des questions, ce qui demande un échange avec le tuteur ;

– des exercices dont le résultat est comparé avec des réponses attendues ;

– des études de cas et des résolutions de problèmes ;

– des mises en situations virtuelles par des simulations ;

– etc…

Même lorsque la construction du test est à base de questions, celui-ci peut exiger de l'apprenant l'élaboration de réponses complexes : classements, combinaisons de choix, comparaisons entre des séries d'assertions, choix de propositions, etc… Même si la réponse de l'apprenant prend une forme simple, cela n'enlève rien à la complexité des opérations intellectuelles nécessaires pour formuler cette réponse.

L'acquisition demande de savoir transposer une connaissance dans un contexte particulier. Les tests ont pour objet de vérifier l'appropriation par l'apprenant des connaissances transmises et sa capacité à les mettre en œuvre dans les différents environnements de son travail quotidien. Dans tous les cas, ces tests permettent de s'assurer que l'apprenant possède les pré-requis nécessaires pour le suivi du module suivant. Une attention particulière doit être apportée au choix et à la formulation des questions utilisées. Il faut s'assurer qu'elles correspondent aux compétences que la formation doit développer, qu'elles sont formulées sans ambiguïté, que leur niveau de difficulté correspond au niveau des apprenants de la filière considérée. Le pédagogue doit être sollicité lors de la conception des tests et des évaluations.

Lorsqu'on évoque le principe de l'évaluation, un certain nombre de questions se posent ;

– A quoi sert l'évaluation ? Pour l'élève, elle sert à mesurer la réussite de l'effort qu'il a consenti pour acquérir des connaissances et conforter une compétence. Elle lui permet de « savoir ce qu'il sait ». Pour l'enseignant, l'évaluation sert à mesurer l'efficacité de la pédagogie utilisée.

– Que mesure l'évaluation ? Elle peut mesurer un simple résultat ou l'intensité et la continuité d'un effort. Elle peut mesurer un degré de mémorisation ou de compréhension – ce qui n'est pas la même chose. Elle peut mesurer une capacité de restitution ou de raisonnement.

Ces questions montrent qu'il faut être parfaitement clair sur la nature du résultat recherché par la formation dispensée pour que les systèmes d'évaluation soient adaptés. La qualité d'un test ne saurait être dissociée de celle de la méthode d'évaluation choisie. On peut distinguer deux types de tests : ceux dont le résultat peut être jugé à partir du seul critère vrai/faux et ceux dont le résultat se juge par le degré de compréhension des connaissances en cours d'acquisition. Le premier cas permet d'utiliser un système d'évaluation basé sur la notation. Le second cas demande d'utiliser une échelle de valeur du type : complètement assimilé – assimilation incomplète – assimilation non réalisée. Lorsqu'on utilise un système de notation, celui-ci est facilement compréhensible par celui qui est évalué : le résultat du test est juste ou faux et l'évaluation est impartiale, sans nécessité d'interprétation. L'utilisation d'une échelle de valeur introduit nécessairement un élément de subjectivité. On peut en tirer comme conclusion :

– Lorsque l'évaluation est automatique (test de fin de module intermédiaire), elle doit être préférentiellement fondée sur la notation. Encore faut-il mettre en place un système de « surveillance » de l'évolution des notes obtenues tout au long de la formation. En effet, une série de notes croissantes et la même série décroissante se synthétisent par la même moyenne. Mais la première série indique que l'apprenant maîtrise le sujet de mieux en mieux, la seconde est le signe que l'apprenant « perd pied ».

– Lorsque l'évaluation demande une appréciation où intervient une part d'interprétation (de subjectivité ?) de l'évaluateur, elle doit alors être prise en charge par le tuteur. Cette évaluation doit s'appuyer sur un système de tests et/ou de mises en situation qui permette au tuteur d'apprécier le degré de maîtrise des connaissances atteint par l'apprenant. En première analyse, on peut distinguer trois degrés de maîtrise :

• degré 1 : la restitution ; il s'agit de l'application des connaissances dans un contexte identique à celui de l'apprentissage.

• degré 2 : la compréhension ; il s'agit de l'application des connaissances dans un contexte différent de celui de l'apprentissage mais connexe.

• degré 3 : la transposition ; il s'agit de la capacité à utiliser utilement les connaissances acquises dans un contexte étranger à celui de l'apprentissage.

On peut prévoir que l'utilisation « d'agents intelligents » va transformer la manière de concevoir ces tests et évaluations. Un agent intelligent est un logiciel capable d'apprentissage et d'action en fonction de ses propres caractéristiques et des informations qu'il reçoit de l'extérieur. Ainsi, l'agent intelligent (AI) va intégrer, au fur et à mesure du déroulement du cours, des données personnelles sur l'apprenant et en tenir compte dans les vérifications proposées. Il permettra la création de situations virtuelles en fonction du contexte créé par l'apprenant, qui rendront les simulations proches des préoccupations de l'apprenant. Le e-learning n'a, en effet, de réelle efficacité que s'il permet de transposer les connaissances transmises dans le monde réel du travail. Il servira d'aide intelligente au tutorat en surveillant en permanence le déroulement de chaque formation, en participant à l'animation de forums en générant des questions et en analysant les réponses. Il pourra rappeler à l'apprenant ses obligations (remises d'exercices, points de rencontre, …), identifier une situation qui demande un contact avec le tuteur. Il deviendra une aide efficace à la personnalisation. On peut imaginer que ces AI seront opérationnels dans un an ou deux (certains moteurs de recherche sur le Web utilisent déjà de tels agents).

Le tuteur doit faire preuve de pédagogie également dans la présentation des résultats de tests et souligner les réussites avant les échecs. Ces derniers doivent être présentés comme des limitations provisoires de la compréhension de l'apprenant.

■ *Les grains pédagogiques*

Nous appelons grain pédagogique la plus petite unité cohérente d'acquisition d'une connaissance. Ce grain pourra être utilisé dans plusieurs modules d'une même filière ou de plusieurs filières différentes. Un grain correspond donc à une connaissance élémentaire, même si elle est compliquée à acquérir.

Par exemple, la construction d'un diagramme d'Hishikawa (causes-effets) constitue un grain pédagogique, en ce sens qu'il s'agit d'une connaissance élémentaire (qui ne peut se découper sans perdre sa signification). Ce grain pourra être utilisé dans un module de formation au contrôle Qualité (recherche des causes d'un défaut de fabrication ou de conception) et dans un module de formation de gestion de projet (recherche des facteurs de risque du projet). Cette identification des grains pédagogiques permet une conception et une réalisation plus rapides des modules de formation.

Bien entendu, ce découpage en grains n'est pas toujours possible et certains modules forment un tout qu'il est impossible de découper. De plus le découpage n'a d'intérêt que s'il y a réutilisation des éléments. De tels éléments sont appelés dans la littérature technique, relative au e-learning, des objets pédagogiques (Learning Objects).

La figure 4.8 schématise le principe de construction d'un parcours pédagogique d'une filière à partir des grains pédagogiques et des modules.

Figure 4.8 *Du grain pédagogique à la filière de formation*

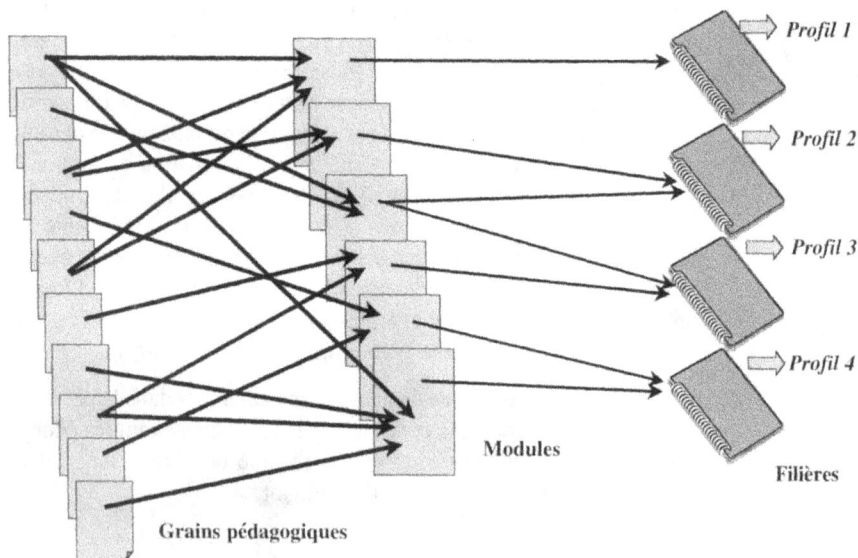

L'interface homme-machine (IHM)

L'ergonomie du poste de l'apprenant est un facteur clé de succès. Elle doit être particulièrement soignée. Sa qualité première est de rendre parfaitement intuitive l'utilisation des différentes fonctions de navigation. Tout le monde a fait l'expérience de sites web où la complexité des liens fait que, très vite, on se pose la question de savoir ce qu'il convient de faire, si l'on est parvenu au bon endroit pour trouver la bonne information, comment revenir au point où la situation a commencé à nous échapper, etc... Cette navigation doit fournir les possibilités suivantes, au minimum :

– un saut à la page suivante ;

– un retour à la page précédente ;

- un retour au début du module ;
- un saut à la fin du module ;
- un retour au sommaire du module ;
- un saut à l'index du module :
- un appel à l'aide en ligne.

En plus de ces possibilités de navigation, l'interface doit présenter certaines caractéristiques. Parmi celles-ci, nous en citerons quelques-unes :

• L'ensemble des boutons de navigation doit être regroupé toujours au même endroit, quelle que soit la page d'écran (la fenêtre). L'apparence et la localisation des boutons doivent rester identiques tout au long du module et, si possible, tout au long de la séquence de formation.

• Lorsqu'une page comporte une séquence vidéo ou audio, le lancement de la séquence doit être parfaitement indiqué et toujours avec la même symbolique. Si la page contient une séquence audio (lecture d'un texte enregistré), il est bon de prévoir le défilement du texte correspondant pour tenir compte des malentendants éventuels.

• Lorsque des liens hypertextes existent dans un texte, ces liens doivent être parfaitement indiqués et la nature de la liaison doit être explicitée. L'habitude est faite d'indiquer les liens hypertextes par une indication soulignée. Donc, s'il est nécessaire de faire ressortir une information, il faut éviter de la souligner pour ne pas prêter confusion avec les liens. Il faut respecter le standard de fait qui consiste à utiliser la couleur bleue pour les liens non encore utilisés et le violet pour les liens ayant déjà été visités.

• L'utilisation d'ascenseurs permet de lire un texte relativement long sans avoir à changer de page (de fenêtre). Encore faut-il ne pas abuser du scrolling qui peut devenir rapidement fatigant. De plus, des pages trop longues demandent un temps important de chargement qui nuit à la qualité de concentration de l'apprenant. Des pages individuelles courtes comportant chacune une seule information importante, est souvent la bonne solution.

• Utilisées de façon appropriée, des polices de caractères variées peuvent soutenir l'attention. Encore faut-il éviter les excès en la matière comme les polices exotiques que certains ordinateurs peuvent ne pas posséder ou qui sont difficiles à lire à l'écran. L'utilisation des couleurs peut également faciliter la lecture à condition de prendre en compte les possibles daltoniens et d'éviter les mauvais contrastes entre le fond et le texte qui peuvent rendre la lecture difficile.

• Toutes les pages doivent porter, toujours au même endroit, le titre du module dont elle fait partie.

• La progression de l'apprenant dans le contenu doit être indiqué pour lui permettre de se repérer par rapport à l'ensemble du module qu'il parcourt.

• En fin de module, il est bon de fournir à l'apprenant la visualisation du parcours qu'il a suivi à l'intérieur du module considéré.

• La qualité de chaque page d'écran doit être contrôlée, par exemple en se posant les questions suivantes :

– L'apprenant peut-il savoir où il en est dans la progression du module ?

– La navigation est-elle facile ?

– Tous les liens sont-ils opérationnels ?

– Les *plug-in* nécessaires sont-ils disponibles pour tous ?

– Tous les *plug-in* utilisés sont-ils nécessaires ?

– L'aide en ligne est-elle facilement accessible ?

– Les *scrolling* peuvent-ils être remplacés par des fenêtres successives ?

– Les boutons de navigation sont-ils toujours au même endroit ?

– etc…

Le contrôle sur la qualité d'utilisation et de présentation est indépendant de la qualité du contenu du cours.

Le cahier des charges de description des modules doit définir cette « architecture de page » (voir figure 4.9).

Les étapes du projet pédagogique

En conclusion de ce paragraphe, il faut rappeler les principales étapes du projet de conception du contenu pédagogique :

– définition opérationnelle des objectifs de la formation projetée,

– analyse des concepts à enseigner,

– définition de la progression en fonction des filières,

– mise au point des modules pédagogiques,

– choix des modalités de contrôle et d'évaluation,

– construction de l'architecture pédagogique,

– choix des moyens techniques de présentation et de communication,

– réalisation du projet.

Figure 4.9. *Architecture de page*

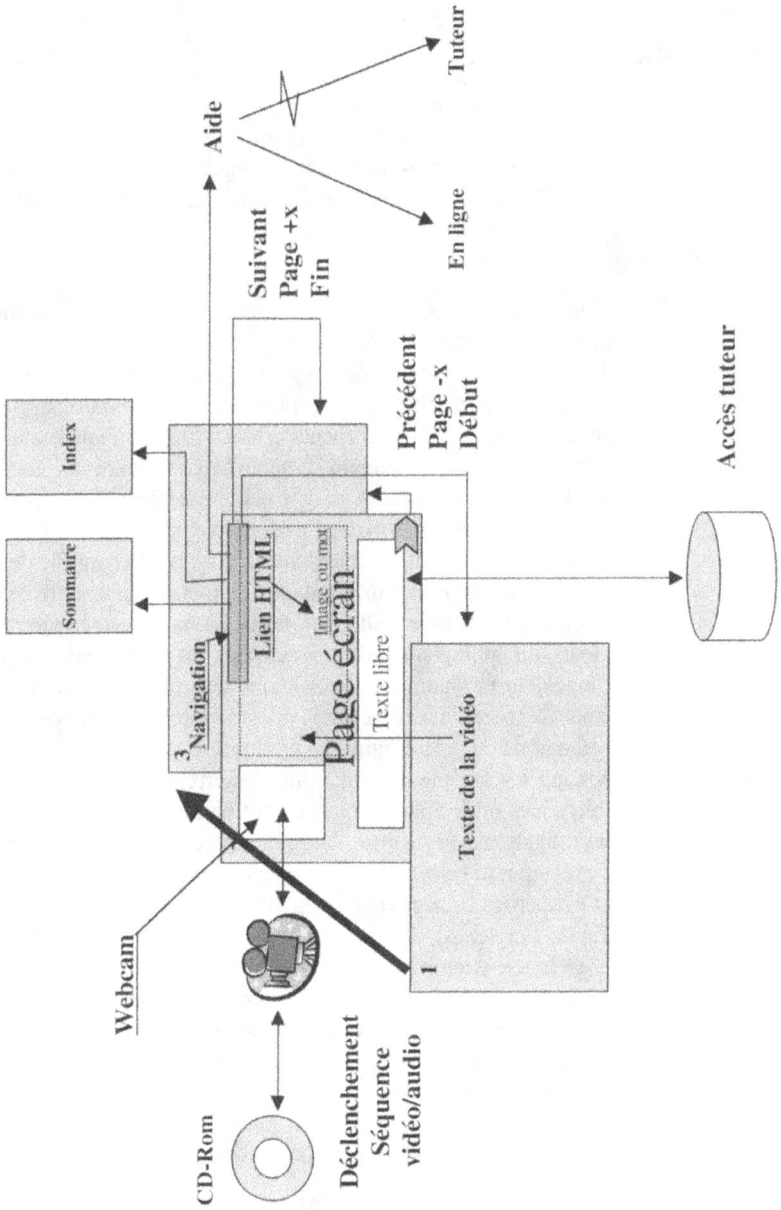

Ces phases du projet pédagogique s'insèrent dans les étapes du projet global de e-learning, (voir chapitre 6 – page 185).

UN EXEMPLE

L'exemple ci-après explicite la suite de réflexions à mener pour réaliser un ensemble de modules ayant un objectif pédagogique identifié. Il s'agit d'un cas fictif, même si l'activité décrite existe en France.

L'entreprise

L'entreprise est spécialisée dans le contrôle du génie civil et industriel. Elle est implantée dans toutes les villes importantes du pays ainsi que dans un certain nombre de pays étrangers, de façon à rapprocher ses collaborateurs du lieu de leurs interventions. Dans le champ du génie civil, le contrôle des bâtiments est encadré, en France, par une loi portant agrément des bureaux de contrôle. Cette loi stipule, entre autres, que le contrôle de stabilité et de solidité des bâtiments comporte deux volets : le contrôle des plans d'exécution et le contrôle des travaux. Le contrôle des plans doit être exhaustif alors que le contrôle de l'exécution des travaux relève du sondage. L'expertise en matière de contrôle des plans vient essentiellement de la formation supérieure des ingénieurs qui appliquent, dans ces activités, les techniques et sciences de l'ingénieur en matière de mécanique des milieux continus, de résistance des matériaux, de calculs des structures métalliques, en bois, en béton armé ou précontraint. La pratique de ces techniques et du métier conduit les ingénieurs à identifier les erreurs de conception les plus fréquentes ou les plus graves, ce qui permet de les guider dans leurs investigations. Par contre, la compétence en matière de contrôle de l'exécution ne relève d'aucun enseignement universitaire ou technique et l'expertise s'acquiert uniquement avec l'expérience. L'entreprise a, depuis longtemps, développé une formation interne de ses ingénieurs et techniciens en matière de contrôle d'exécution, le contenu de ces cours étant réalisés par ses meilleurs experts. Compte tenu de la dispersion géographique de ses collaborateurs, l'entreprise décide de développer une formation de e-learning utilisant les techniques de l'Internet pour en faire bénéficier tous ses ingénieurs et techniciens.

Les objectifs du projet

Le contrôle d'exécution relève des techniques du sondage et des statistiques, c'est-à-dire que l'ingénieur chargé de cette mission vérifie la qualité des travaux par des visites inopinées sur le chantier, qu'il programme en fonction de l'avancement des travaux. En dehors de la stricte conformité aux plans d'exécution, les fautes d'exécution sont constituées par des façons de faire qui ne respectent pas les règles de bonne construction, indépendamment de tout calcul. Par exemple, réaliser les fondations d'un immeuble juste après un gel ou une forte pluie demande de nettoyer correctement les fouilles (les excavations dans le sol qui vont recevoir le béton) pour enlever la couche superficielle devenue excessivement compressible. Ce savoir relève de l'expérience et il est tout-à-fait nécessaire de le diffuser auprès des nouveaux ingénieurs ou techniciens embauchés pour que la responsabilité de l'entreprise ne soit pas engagée en cas de désordres dus à des tassements de fondation. L'objectif de la formation envisagée est de transmettre et de faire assimiler aux ingénieurs et techniciens les vérifications à entreprendre sur un chantier avec les risques associés, depuis la réalisation des terrassements généraux jusqu'à la mise hors d'eau de l'ouvrage qui correspond au stade d'avancement où l'ossature de la construction est terminée et où l'étanchéité de l'ouvrage est assurée.

Les objectifs se détaillent alors de la façon suivante :

– Assimilation par les ingénieurs et techniciens des erreurs de réalisation rencontrées sur les ouvrages : diffuser les enseignements de la pathologie,

– Assimilation et formalisation des règles de contrôle suivant la nature des éléments contrôlés,

– Gestion du risque : quantifier les visites en fonction de la nature de l'ouvrage,

– Minimisation du risque : Formalisation des meilleures pratiques en matière de contrôle d'exécution.

Ces quatre objectifs devront être pris en compte tout au long de la formation et serviront de référence pour les évaluations.

Les filières

L'identification des filières est très simple, les profils des collaborateurs ayant la responsabilité du contrôle de chantier étant de deux sortes :

– les ingénieurs qui ont la responsabilité de la mission depuis son début jusqu'à la fin des travaux et la réception de l'ouvrage,

– les techniciens qui interviennent sous la responsabilité de l'ingénieur chargé de la mission.

La connaissance de l'ingénieur doit être plus complète que celle du technicien, en ce sens qu'il lui revient de prendre les décisions qui s'imposent lorsqu'une mal-façon est détectée sur le chantier. Le technicien doit être capable d'identifier les erreurs facilement réparables afin d'en avertir le chef du chantier et obtenir immédiatement réparation de l'erreur.

Les thèmes et les modules

La suite de l'étude concerne uniquement les structures en béton armé.

1°) – Liste complète des thèmes

Cette liste s'obtient par des allers et retours entre deux préoccupations complémentaires : l'identification des thèmes et sous-thèmes, les dépendances existant entre les thèmes. Ces réflexions mènent finalement à la liste de thèmes suivante :

1°) – Les terrassements et reprises en sous-œuvre		
2°) – Les fondations :	- profondes :	- les puits et les pieux - le choix du ciment
	- superficielles :	- filantes - les radiers
3°) – Les infrastructures :	- les parois périphériques :	- le choix du ciment - l'étanchéité
4°) – Les superstructures :	- les voiles et poutres-voiles	
	- les ossatures (poutres et poteaux)	
	- les planchers :	- traditionnels - préfabriqués
	- les balcons et garde-corps	
	- les panneaux de façade préfabriqués	
	- la terrasse :	- l'isolation et le pare-vapeur - la forme de pente, les acrotères et édicules - l'étanchéité - accessibilité
5°) – Les revêtements de façade :	- les enduits	
	- les pierres agrafées	
	- la peinture extérieure	
	- les bardages	

Le tableau ci-après identifie les 32 thèmes nécessaires. Il fait également apparaître les relations à prévoir entre thèmes, c'est-à-dire les renvois d'un thème vers ceux qui apportent des informations complémentaires.

2°) – *Les modules et l'architecture des modules*

Le travail consiste à transformer chaque thème en module et à identifier les liens entre modules pour tenir compte :
- des modules spécifiques de chaque filière,
- des résultats de l'évaluation,
- de la possibilité de trouver des informations complémentaires

Nous allons expliciter ce travail pour un thème particulier : les liaisons des panneaux de façade porteurs préfabriqués (n° 4.8).

La première étape consiste à décrire relativement globalement le contenu du thème. Ainsi, celui retenu comportera les contenus suivants :
- description des liaisons verticales ou horizontales de stabilité :
  - liaisons entre panneaux superposés (4.81)
  - liaisons entre panneaux juxtaposés et structure porteuse (4.82)
- description des liaisons horizontales avec les planchers :
  - liaisons plancher-panneau (4.83)
- description de l'étanchéité des liaisons :
  - les matériaux d'étanchéité (4.84)
  - réalisation de la liaison verticale (4.85)
  - réalisation de la liaison horizontale (4.86)
- description des dispositifs de soulèvement (4.87).

Cette décomposition du thème permet d'identifier les modules (4.81 à 4.87). Les module 4.81, 4.82 et 4.84 feront l'objet d'une spécialisation entre les deux filières (4.811 et 4.812, 4.821 et 4.822, 4.841 et 4.842), la nature des informations à fournir étant partiellement différente. D'autre part, le module 4.87 appartient à la seule filière Techniciens. On a ainsi :
- filière ingénieur : 4.811 - 4.821 - 4.83 - 4.841 - 4.85 - 4.86
- filière technicien : 4.812 - 4.822 - 4.83 - 4.842 - 4.85 - 4.86 - 4.87

soit 13 modules. La spécificité de certains modules pour chaque filière ne signifie pas qu'ils soient entièrement différents. L'étude détaillée du contenu fera apparaître des blocs d'informations communs et des blocs spécifiques. Ces blocs constituent des « grains pédagogiques ». L'architecture des modules constitutifs des filières est schématisée sur la figure 4.11 ci-après.

Figure 4.10 Exemple d'identification de thèmes

Titre du chapitre	Titre du sous-chapitre	Titre du paragraphe	Titre du thème	N° du thème	Modules liés
Les terrassements et reprises en s/œuvre	Les terrassements		Les terrassements	1.1	2.4 2.5
	Les reprises en s/œuvre		Les reprises en s/œuvre	1.2	2.3
Les fondations	Les fondations profondes	Les puits et les pieux	Les puits	2.1	2.3
			Les pieux	2.2	2.3
			Le choix du ciment	2.3	1.2/2.1/2.2/2.4/2.5/3.1
	Les fondations superficielles		Les semelles filantes	2.4	2.3
			Les radiers	2.5	2.3
Les infrastructures	Les parois périphériques		Le choix du ciment	3.1	2.3
			L'étanchéité	3.2	4.16/4.17
	Les voiles et poutres-voiles		Les voiles et poutres-voiles	4.1	
Les superstructures	Les ossatures		Les poteaux	4.2	
			Les poutres	4.3	4.4
	Les planchers	Les planchers traditionnels	Les planchers traditionnels	4.4	4.1/4.3/4.6/4.7/4.8

Figure 4.10 Exemple d'identification de thèmes

Titre du chapitre	Titre du sous-chapitre	Titre du paragraphe	Titre du thème	N° du thème	Modules liés
	Les planchers (suite)	Les planchers préfabriqués	Les planchers préfabriqués à base de poutrelles	4.5	
			Les planchers préfabriqués à base de pré-dalles	4.6	4.4/4.7
	Les balcons et garde-corps		Les balcons et garde-corps	4.7	4.4/4.6
	Les panneaux de façade préfabriqués		Liaisons	4.8	4.4/4.9
			Ponts thermiques	4.9	4.8/4.11/4.13
Les superstructures			Le pare-vapeur	4.10	
			L'isolation	4.11	4.9
	La terrasse	La terrasse	La forme de pente	4.12	
			Les acrotères	4.13	4.9/4.15/4.16/4.17/4.18
			Les édicules et les joints	4.14	4.15/4.16/4.17/4.18
		L'étanchéité	Multicouche	4.15	4.13/4.14/4.18
			Asphalte	4.16	4.13/4.14/4.18
			Matériau synthétique	4.17	4.13/4.14/4.18

Figure 4.10 *Exemple d'identification de thèmes*

Titre du chapitre	Titre du sous-chapitre	Titre du paragraphe	Titre du thème	N° du thème	Modules liés
	La terrasse (suite)	Les terrasses accessibles	Les terrasses accessibles	4.18	4.10/4.11/4.12/4.13/ 4.14/4.15/4.16/4.17
Les revêtements de façade			Les enduits	5.1	
			Les pierres agrafées	5.2	
			Les peintures	5.3	
			Les bardages	5.4	
			Les pâtes de verre	5.5	

Figure 4.11 *Spécification du contenu pédagogique des modules*

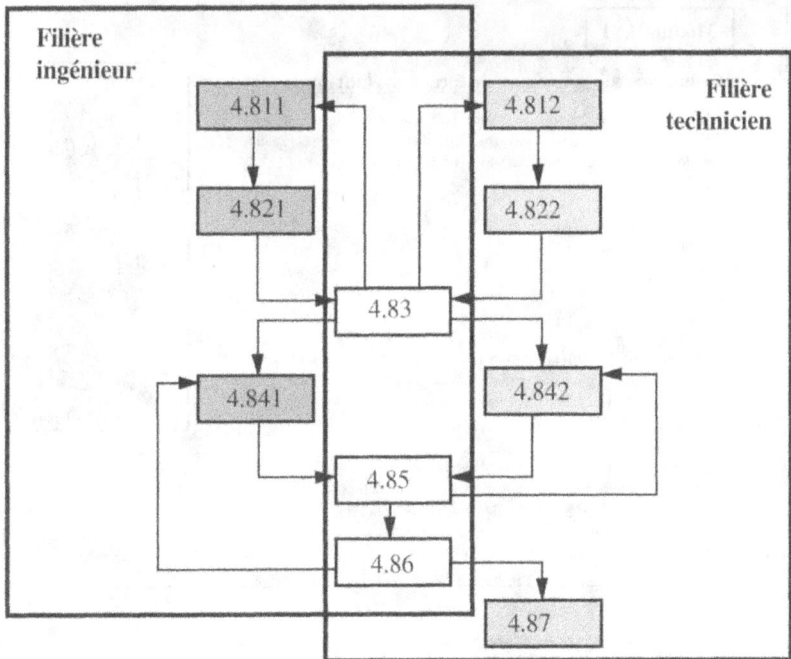

La spécification du contenu pédagogique des modules

Nous nous limiterons, dans cet exemple au seul module 4.812 de l'exemple. Ce module concerne le contrôle, par le technicien, des liaisons verticales entre panneaux préfabriqués porteurs. Le premier travail consiste à regrouper le contenu pédagogique du module.

La figure 4.12 résume ce travail qui doit être validé par l'expert du domaine.

Pour formaliser le contenu pédagogique du module, un certain nombre de considérations sont nécessaires. Tout d'abord, les techniciens sont, généralement, d'anciens conducteurs de travaux d'entreprises de bâtiments. Ils ont l'habitude de travailler avec des consignes claires et précises. La gestion de la complexité n'est pas une caractéristique courante des tâches qui leur sont confiées. Il faut donc que le contenu du module soit clair, précis et concis, sans pour autant négliger un apport de connaissances nouvelles. L'objectif principal recherché est que le technicien exécute ses tâches de contrôle le plus

Figure 4.12 *Contenu pédagogique d'un module*

Module 4.81

Les liaisons des panneaux de façade préfabriqués porteurs

La transmission des forces concerne uniquement les efforts verticaux. Cette transmission se fait à travers la dalle. Il faut donc vérifier la qualité du mortier de pose du panneau supérieur sur le plancher (voir fig.1).
Le contrôle porte sur :

⇒ -la propreté de l'assise du mortier
⇒ -le dosage en ciment : 350 kg/m3
⇒ -le temps de décalage entre la pose du mortier et la pose du panneau doit être inférieur à 15 minutes.

Le dispositif de transmission des forces contient des armatures verticales dont la continuité par recouvrement doit être assurée correctement. La zone d'implantation de ces armatures doit se trouver dans la zone d'appui sur la dalle (voir fig.1).

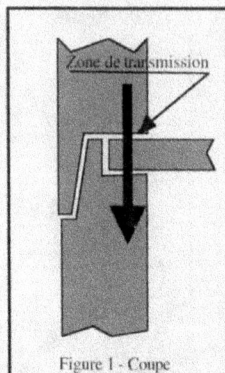

Figure 1 - Coupe

Rappel - Calcul de la longueur de scellement droit :
Les forces d'adhérence au béton d'un acier de diamètre ϕ sont égales à : $Fa = \tau.\phi\pi(ls)$
La force de traction dans l'acier de limite élastique fe est égale à : $(\pi\phi2/4)*fe$
La longueur de scellement droit s'en déduit : $(\rho f2/4)*fe = Fa \rightarrow ls = (\pi fe) / (4*\tau)$
En approximation, on peut prendre : $ls = 40\phi$ pour l'acier Fe.E.40 et 50ϕ pour les autres aciers
La longueur de recouvrement entre 2 aciers de diamètre f et distants de c est : $Lc = c + ls$

Le recouvrement des armatures verticales se fait à l'intérieur des tubes d'acier dont la propreté doit être vérifiée (voir fig.2).
La longueur Lc de recouvrement est évaluée par la relation suivante :
On appelle : - L = longueur du tube
  - L1 = longueur de l'armature dépassant du panneau supérieur
  - L2 = longueur de l'armature à l'intérieur du tube

$Lc = (L1 + L2) - (L + 2 \text{ cm})$

Il peut être difficile de mesurer L2. Une approximation de Lc est donnée par :

⇒ $Lc = L1 - 6 \text{ cm}$

Un contrôle sur le lieu de fabrication des panneaux permet de vérifier la longueur L2 par :

$L2 = $ Longueur totale de l'acier - hauteur du panneau - longueur du tube

Figure 2 - Recouvrement des armatures

Le tube est rempli du coulis de ciment spécial AVANT la pose du panneau supérieur.

⇒ Vérifier, en piquant avec un acier de petit diamètre, qu'il ne reste pas d'air emprisonné.
⇒ Vérifier que cette manœuvre est faite systématiquement par l'entreprise.
⇒ Vérifier la marque du produit d'addition au ciment et le n° d'avis technique porté sur les emballages.

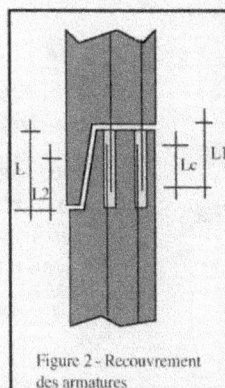

---

rapidement possible en identifiant immédiatement celles qui sont possibles en fonction de l'avancement du chantier. Les points de contrôle doivent donc clairement ressortir et il faut en donner la raison, chaque fois que cela paraît nécessaire. La figure 4.12 rend compte de ces considérations.

Le découpage en écrans successifs est aisé à identifier. Cependant, le contenu du module demande quelques explications. Identifier les différentes phases opérationnelles de la pose d'un panneau est facile et constitue l'essentiel des informations à transmettre. Il faut, toutefois, réfléchir aux attentes du technicien chargé du contrôle. D'une part, visualiser les tâches de contrôle est plus efficace qu'une simple description. Il faut donc prévoir une séquence vidéo. D'autre part, faire appliquer des règles dont on ne comprend pas la raison relève d'une faute pédagogique. Il ne s'agit pas de reconstituer toute la théorie des ouvrages en béton, mais d'identifier ce qu'il convient de transmettre pour faire de la réelle pédagogie. Dans le cas présent, une activité de contrôle importante consiste à s'assurer que la longueur de recouvrement des aciers porteurs est suffisante. C'est pourquoi, pour valoriser à la fois l'activité et le technicien, le module comporte la démonstration du calcul de la longueur de recouvrement, caractéristique essentielle servant aux contrôles demandés. La valorisation du travail est une clé de la motivation, non seulement pour l'apprentissage, mais également pour l'activité opérationnelle. C'est là le véritable but du e-learning.

Il faut compléter ce travail par :

– l'identification des grains pédagogiques,

– l'identification des liens à mettre en place,

– la définition des tests à associer au module.

En ce qui concerne les grains pédagogiques, il s'agit d'identifier les sous-ensembles informationnels contenus dans le module, logiquement complets et réutilisables. Dans le contenu du module ci-dessus, le calcul de la longueur de scellement forme un tout cohérent, qui porte en lui sa signification, indépendamment du reste du contenu. Ce sous-ensemble est donc candidat pour devenir un grain pédagogique. Pour qu'il le devienne réellement et soit traité comme tel au moment de la réalisation, il faut examiner si d'autres modules, ou d'autres thèmes, peuvent en avoir besoin. Dans le cas présenté, la réponse est nécessairement positive. La réalisation devra donc traiter cet ensemble comme un « sous-programme » auquel le module fait appel au moment opportun.

En ce qui concerne les liens, il s'agit, dans un premier temps, d'identifier les liens vers d'autres sources d'information, susceptibles d'apporter des connaissances complémentaires permettant d'approfondir la compréhension. On peut distinguer deux types de liens : les liens vers une bibliographie adaptée au sujet, les liens vers d'autres modules. Dans l'exemple étudié, on distinguera donc les liens suivants :

– Bibliographie

– Etude de l'association acier-béton

– Etude de la traction simple

Le premier lien renvoie à la bibliothèque générale de l'entreprise, où se trouvent catalogués tous les ouvrages, articles, documents qui sont utiles dans l'exercice du métier. Ce lien renvoie aux seuls ouvrages concernés par le sujet du module (peut-être par l'intermédiaire d'un moteur de recherche, après avoir identifié les mots clés nécessaires).

Les deux autres liens renvoient à d'autres modules de e-learning, apportant des connaissances plus fondamentales mais directement liées au sujet traité par le module 4.811. Tous ces liens font partie des outils de communication fournis à l'apprenant.

Il faut encore définir les médias à utiliser pour présenter le contenu du module. Le contenu tel qu'il est présenté sur la figure 4.12 sera présenté de façon textuelle, les schémas étant incorporés comme indiqué. Cependant, ainsi qu'il a été dit plus haut, pour le module portant sur le contrôle de la pose de panneaux préfabriqués, il apparaît opportun de visualiser concrètement cette opération. C'est pourquoi, il est a été décidé d'inclure, au début du module, une séquence vidéo qui montre les différentes opérations de pose d'un panneau préfabriqué, cette séquence comportant les tâches que le technicien devra contrôler. Cette séquence sera préalablement filmée sur un chantier réel. Le scénario doit en être fixé afin d'être démonstratif. Dans le cas présent, il est important qu'une séquence du film montre l'ensemble des opérations de pose d'un panneau avec les scènes suivantes :

– versement du coulis de scellement dans les réservations du panneau inférieur,

– piquetage du coulis pour en faire sortir l'air éventuellement enfermé avec un commentaire expliquant que l'air emprisonné, non seulement diminue la longueur de scellement des aciers, mais introduit un risque de corrosion accélérée des aciers mal enrobés,

– présentation du panneau supérieur avec un gros plan sur les aciers dépassant du bord inférieur du panneau et pénétrant dans le tube de scellement du panneau inférieur. Le plan doit montrer que le coulis déborde sous l'effet de l'enfoncement des aciers. Le commentaire accompagnant cette scène doit préciser l'importance de ce débordement qui indique une quantité suffisante de coulis.

Toute séquence filmée doit être ainsi scénarisée avec précision. Il convient de choisir le mode de diffusion de cette séquence : utilisation du web ou d'un CD-Rom. On retiendra ce dernier mode si l'ensemble des modules de la filière comporte un nombre important de séquences filmées ou animées. Cela impose de s'assurer que les ordinateurs des apprenants comportent un lecteur de CD-Rom.

Les tests

En fin de module, quelques tests seront proposés pour s'assurer de l'assimilation par le technicien des tâches de contrôle à effectuer. Ces tests seront constitués par une série de questions à choix multiples :

– combien y a-t-il de points de contrôle :	4	5	7	10
– l'épaisseur du mortier de pose est de :	10 cm	5 cm	2 cm	0,5 cm
– le dosage en ciment du mortier est de :	300 kg/m^3	325 kg/m^3	350 kg/m^3	400 kg/m^3
– la longueur de scellement d'un acier Fe.E.40 est de :		40 ø	50 ø	55 ø

En fonction des résultats, l'apprenant sera dirigé soit vers le module 4.82, soit à nouveau sur le module 4.811.

L'interface homme-machine

Avant de réaliser chacun des modules du thème, voire de l'ensemble du programme de e-learning, il convient de spécifier les règles à respecter dans la présentation des écrans. Ces règles portent sur les choix généraux de présentation (partitions de la fenêtre, type et position des boutons de navigation, forme du curseur, utilisation ou non d'ascenseurs de *scrolling*, type et couleurs des caractères, couleur du fond, etc…). L'apprenant doit pouvoir effectuer les manœuvres minimales suivantes :

– manipulation de fichier : ouverture, fermeture, enregistrement, impression, sortie

– ouverture des moyens de communication : e-mail, forum, liens hypertexte

– moyens de recherche sur le fichier : recherche

– manipulation des fenêtres

– ouverture de l'aide en ligne

La figure 4.13 ci-dessous est un exemple de tels choix.

Figure 4.13 *Exemple d'écran type*

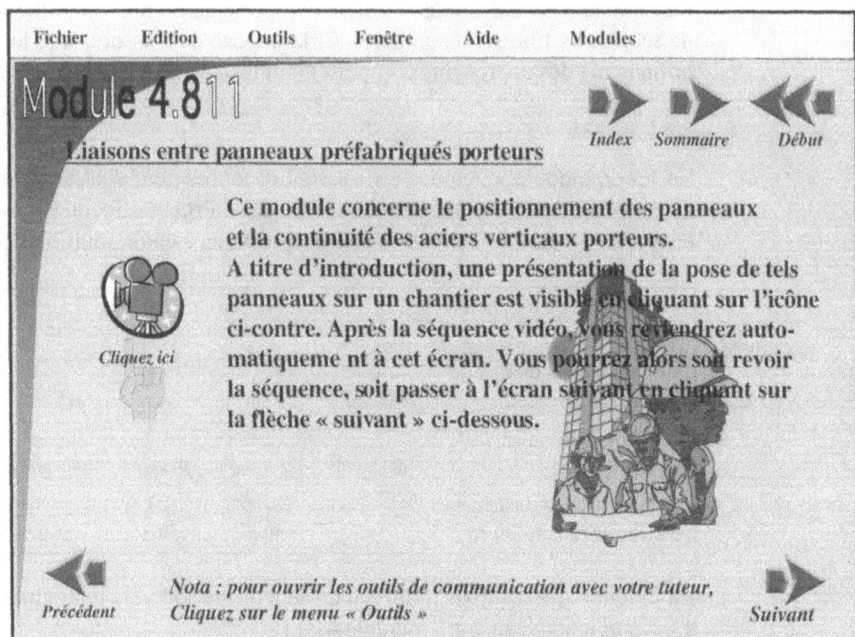

L'écran de tests doit respecter les prescriptions générales de présentation. Dans l'exemple présenté, cet écran pourrait être celui de la figure 4.14.

Le même travail est à faire pour l'ensemble des modules des deux filières.

Le travail en groupe et le tutorat

Comme pour toute formation en e-learning, la formation des techniciens bénéficie d'un tutorat. En dehors du rôle classique d'encadrement de la formation, du suivi du parcours pédagogique, de l'apport d'informations complémentaires demandées par le technicien, dans le cas présent le tuteur aura la responsabilité de susciter la création de groupes d'apprenants et de les transformer en groupes de pratique. Une fois le groupe de techniciens constitué, le tuteur sollicitera les apprenants pour qu'ils discutent entre eux de deux sujets principaux :

– le mode de reporting du contrôle effectué sur le chantier,

– la conduite du contrôle et l'identification des meilleures pratiques en la matière.

Figure 4.14 *Exemple d'écran de tests*

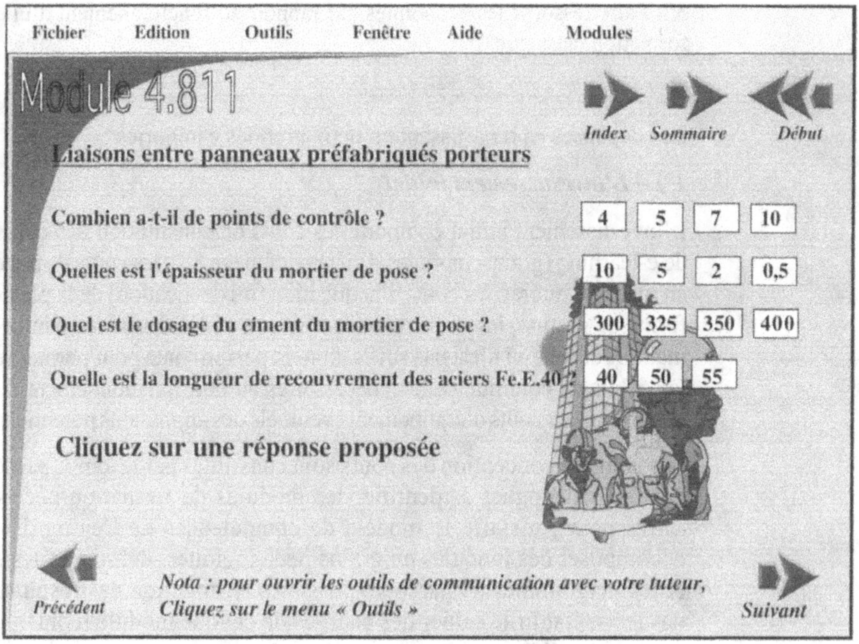

Les enjeux associés au fonctionnement de ces groupes sont, d'une part la mémorisation des opérations de contrôle effectuées pour justifier la réalisation de la mission confiée à l'entreprise, et d'autre part l'amélioration de l'efficacité du contrôle d'exécution pour réduire le risque associé à une réalisation défectueuse des ouvrages et optimiser la rentabilité.

LES AVANTAGES ESSENTIELS DU E-LEARNING

▶ Les avantages potentiels du e-learning sont nombreux

La réduction des coûts de fonctionnement

■ *La comparaison de chiffres*

L'investissement initial lors du lancement du e-learning dans l'entreprise, est généralement important. Il est donc essentiel de fournir la preuve de sa rentabilité. Pour cela, la démarche comporte trois étapes distinctes :

1 – Identifier et chiffrer les dépenses, tant initiales que courantes ;

2 – Mettre en rapport les gains escomptés dus à l'amélioration des performances ;

3 – Faire ressortir les économies par rapport au fonctionnement d'une formation classique.

■ *L'identification des dépenses*

Les dépenses se répartissent en deux grandes catégories :

1°) – L'investissement initial

L'investissement initial comporte les coûts de constitution des cours de e-learning (grains, modules, filières : cf. page 83), les coûts de mise en place du tutorat, les coûts d'acquisition (ou de location) de la plateforme de gestion, les coûts de mise à niveau de l'infrastructure informatique si celle-ci n'est pas suffisamment performante pour permettre les débits de communications nécessaires au bon fonctionnement du e-learning, les coûts d'équipement éventuels des apprenants potentiels.

Les coûts de conception des cours sont constitués par le temps passé par les pédagogues à identifier les modules de formation nécessaires pour satisfaire le modèle de compétences de l'entreprise, décomposer ces modules en grains pédagogiques, définir les tests et les diagrammes de parcours possibles en fonction des résultats des tests, établir le cahier des charges de chaque module (contenu, modes de diffusion : texte, vidéo, photos, graphiques, etc...), réaliser et tester les modules, constituer les filières pédagogiques, établir le catalogue.

Les coûts de mise en place du tutorat comportent les coûts d'établissement des guides pédagogiques ou des formations destinés aux tuteurs, les coûts de prise de connaissance par les tuteurs des contenus et des tests (temps passé).

Les coûts d'acquisition de la plate-forme de gestion de la formation (voir Chapitre 5) peuvent être importants et peuvent dépasser 150000 à 200000 euros. La solution de location peut diminuer ces coûts provisoirement en s'adressant à un hébergeur qui dispose de plusieurs plates-formes.

Les coûts de mise à niveau de l'infrastructure varient, évidemment, en fonction de l'état initial de celle-ci. Les choix qui sont faits sur la diffusion de l'information pédagogique, le réseau doit être capable de fournir un débit minimum, les serveurs d'accepter un nombre de connexions compatible avec le nombre possible d'apprenants simultanés. Enfin, les apprenants potentiels doivent être en possession du matériel informatique nécessaire (micro, modem, logiciels). Généralement, les postes de travail sont déjà équipés de micro-ordinateurs. Il s'agit de s'assurer que leur carte mémoire est suffisante, d'équiper d'un modem au débit adéquat ceux d'entre eux qui le nécessitent et charger les logiciels nécessaires, comme les navigateurs.

En général, ces investissements initiaux sont plus importants que ceux d'une formation traditionnelle dispensée sous forme de séminaires résidentiels. Une heure de cours demande 50 heures de développement pour un séminaire et il faut compter 200 heures pour le même contenu en e-learning. Le coût de l'heure de développement est également plus élevé pour le e-learning et atteint 110 euros environ pour un coût de 55 euros en séminaire. Enfin, le salaire d'un tuteur est vraisemblablement plus élevé que celui d'un animateur de séminaire.

Figure 4.15 *La comparaison des coûts*

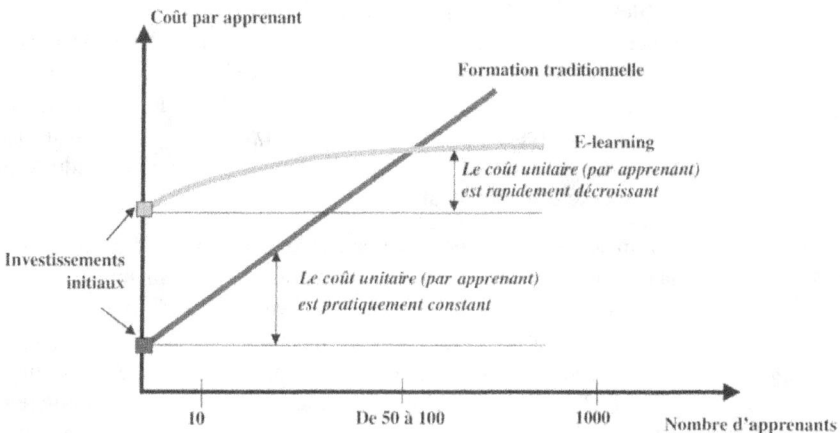

2°) – Les dépenses courantes de fonctionnement

Les dépenses courantes de fonctionnement comportent les coûts d'utilisation du e-learning par les apprenants, les tuteurs et les responsables opérationnels et de la formation. On peut distinguer les coûts de maintenance des contenus pédagogiques (mise à jour des contenus), les coûts d'utilisation des moyens de communication par les apprenants et les tuteurs, le temps passé par les apprenants à leur formation, le temps passé par les tuteurs à assurer leur tutorat. Ces dépenses sont très inférieures à celles d'une formation traditionnelle. Il ne faut pas oublier les coûts du temps passé par les responsables opérationnels à contrôler le suivi des formations de leurs collaborateurs. Généralement, ce contrôle est quasi-inexistant pour les formations traditionnelles et se limite à s'informer des formations suivies par chaque collaborateur afin de s'assurer que le budget prévisionnel n'est pas dépassé. Pour le e-learning, la situation est différente. Cette méthode pédagogique est orientée vers l'amélioration des performances opérationnelles et ce point doit donc être mis sous le contrôle des responsables métier. Il ne s'agit pas seulement de s'informer sur les formations suivies par les apprenants mais de connaître les compétences et les savoir-faire acquis. Cependant, rapporté au nombre total d'apprenants, le ratio obtenu peut être de 50 % à 70 % inférieur à celui obtenu avec une formation traditionnelle (une étude de Brandon-Hall donne les chiffres de 30 % à 60 % : voir en annexe les sites des experts).

S'y ajoutent les coûts de communication. Il faut distinguer les procédés asynchrones et synchrones à coûts faibles, comme la vidéotransmission et les forums car les débits nécessaires restent faibles, et les procédés synchrones à coûts élevés comme la conférence téléphonique ou la visioconférence, pour lesquels chaque récepteur doit payer la communication. Le choix de la solution technique aura un impact décisif sur l'importance de ces coûts. Par exemple, un réseau local relié à Internet par un routeur ou l'utilisation d'un Intranet sont des solutions qui permettent de réduire les coûts de télécommunication.

En fin de compte, on peut tirer la conclusion suivante : le coût total de la formation, ramené au nombre d'apprenants est d'autant moins élevé pour le e-learning comparé à une formation traditionnelle que le nombre d'apprenants est important. La figure 4.15 ci-dessus compare la variation du coût de formation par apprenant entre le e-learning et la formation traditionnelle. Elle montre que, selon l'importance de l'investissement initial nécessaire au e-learning, ce mode de formation devient plus économique que le mode traditionnel à partir d'un nombre d'apprenants variant de 50 à 100. La figure 4.16, quant à elle, donne des indications sur le coût d'une solution de e-learning pour quelques exemples d'application.

■ *Les gains escomptés*

Quelles sont les économies que procure le e-learning ?

Tout d'abord le e-learning est plus efficace. On peut estimer entre 30 % et 60 % le gain de temps pour diffuser une formation à tous les apprenants qui en ont besoin : un séminaire de 5 jours pourra, par exemple, être remplacé par une formation en e-learning qui représentera trois jours seulement de formation (la formation traditionnelle en séminaire comporte des « temps morts » comme les temps de déplacements, les pauses durant les séminaires, le temps de présentation mutuelle des apprenants en présentiel, les temps de déjeuner, etc…). Ces deux jours gagnés ne représentent pas seulement le coût du temps économisé, valorisé au salaire + charges de chaque apprenant, mais aussi la production récupérée pendant ces deux jours. Si la formation touche une population relativement importante, ces économies peuvent être considérables et le gain de productivité est une contribution importante à l'amélioration des performances de l'entreprise.

De plus, le temps nécessaire pour former une population entière est beaucoup moins important avec le e-learning qu'avec une formation traditionnelle. En effet, s'il faut, par exemple, former une population de 1 000 personnes, la formation traditionnelle, sur la base d'un séminaire de cinq jours « consommera » 5 000 jours de production affectés à la formation, qui s'étaleront dans le temps sur une longue période de plusieurs mois. En comparaison, le e-learning demande trois jours de production qui peuvent, théoriquement, se dérouler de façon simultanée. Cette réduction de temps peut avoir un impact plus important que la réduction des coûts, sur le fonctionnement général de l'entreprise.

Bien entendu, parmi les économies, il faut tenir compte de la suppression des frais de séjour et de déplacement de tous les apprenants et des formateurs, des frais logistiques divers (frais d'impression, locations de salles, etc…).

Il existe d'autres gains plus difficiles à chiffrer mais tout aussi importants. Par exemple, une formation en séminaire ne peut pas personnaliser le contenu en fonction des apprenants présents. Par contre, le e-learning permet cette personnalisation qui évite qu'un apprenant consacre du temps à ce qu'il connaît déjà ou qui n'a pas d'application pour lui. De même, le e-learning permet de toucher des salariés habituellement écartés de la formation, il améliore l'assiduité surtout lorsque le tutorat fonctionne correctement, il incite la hiérarchie à s'impliquer dans la formation et accroît la responsabilité individuelle en face du processus d'apprentissage.

Les conséquences à court et moyen terme du e-learning sont plus importantes peut-être encore que le chiffrage des coûts et des économies. L'on attend de ce type de formation le transfert et l'assimilation

Figure 4.16 *Exemples de coûts comparés de formation – d'après Icus*

Complexité de la formation	Formation traditionnelle (3 jours)			e-learning (12 heures)			
	Prix/apprenant (50 personnes)	Prix/apprenant (200 personnes)	Prix/apprenant (1000 personnes)	Type de conversion	Prix/apprenant (50 personnes)	Prix/apprenant (200 personnes)	Prix/apprenant (1000 personnes)
Formation simple	250 à 450 euros/j de 750 à 1350 e.	250 à 450 euros/j de 750 à 1350 e.	250 à 450 euros/j de 750 à 1350 e.	Conversion simple	915 euros	230 euros	45 euros
Formation moyenne	250 à 450 euros/j de 750 à 1350 e.	250 à 450 euros/j de 750 à 1350 e.	250 à 450 euros/j de 750 à 1350 e.	Elaboration d'une partie du contenu	3050 euros	760 euros	150 euros
Formation complexe	250 à 450 euros/j de 750 à 1350 e.	250 à 450 euros/j de 750 à 1350 e.	250 à 450 euros/j de 750 à 1350 e.	Reconception totale	5500 euros	1375 euros	275 euros

L'entreprise de fabrication de produits électroniques emploie 10000 salariés. L'entreprise a mis en place un système de e-learning fonctionnant sur son Intranet. Elle vise deux objectifs principaux :
– accroître la population bénéficiant de la formation, notamment en prenant en compte les salariés nomades,
– augmenter le chiffre d'affaires de la formation en l'ouvrant à des clients externes.

Profitant de l'Intranet existant, l'entreprise a commencé par mettre en ligne la gestion de la formation en remplaçant le catalogue sur papier par un catalogue en ligne ; en transformant les tests (formation en langues), utilisant le fax, par des QCM automatiques ; en informatisant la consolidation des plans de formation établis par les responsables hiérarchiques ainsi que les inscriptions et les confirmations. Ces premières applications simples ont familiarisé les salariés avec l'utilisation de l'Intranet.

Puis l'entreprise a lancé deux programmes mixant le stage traditionnel et la formation en ligne. Il s'agit du séminaire d'intégration destiné aux nouvelles recrues, favorisant l'utilisation des divers intrants de l'entreprise, et d'une formation au management qui inclut la réalisation d'un projet en groupe, grâce à l'utilisation d'un espace réservé sur l'Intranet permettant aux apprenants de communiquer, de mettre leurs travaux en ligne, de co-rédiger un document. Un tuteur, choisi par l'équipe, les accompagne dans la réalisation de leurs travaux. La plate-forme accueille dorénavant, en plus des deux cours initiaux, des formations de langues, de bureautique, de management et des programmes dédiés aux responsables des ressources humaines comme le recrutement ou la gestion des compétences. Une cellule de veille a été mise en place qui analyse l'offre du marché en matière de contenus pédagogiques. Le tutorat implique une cinquantaine de formateurs et utilise un outil de communication fourni par Centra, éditeur de techniques de classes virtuelles permettant l'accompagnement audio et vidéo (webcam). La plate-forme comporte « une salle des professeurs » virtuelle où les tuteurs indiquent leurs disponibilités pour accompagner individuellement un élève ou dans le cadre d'une classe virtuelle.

Cependant, l'entreprise ne compte pas supprimer la formation en présentiel pour garder l'avantage du contact direct entre les stagiaires et avec le formateur. Le e-learning est considéré comme un moyen pédagogique complémentaire, permettant de former, simultanément et dans un délai plus court, des milliers de salariés.

de nouvelles connaissances ayant un impact sur le métier exercé et, donc, sur l'efficacité de l'entreprise. Cette amélioration de l'efficacité peut (doit) se mesurer quantitativement le plus souvent, parfois qualitativement (le moral des salariés, la prise de responsabilité, l'initiative, …). Bien que qualitatifs, ces résultats peuvent être importants sur le succès de l'entreprise.

La personnalisation des parcours pédagogiques

Plusieurs facteurs interviennent dans la personnalisation du cours : le choix personnel de l'apprenant sur le parcours pédagogique ; les orientations, les conseils, les échanges personnalisés fournis par le tuteur ; l'exploitation des résultats de l'évaluation ; enfin l'organisation de la formation elle-même.

L'apprenant, après une vérification par des outils et/ou par l'intervention du tuteur de la maîtrise des pré-requis nécessaires, peut choisir, dans une certaine mesure, le parcours pédagogique qui lui semble le plus adapté à son attente. Tout d'abord, le premier choix porte sur le sujet de formation, dans le catalogue proposé. Ce choix est proposé ou validé par le responsable hiérarchique. Puis le futur apprenant choisit de s'inscrire dans telle ou telle filière pour un sujet de formation donné. Le tuteur validera ce choix au moment de l'inscription. Puis, à l'intérieur de la filière, un certain degré de liberté est laissé à l'apprenant pour définir l'ensemble des modules qu'il désire suivre, en fonction de sa connaissance préalable du sujet.

Tout au long de sa formation, l'apprenant est en contact avec un tuteur auquel il peut demander des conseils ou des informations complémentaires. Ces échanges sont évidemment propres à chaque apprenant et contribuent nettement à l'obtention d'un haut degré de personnalisation. Enfin, l'exploitation des résultats de tests réalisés par l'apprenant et son tuteur, est aussi un facteur de personnalisation très important.

Le dispositif de e-learning est constamment à disposition de chacun. Son utilisation peut ainsi se faire au moment le plus opportun, dans la planification des activités opérationnelles de chacun. Cette possibilité d'organiser de façon flexible la formation et le métier permet à chacun d'en personnaliser l'utilisation.

Un contenu fiable et mis à jour pour tous

Lorsque le contenu pédagogique d'une formation traditionnelle devient obsolète, seuls les nouveaux apprenants bénéficient généralement d'un contenu à jour. Les supports fournis aux apprenants précédents ne sont pratiquement jamais maintenus et mis à jour. Lorsque la formation utilise le e-learning, seul le serveur de contenu est à mettre à jour et le contenu ainsi actualisé est à la disposition de tous. Un message peut être systématiquement et automatiquement envoyé à tous pour avertir de la mise à jour. C'est l'avantage principal du principe du système client/serveur universel que permet le web. L'interpréteur HTML ou XML est devenu le logiciel client universel, le Web est devenu l'interface de base, le serveur HTTP est pratiquement devenu le serveur universel. Ainsi, il est certain que tous les utilisateurs possèdent la même version du contenu en même temps. On comprend l'importance de ce fait lorsque le contenu porte sur l'organisation nouvelle d'un processus ou sur les caractéristiques techniques et commerciales d'un nouveau produit. Le coût de la mise à jour est uniquement celui de la maintenance du serveur. Il faut, cependant, tenir compte de l'existence éventuelle de CD-Rom dont le contenu deviendrait obsolète. Il faut, alors, non seulement mettre à jour le serveur de contenu mais aussi mettre à jour, et surtout diffuser, le(s) nouveau (x) CD-Rom ce qui peut augmenter le coût de l'opération de maintenance. C'est pourquoi, dans le choix de ce type de support, il faut tenir compte de la fréquence des mises à jour.

Une disponibilité permanente de l'outil de formation

La formation traditionnelle d'entreprise dite « permanente » ne l'est pas vraiment. Les cours ne sont accessibles aux apprenants que lorsque les séminaires ont lieu. Certes, les supports de cours restent, généralement, en possession des participants, leur donnant la possibilité théorique de s'y reporter chaque fois qu'ils en ressentent le besoin. Mais l'expérience montre que cela se produit très rarement, et pour une très bonne raison : le sens profond d'un cours ne se transmet pas par les supports pédagogiques qui sont, le plus souvent, des « transparents » dont la pauvreté sémantique et pédagogique n'est plus à démontrer. Il se transmet essentiellement par le discours de l'instructeur qui apporte, dans ses commentaires, les explications, les compléments d'information et les exemples d'application qui vont améliorer la compréhension et renforcer la mémorisation. C'est pourquoi, faute de ces commentaires, les supports de formation traditionnelle perdent leur utilité en dehors de l'unique moment du séminaire. Le e-learning est conçu, par nature, pour permettre la compréhension et la mémorisation en dehors de la présence physique d'un instructeur. Lorsqu'un utilisateur se reporte au cours de e-learning, il retrouve un matériel pédagogique aussi performant que lors de sa première utilisation. La structuration du cours e-learning lui permettra de se reporter immédiatement à la partie du cours dont il a besoin et il aura à sa disposition tous les moyens de communiquer avec un tuteur ou un expert, ainsi que les liens utiles vers les sources complémentaires d'information. De plus, le e-learning donne à l'apprenant la possibilité d'insérer, comme il l'entend, les moments de formation dans ses activités opérationnelles. Le e-learning fournit donc une réelle disponibilité permanente. L'information est délivrée plus vite, plus efficacement, à un plus vaste public. Elle est conservée par les apprenants plus longtemps et plus complètement. La seule restriction est matérielle. C'est l'obligation de pouvoir utiliser un branchement informatique sur le Web ou sur l'Intranet d'entreprise. Mais les progrès techniques permettent de percevoir que ce point trouvera bientôt sa solution, comme le montre l'exemple ci-dessous.

> **Le « m-learning »**
> En Asie du Sud-Est, les techniques du Web sont très répandues, de même que l'utilisation du téléphone mobile. L'INSEAD, Nokia et ICUS ont formé un consortium pour développer une expérience annonciatrice du e-learning du futur. Ce projet s'appelle WIN (WAP-enabled INSEAD Nokia). Persuadées que le futur de l'Internet est l'Internet mobile (sans fil), ces trois sociétés ont élaboré un cours de formation e-learning utilisant les possibilités actuelles du WAP (Wireless Application Protocol). Ce cours est destiné aux responsables opérationnels et aux managers, dont l'emploi du temps chargé et les déplacements fréquents demandent un degré élevé d'adaptabilité des techniques de e-learning. La seule façon de donner accès au e-learning d'entreprise à ces cadres quel que soit le lieu où ils se trouvent (aéroports, hôtels, trains, etc…) est d'utiliser des techniques sans fil. Le WAP est une spécification permettant aux utilisateurs d'accéder instantanément (théoriquement) à l'information via des appareils portables sans fil tel le téléphone mobile, les « pagers », les organiseurs. L'INSEAD, expert des formations et des cours d'entreprises, a fourni le contenu. ICUS, expert dans la conception de contenus pédagogiques de e-learning, a transformé le contenu fourni par INSEAD en cours e-learning. Nokia a apporté l'expertise concernant la mise en œuvre du WAP.
> Malgré les améliorations à apporter au WAP, cette expérience ouvre le e-learning à des évolutions techniques importantes, utilisant les possibilités de l'Internet mobile, et le rend disponible en tout lieu.
> *http://www.icus.net*

Des techniques et des médias éprouvés

Les NTIC ont fait des progrès considérables depuis vingt ans grâce à la capacité acquise par l'industrie de manipuler et de transmettre des paquets d'électrons ou de photons de manière efficace et économique. La plus grande bibliothèque du monde est celle du Congrès à Washington. Elle comporte 20 millions de volumes. Un calcul simple montre qu'il suffit de 10^{19} électrons pour véhiculer l'ensemble des bits qui codifieraient les pages de cette bibliothèque, soit le nombre d'électrons transportés par un courant électrique d'un ampère pendant une seconde ! Une fibre optique transmet aujourd'hui 3.10^{12}

bits par seconde, c'est-à-dire qu'il suffit de 300 secondes (5 minutes !) pour transmettre la bibliothèque du Congrès. Cela a été rendu possible par l'intégration et la miniaturisation des composants qui se sont accompagnés d'une spectaculaire réduction des coûts de fabrication : une puce de plusieurs centaines de millions de transistors coûte le même prix qu'un transistor des années 60. En 1970, le célèbre processeur 8080 de Intel comportait environ 10.000 transistors. En 2002, le Pentium 4 en comporte environ 100 millions. Ces étonnants progrès rendent maintenant possibles des réalisations qui auraient été totalement impensables il y a à peine 20 ans. Le e-learning bénéficie donc de techniques efficaces et relativement peu onéreuses. Un projet ambitieux a, aujourd'hui, une solution technique dont la faisabilité n'est pas douteuse. L'Internet présente encore des problèmes de débits, mais ceux-ci sont provisoires et, déjà, se profilent des solutions qui multiplient les débits par un facteur 1.000.000. La diffusion en temps réel d'images vidéos ne sera bientôt plus un problème. Les interactions synchrones entre acteurs que demande le e-learning deviennent rapidement aussi performantes que les échanges en face-à-face.

La création de communautés

Comme évoqué au chapitre 3, le partage des savoirs, la formalisation des meilleures pratiques, la décentralisation des expertises sont autant d'étapes vers la mise en place d'une organisation apprenante. Le e-learning est l'outil idéal pour franchir ces étapes. La création de communautés d'apprenants, accompagnées par l'attention d'un tuteur, est une condition du bon fonctionnement du e-learning. Lorsque ces communautés d'apprenants fonctionnent correctement, il reste peu d'efforts à faire pour les transformer en communautés de pratiques.

Lorsque cela s'avère nécessaire pour parfaire la prise de connaissances, les modules d'apprentissage aiguillent, vers des sources d'informations diverses dans l'entreprise. Ce qui inculque la culture de partage des savoirs. Ces sources d'informations doivent être conçues pour le plus grand nombre et restées pertinentes dans le temps, ce qui augmente et valorise la responsabilité de ceux qui ont la charge de les mettre en œuvre. Un certain nombre de techniques facilitent le fonctionnement de ces communautés. Le « chat » (bavardage en ligne), la téléconférence, les pages Web personnelles, sont autant de techniques qui peuvent contribuer à faciliter les interactions entre apprenants. Les avantages d'une interaction en ligne sont nombreux : stimulation, discussion de pair à pair (d'égal à égal), émergence d'un esprit d'équipe. Mais la condition essentielle pour que ces communautés se créent et perdurent est que la participation individuelle soit valorisée d'une façon ou d'une autre.

La rentabilité des investissements dans l'Intranet et l'Internet

Toutes les entreprises n'ont pas encore tiré tout le profit de la mise en œuvre de leur réseau Intranet. Bien souvent, ce réseau ne sert qu'à faire fonctionner le courrier électronique.

Le e-learning apporte une utilisation à haute valeur ajoutée, du réseau en étant l'instrument technique privilégié pour accroître le niveau de compétence de l'entreprise dans son ensemble et non plus seulement pour transmettre des documents.

Les possibilités de nouveaux services clients

Nous insistons principalement, dans cet ouvrage, sur l'utilisation interne du e-learning. Mais les mêmes principes et les mêmes techniques peuvent être utilisés pour apporter un service aux clients de l'entreprise. Par exemple, une entreprise vendant à ses clients l'exploitation d'un procédé industriel propose, de façon naturelle, une formation sur le fonctionnement et, éventuellement, sur le dépannage du procédé en question. Développant alors une gestion des connaissances à l'occasion de la mise en œuvre du e-learning, il devient possible d'enrichir le service client en donnant à ce dernier accès à des informations touchant, par exemple, à la sécurité, à la réglementation, à l'environnement. La figure 4.17 illustre le principe de cette extension des possibilités du e-learning.

LES FACTEURS CLÉS DE SUCCÈS ET LES FACTEURS DE RISQUE

▶ Mettre en œuvre les facteurs clés de succès et maîtriser les facteurs de risque

Les facteurs clés de succès

1°) – Le premier de ces facteurs est de placer le e-learning au cœur d'une stratégie de relations humaines. La formation n'est plus une obligation légale ou morale, elle devient un levier d'efficacité pour l'entreprise toute entière. Cette vision change profondément le statut de la formation en l'intégrant dans une réflexion globale sur le développement de l'entreprise et sur l'utilisation de leviers considérés comme primordiaux. La formation devient un partenaire à part entière dans l'amélioration continue de l'efficacité par sa participation à la formalisation des meilleures pratiques et la diffusion des connaissances, dans l'adaptabilité et la flexibilité de l'entreprise face aux changements environnementaux fréquents et rapides, dans le processus d'innovation. La formation devient porteuse des valeurs de l'organisme et constitue un élément de la culture d'entreprise. Pour affirmer l'importance de la formation dans le fonctionnement de l'entreprise, il est indispensable de rendre la hiérarchie opérationnelle responsable de la formation de leurs collaborateurs et de l'évaluer sur la façon dont elle remplit cette mission.

2°) – Un des atouts du e-learning est de mêler les séances de formation et le travail opérationnel, puisque l'apprenant peut passer, comme il l'entend, des tâches opérationnelles au e-learning sans quitter son poste de travail. Mais il faut aller encore plus loin. Il faut que le e-learning soit parfaitement connecté dans son contenu avec le travail quotidien de l'apprenant. Celui-ci doit avoir la possibilité de mettre presque immédiatement en application les connaissances qu'il vient d'acquérir. La formation lui apparaîtra alors comme parfaitement complémentaire de son travail et sa motivation en sera renforcée.

Figure 4.17 *Le e-learning et le service client*

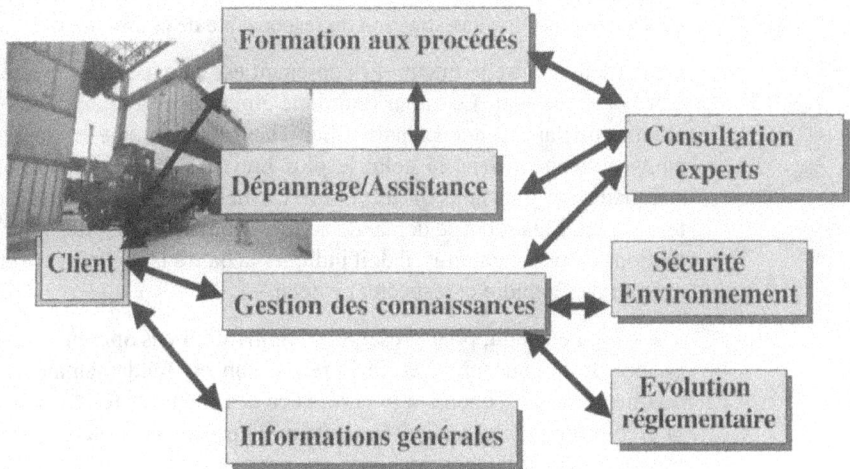

3°) – La présence d'un tuteur est indispensable au succès de la formation e-learning. En effet, sa responsabilité principale est d'amener les apprenants qui lui sont confiés au terme de leur formation. L'apprenant doit prendre en charge la plus grande partie de sa formation. C'est lui qui décide de l'organisation de cette formation au sein de ses activités opérationnelles. Mais, il faut que quelqu'un surveille sa progression pour éviter tout blocage ou tout abandon. La qualité pédagogique et le sens de la responsabilité du tuteur sont des facteurs de succès incontournables. C'est ce qui rendra ces acteurs difficiles à trouver.

Leurs activités principales sont les suivantes :

• suivre l'inscription des apprenants et la constitution des filières ;

• suivre le parcours pédagogique de chaque apprenant ;

• évaluer la progression de chaque apprenant ;

• susciter la création d'une communauté d'apprenants ;

• conseiller et orienter vers de nouvelles formations ;

• répondre aux questions et aux demandes d'informations complémentaires ;

• organiser et animer les points de rencontre des apprenants d'une filière ;

• faire un retour d'information à chaque apprenant sur l'évolution de ses compétences ;

• établir le reporting à destination du responsable de la formation.

L'interaction entre le tuteur et l'apprenant est un gage de l'engagement de ce dernier. Le tuteur doit donc être attentif à répondre aux attentes de l'apprenant. En particulier il est important que les apprenants obtiennent dans le délai le plus bref possible des réponses adéquates aux questions qu'ils posent. La meilleure solution étant le temps réel. Si la réponse demande au tuteur de rechercher des informations complémentaires, il doit indiquer la date à laquelle il sera en mesure de répondre et respecter ce délai.

4°) – Bien entendu, pour préserver la motivation des apprenants, la qualité de la conception et de la réalisation est fondamentale. La qualité porte sur l'intérêt et la pertinence des sujets traités, la clarté, la crédibilité et la précision du contenu, la précision de la démonstration et la facilité à comprendre. Le contenu est spécifique à l'entreprise et ne peut être transposé à une autre organisation. Cette spécificité rend l'assimilation plus efficace, l'intérêt plus grand. Tous les outils permettant cette assimilation doivent être utilisés, comme les présentations vidéos et les simulations. La visualisation d'une opération, du déroulement d'un processus, d'une mise en situation est un moyen efficace d'appropriation. De même, l'interactivité est un moyen de susciter l'intérêt et la motivation.

5°) – Le e-learning fonctionne en faisant appel à une grande autonomie de l'apprenant. Mais autonomie ne veut pas dire solitude qui conduirait immanquablement à l'abandon du processus de formation par l'individu. Que ce soit dans le travail ou dans l'apprentissage, chacun a besoin d'échanger en face-à-face avec ses pairs pour valider ses expériences et lever ses interrogations. L'échange en face-à-face permet de « faire passer » la complexité d'une idée ou d'un contexte. On peut dire que le média de la parole en direct possède la plus grande largeur de bande passante dans l'échange. La présence « virtuelle » d'un tuteur diminue le risque de solitude, si le tuteur accomplit correctement l'ensemble des tâches qui lui incombent. Mais cela ne peut dispenser de prévoir des points de rencontre entre les apprenants pour réaliser des travaux en groupes, initier des relations « one-to-many » entre le tuteur et ses apprenants en complément des relations « one-to-one » qu'il entretient avec chacun d'eux via le web ou l'Intranet. Le déroulement d'une formation doit ainsi comprendre des séances où les apprenants d'une même filière se retrouvent entre pairs. Ces rencontres permettent de « baliser » l'avancement de la formation à l'intérieur de l'espace de liberté laissé à chaque apprenant.

6°) – La résistance au changement doit être considérée sérieusement et toutes les mesures doivent être prises pour la réduire. L'idéal est d'obtenir un consensus sur le changement à opérer. L'introduction du e-learning est un changement important, non seulement parce qu'il modifie le fonctionnement de la formation traditionnelle et la répartition des responsabilités, mais aussi, et surtout, parce qu'il demande une modification de comportement individuel de l'apprenant. Le e-learning ne peut être un succès que si chaque apprenant a parfaitement compris et admis que la liberté qui lui est donnée dans l'organisation de sa formation doit être compensée par une réelle volonté d'aboutir. C'est pourquoi, le préalable à l'obtention de cette motivation individuelle est de communiquer clairement sur les objectifs stratégiques et opérationnels visés par le projet de e-learning.

Cette communication doit prendre en compte les leviers du changement dont les principaux sont les suivants :

– une définition claire et complète des objectifs recherchés,

– une mobilisation sur ces objectifs en explicitant les avantages et les risques,

– une communication sur l'intégration de l'auto-apprentissage dans l'évaluation individuelle et dans celle des responsables opérationnels,

– la mise en place d'une organisation adéquate pour réussir le changement (les expertises nécessaires, les formations préalables, les tuteurs, les responsables de la formation, ...),

– la mise en place d'une structure de pilotage et de suivi du projet,

– une communication sur la constitution des communautés d'apprenants et leur transformation en communautés de pratiques,

– l'identification des aspects émotionnels liés au changement, une communication sur les moyens mis en place pour les gérer.

7°) – La décision d'utiliser le e-learning comme moyen de formation est importante par les conséquences qu'elle entraîne. Voici les principales :

– une nouvelle organisation du fonctionnement de la formation,

– une autonomie et une responsabilité plus importantes de l'apprenant,

– l'implication des responsables opérationnels,

– la mise en place du nouveau métier de tuteur,

– la refonte des contenus de formation.

Il s'agit donc d'un projet à dimensions multiples qu'il faut maîtriser. C'est pourquoi l'introduction du e-learning doit être réfléchie et organisée avec soin. La solution la moins risquée consiste souvent à introduire progressivement ce mode de formation en commençant par un projet peut-être réduit dans ses ambitions mais plus facile à réaliser et permettant d'identifier les difficultés à résoudre avant d'entreprendre un nouveau pas vers la généralisation du procédé. Les difficultés les plus sérieuses portent sur la maîtrise pédagogique de la refonte des contenus, l'importance des investissements initiaux, la résistance au changement. Pour un premier projet, la sous-traitance d'une solution clé en main peut être un bon apprentissage.

8°) – Le lancement d'un projet de e-learning nécessite la construction d'un « business case » à destination de la direction générale (voir chapitre 6 – page 178). Cette étude doit être construite correctement et comporter un certain nombre d'arguments pour convaincre les responsables de la nécessité du projet :

– tout chiffrage demande des données d'entrée et nécessite des hypothèses. Il faut expliquer l'origine des données et la nature des hypothèses,

– il faut, bien entendu, faire ressortir le « cash-flow » du projet. Certains bénéfices sont quantifiables (réduction des coûts logistiques), d'autres sont plus qualitatifs (amélioration du moral des employés). Il faut souligner clairement ces deux sortes de bénéfices,

– rapporter tous les bénéfices (quantitatifs et qualitatifs) à l'impact sur le métier,

– l'identification des coûts doit être exhaustive,

– faire une étude de sensibilité des paramètres et des hypothèses utilisés,

– compléter par une analyse de risques,

– utiliser des diagrammes clairs (un schéma est meilleur qu'un long discours !).

Les facteurs de risque

1°) – Une qualité pédagogique insuffisante est, évidemment, le premier facteur de risque. On peut s'interroger sur ce qui fait qu'un individu s'intéresse plus à un sujet qu'à un autre, au point de s'y investir toute sa vie. Il arrive très souvent que la cause initiale d'un intérêt durable soit la qualité exceptionnelle d'un premier contact avec le sujet, soit par la découverte soudaine de perspectives nouvelles, soit par la pédagogie de la démonstration, le plus souvent les deux à la fois. La pédagogie a un double but :

– exposer de manière didactique,

– éveiller et maintenir l'attention et l'intérêt.

Ces deux qualités sont essentielles à la mémorisation. Il n'y a pas de mémorisation durable sans compréhension et sans intérêt. Cela veut dire que la conception d'un cours e-learning demande la même exigence de qualité qu'un enseignement traditionnel par un professeur. Ce dernier, lorsqu'il est chargé d'un cours, a d'abord la responsabilité de réaliser les supports de cours. Il apporte sa connaissance du sujet et toute son expérience pédagogique dans cette réalisation. La même exigence existe pour une formation en e-learning. Pour un résultat de même qualité, le e-learning demande des compétences plus diversifiées qu'un cours traditionnel. Il faut d'abord la compétence de l'expert du sujet et la compétence du pédagogue (portées par le seul professeur). Cette double compétence doit permettre d'être irréprochable sur le fond (l'expert) tout en évitant de rester trop théorique et trop loin des préoccupations opérationnelles liées à l'exercice du métier (le pédagogue). Il faut une compétence d'expertise en matière de réalisation de cours e-learning pour faire les meilleurs choix en matière de médias, d'ergonomie d'écrans, une compétence technique pour identifier les conséquences des choix. La compétence pédagogique doit être partagée entre le concepteur du cours et l'ensemble des tuteurs, ce qui représente une réelle difficulté. La pédagogie n'est pas une qualité très répandue. Et le nombre de tuteurs nécessaires peut être important si les apprenants potentiels sont dispersés sur une grande échelle. Un tuteur doit, non seulement maîtriser le contenu du cours, mais il doit identifier les difficultés de compréhension, les blocages de toutes natures rencontrés par les apprenants qui lui sont assignés. Il doit alors être capable de donner des conseils, de réorienter, d'apporter des informations et des explications complémentaires. Il doit aussi être l'animateur de la communauté d'apprenants qui se crée au sein d'une filière. Il possède donc de nombreuses qualités et, par conséquent, il en est d'autant plus rare. Ainsi, le premier facteur de risque est de ne pas réunir toutes les compétences nécessaires pour le projet e-learning et supposer que le service formation saura mener à bien ce projet sans faire cette vérification.

2°) – La résistance au changement existe toujours chaque fois que l'entreprise évolue dans ses métiers, dans son organisation. L'introduction du e-learning, en complément de la formation traditionnelle, est une évolution importante non seulement dans l'organisation de la formation, mais surtout dans le comportement de l'apprenant. De plus, l'existence de résultats de tests et d'évaluation, mis à la disposition des tuteurs, peut faire craindre une surveillance cachée. Il y aura donc une résistance plus ou moins grande au changement. Pour réduire cette résistance, nous avons vu la nécessité d'une communication d'entreprise bien conduite. Il faut compléter celle-ci par des actions complémentaires comme celle qui consiste à former les utilisateurs non familiarisés avec les techniques de navigation sur le Web. De plus le e-learning demandant une implication plus forte de l'apprenant dans l'organisation de sa formation, il faut éventuellement envisager des formations préalables à la gestion du temps.

3°) – Sans un certain niveau d'autonomie des apprenants potentiels, le e-learning risque de mal fonctionner. Cette autonomie doit se manifester face à l'utilisation de l'outil et face au parcours pédagogique à choisir. Il faut également le goût d'apprendre lorsque l'obligation incarnée par la présence du formateur n'existe plus. Le manque d'esprit d'initiative et de responsabilité dans l'organisation de la formation de l'apprenant est un facteur de risque important. Le facteur âge peut également intervenir de façon non négligeable quant à l'appropriation d'un dispositif en ligne.

4°) – Lorsqu'une entreprise décide l'utilisation des techniques du e-learning, elle risque de choisir la solution de facilité, parce que la plus rapide et la moins coûteuse, qui consiste à transposer simplement le contenu d'une formation traditionnelle en pages HTML mises à disposition à partir d'un serveur. Cette manière de faire risque d'appauvrir considérablement la format on. En effet, il est absolument nécessaire de compenser la suppression de l'animateur, qui apporte la richesse des contacts en face-à-face. Dans une solution e-learning, l'apprenant est seul en face de son écran et la simple lecture d'une série de pages, dont la lecture peut être plus fatigante que celle de pages imprimées d'un support de formation traditionnelle, peut rapidement devenir une épreuve qui conduit à l'abandon. Un simple découpage de ce type provoque immanquablement des simplifications, des appauvrissements, des pertes de sens qui peuvent entraîner l'incompréhension et le rejet. Le e-learning impose de repenser les contenus pour les formaliser différemment, en se rappelant qu'en présentiel, les connaissances sont souvent transmises plus par le discours du formateur que par les supports. Il faut se souvenir que la répétition, très fréquente en formation présentielle, est un facteur de mémorisation. La conception du matériau pédagogique de e-learning doit absolument tenir compte de l'impératif de maintenir éveillées l'attention et la participation de l'apprenant, de trouver les moyens de faciliter la mémorisation. De plus, une caractéristique essentielle du e-learning est de proposer aux apprenants des parcours pédagogiques différents pour être mieux adaptés à chacun, personnalisation qui n'existe pas dans les séminaires traditionnels. Ceci interdit une simple transposition des documents de séminaires en présentiel.

5°) – La personnalisation repose beaucoup sur la qualité de l'évaluation et l'utilisation qui en est faite. La conception des tests de fin de modules est donc particulièrement importante. Encore une fois, il s'agit d'évaluer la capacité de l'apprenant à transposer les connaissances acquises dans les différents contextes qu'il rencontre dans son travail. Limiter les tests à de simples « quiz » revient à demander à l'apprenant de savoir « cliquer » sur la bonne case et ne garantit pas l'acquisition. Des tests comportant des mises en situation sont plus difficiles à réaliser, mais sont parfois la seule solution. Une alternative consiste à réaliser ce type d'évaluation au cours des points de rencontre en présentiel.

6°) – Un facteur de risque supplémentaire est de supprimer totalement l'interaction humaine. Les séminaires traditionnels offrent l'avantage de la présence de l'animateur et d'autres apprenants. La présence physique de ces acteurs introduit la possibilité d'échanges en temps réel qui procurent à l'apprenant un sentiment de communauté et de partage des difficultés de l'apprentissage. Négliger ce fait dans une solution de e-learning est porteur d'un risque de rejet ou d'abandon de l'auto-formation par l'apprenant. Cet oubli est le facteur essentiel de l'échec des solutions d'enseignement assisté par ordinateur (EAO). C'est le risque des solutions basées sur l'unique emploi du CD-Rom. Les échanges asynchrones, comme les courriers (qu'ils soient électroniques ou non), ne compensent pas la richesse d'un échange en temps réel. Des échanges synchrones avec l'instructeur ou le tuteur ou avec d'autres apprenants imposent l'utilisation d'une bande passante à haut débit permettant la mise en œuvre de « chat », de tableaux blancs partagés en temps réel, de la web-caméra, autant de procédés permettant ce type d'interactions. Faute de tels moyens, la solution de e-learning doit prévoir les points de rencontre formels déjà évoqués où les apprenants d'une même filière se retrouvent ensemble en présence de leur tuteur. Ces rendez-vous permettent, non seulement d'avoir des échanges multiples et immédiats, mais aussi de jalonner le parcours pédagogique d'étapes où tous les apprenants doivent se retrouver au même point d'avancement, ce qui est un facteur de motivation les empêchant d'arrêter leur formation en cours de route. Le e-learning n'a pas pour vocation de remplacer totalement la formation en présentiel.

7°) – Prêter une attention insuffisante aux contraintes techniques peut également faire courir des risques importants au projet de e-learning et à son fonctionnement correct. Le principe de base est que chaque apprenant utilise son ordinateur. Encore faut-il que ce dernier puisse faire fonctionner le logiciel de formation. Les techniques du Web utilisent, pour la navigation, un « browser » et des « plug-ins ». Les ordinateurs des apprenants doivent donc être équipés des navigateurs adéquats et des plug-ins correspondants (Shockwave ou RealAudio par exemple). Certains de ceux-ci peuvent être facilement téléchargés, mais il se peut que la politique de sécurité de l'entreprise interdise ces téléchargements en provenance de l'extérieur du « FireWall ». Il en est de même pour les applets Java. L'absence de ces logiciels sur l'ordinateur de l'apprenant peut interdire le fonctionnement du logiciel de formation. L'utilisation de séquences vidéo ou audio demande une largeur de bande passante et un débit sur le réseau suffisants. Si cela n'est pas le cas, le programme de formation ne fonctionnera pas dans les conditions prévues. Les fenêtres vidéos seront de simples vignettes dont l'animation sera saccadée et de médiocre qualité. L'ergonomie, voire la compréhension, sera dégradée. Enfin, il existe des standards de fait qu'il faut absolument utiliser en lieu et place de solutions techniques propriétaires. En effet, l'utilisation des techniques du Web impose d'utiliser les standards du réseau qui fonctionne avec des protocoles universellement adoptés (voir chapitre 7 – page 207). Si le cours s'ouvre sur des sources d'information externes, celles-ci ne seront accessibles que si les standards du Web sont respectés.

8°) – Il faut faire un choix raisonné entre l'utilisation du Web et/ou de CD-Roms. Si il y a un problème de bande passante et de débit, il peut être tentant d'utiliser des solutions à base de CD-Roms qui libèrent des problèmes précédents, les séquences vidéo étant toujours de meilleure qualité (définition et dimensions des fenêtres) sur CD-Rom que par une transmission par le Web. De même, le CD-Rom permet une interactivité maximale. Pour guider le choix, un certain nombre de critères sont à prendre en compte. Parmi ceux-ci, le besoin de séquences animées et la fréquence probable des mises à jour sont à prendre en considération. En effet, plus les mises à jour seront nombreuses et plus l'utilisation du Web devient préférable, cette solution permettant une mise à jour immédiate pour tous les apprenants. Une solution par CD-Rom demande, quant à elle, non seulement une mise à jour du logiciel d'origine, mais aussi l'envoi à chaque apprenant de la nouvelle version du CD-Rom. Plus l'utilisation de séquences animées est importante et fréquente, plus la solution CD-Rom s'impose par la qualité de la réalisation. Il faut donc réfléchir sérieusement sur la réelle valeur ajoutée des séquences vidéo sur le contenu du cours.

9°) – Le manque de qualité de l'interface homme-machine est un facteur de risque important. Voir l'importance de la qualité de cette interface (voir chapitre 4 – page 100).

10°) – Le e-learning demande que chacun soit équipé d'un micro-ordinateur capable de se connecter sur Internet et sur l'Intranet de l'entreprise. Cet équipement permet donc à l'utilisateur de s'en servir en n'importe quel lieu et, en particulier, chez lui. Cette possibilité doit rester à l'initiative exclusive de l'intéressé et ce serait une grave erreur que d'organiser le fonctionnement du e-learning autour de cette possibilité de travail à domicile.

LES INTERCONNEXIONS ENTRE E-LEARNING ET GESTION DES CONNAISSANCES

Rappelons tout d'abord que l'objet du e-learning en entreprise est de diffuser des connaissances applicables par l'apprenant dans le contexte opérationnel de son poste de travail. Le contenu pédagogique a donc une application quasi-immédiate. C'est cette mise en pratique qui suscite, de la part de l'apprenant, des interrogations qui l'incitent à communiquer avec son tuteur et les autres participants à la même filière de formation. Ce processus est à la base de la création des communautés d'apprenants. Au sein de ces groupes, sous le « coaching » du tuteur, s'effectuent des échanges d'expériences et des discussions sur l'application des connaissances acquises. C'est au cours de ces échanges, éventuellement enrichis par des contacts avec les experts de l'entreprise, que se crée peu à peu un consensus sur une pratique considérée comme comportant le plus d'avantages. Après validation par les experts, ces pratiques font alors partie des meilleures pratiques de l'entreprise. Elles entrent ainsi dans le corpus des règles communes et sont intégrées dans le système de gestion des connaissances, afin d'être pérennisées et diffusées. Ce processus enrichit en permanence la base de connaissances de l'entreprise. A son tour, celle-ci peut être consultée par les apprenants pour approfondir le contenu pédagogique de la formation qu'ils suivent.

Une étude du cabinet AT-Kearney a montré que les entreprises qui ont un processus de gestion des meilleures pratiques à partir d'un système de gestion et de partage des connaissances, ont un RSA (Retour Sur Actif) de l'ordre de 40 % alors que la moyenne est de 18 %, un RSV (Retour Sur Ventes) de 21 % alors que la moyenne est de 9 %. Les entreprises les plus compétitives utilisent la Gestion des connaissances et le e-learning comme un facteur clé de succès. La recherche, l'acquisition, la formalisation et la diffusion des meilleures pratiques contribuent à renforcer l'efficacité de l'entreprise, la productivité, la qualité et la réduction des coûts. Ces interactions constituent un lien étroit entre le e-learning et la gestion des connaissances. On peut même dire que ces deux processus sont complémentaires et ne peuvent être mis en œuvre indépendamment l'un de l'autre. Le e-learning enrichit la gestion des connaissances qui, elle-même, améliore l'efficacité du e-learning. Finalement, cette connexion est peut-être le signe que l'homme est placé au centre de la gestion de l'entreprise et n'est plus considéré comme une simple ressource, mais comme un facteur de progrès dont il faut cultiver les potentialités.

CHAPITRE 5

Les conséquences organisationnelles

Celui qui ne sait pas et ignore qu'il ne sait pas est un fou, fuis-le.
Celui qui ne sait pas et sait qu'il ne sait pas est un enfant, apprends lui.
Celui qui sait et ignore qu'il sait est endormi, réveille-le.
Celui qui sait et sait qu'il sait est un sage, suis-le.

Proverbe arabe

REMARQUE PRÉLIMINAIRE

Ce chapitre est consacré aux problèmes d'organisation posés par le fonctionnement du système de e-learning. Les conséquences organisationnelles décrites sont les conséquences de l'immersion du e-learning à l'intérieur d'un système plus vaste, comprenant la gestion des connaissances et la gestion des compétences ayant pour objectif ultime de transformer l'entreprise en organisation apprenante. On peut, certes, s'organiser de différentes façons en fonction de l'ambition mise dans le projet. S'il s'agit simplement de redonner du lustre à la formation en la faisant bénéficier des dernières innovations techniques, l'organisation à mettre en place sera nettement moins complexe que celle décrite dans les pages suivantes. La formation sera peut-être plus moderne dans ses techniques, elle touchera vraisemblablement un plus vaste public, elle ne sera pas plus efficace. La formation restera une activité très largement déconnectée de l'efficacité de l'entreprise. Nous nous plaçons résolument dans l'optique décrite au chapitre 1, où l'entreprise est en prise avec des décisions d'organisation fondamentales et où les compétences qu'elle possède et qu'elle devra posséder deviennent un facteur clé de succès. En fait, il s'agit de savoir si l'on considère l'acquisition de connaissances comme une activité importante ou secondaire.

ADMINISTRATION DU E-LEARNING

▶ **Le e-learning constitue un système relativement complexe qui nécessite une administration rigoureuse**

Le fonctionnement correct du e-learning comporte un nombre minimal de procédures de gestion :

- l'accès au catalogue de formations,
- l'administration des inscriptions aux différents cours,
- l'administration des groupes,
- le suivi des parcours pédagogiques des apprenants,
- le suivi du tutorat.

L'accès au catalogue permet aux futurs apprenants de consulter le sommaire de l'ensemble des formations proposées ainsi que les conditions particulières du parcours pédagogique de chacune : existence de séminaires complémentaires en présentiel, différentes filières, existence de travaux en groupe, etc...

L'administration des inscriptions consiste à mémoriser celles faites directement par les apprenants. Ces inscriptions doivent recevoir une double validation : celle du supérieur hiérarchique de l'apprenant et celle d'un tuteur associé au cours demandé. La première validation consiste à s'assurer que le responsable hiérarchique est en accord avec la demande de l'apprenant potentiel en fonction de ses propres impératifs et objectifs en matière de formation. La seconde vérifie l'adéquation entre le profil de l'apprenant et le contenu pédagogique, en particulier les difficultés qu'il contient. Cette validation du tuteur s'appuie sur l'exécution d'un test préalable qui permet de choisir le parcours le mieux adapté. Ces deux validations étant faites, une acceptation est fournie (par e-mail par exemple) à l'apprenant. Celui-ci a alors accès au cours et peut entamer son parcours pédagogique.

L'importance des enjeux attachés à la création et à l'animation des communautés d'apprenants et des communautés de pratiques fait que chaque apprenant inscrit à un cours doit pouvoir connaître les groupes déjà constitués autour du même sujet afin de juger de l'opportunité de se joindre à l'un d'eux. Cette adhésion à un groupe doit être déclarée, connue du tuteur et des autres membres du groupe. Le tuteur est le mieux placé pour gérer ce processus (voir page 142).

Le suivi du parcours pédagogique de l'apprenant est un processus important du e-learning. Comme évoqué au chapitre 4 (voir chapitre 4 – page 81 et page 124) le processus d'évaluation est au cœur de la personnalisation du parcours. Le tuteur doit donc, pour l'ensemble des apprenants qui lui sont confiés, avoir à tout moment le résultat des évaluations, connaître les chemins suivis par les apprenants au sein de l'architecture des modules, et mettre en regard les conseils et les orientations qu'il a prodigués aux apprenants. A tout moment, il doit pouvoir visualiser l'avancement de chacun d'eux pour apprécier les avances et les retards par rapport aux points de rencontre que prévoit le cours. En fin de parcours, le résultat d'ensemble des évaluations doit permettre au tuteur de formuler, auprès du management, un avis sur les compétences acquises.

Figure 5.1 *Procédure de suivi de l'apprenant*

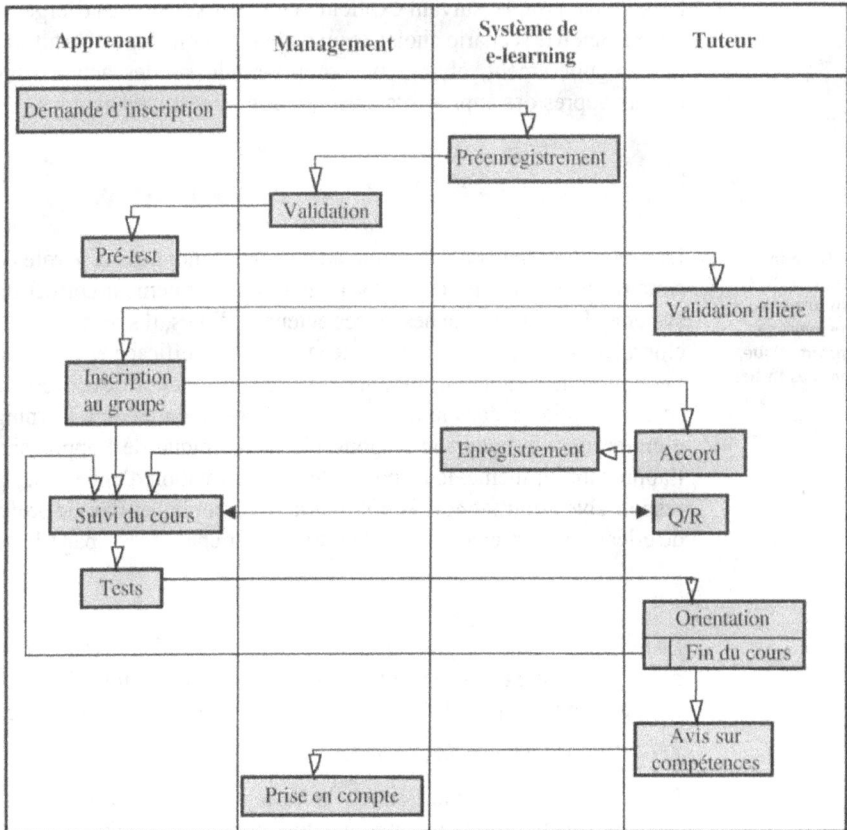

L'ensemble des opérations relevant du suivi de l'apprenant constitue une procédure qu'il faut documenter, formaliser et porter à la connaissance de tous ceux qui sont concernés. La figure 5.1 donne un exemple de formalisation d'une telle procédure. L'organisation du e-learning nécessite la mise au point d'un certain nombre de procédures de ce type qu'il convient de gérer (diffusion, mises à jour, rectifications, etc...). Normalement, ces procédures trouvent leur place naturelle au sein du manuel de qualité de l'entreprise (même s'il n'existe pas nécessairement une Direction de la Qualité en titre, la gestion de la qualité étant la responsabilité de tous). Ces procédures doivent être écrites par un acteur possédant la capacité et la légitimité pour le faire. Elles doivent ensuite être validées par le management. Le manuel de qualité décrit également cette macro-procédure de formalisation, de validation et de diffusion des procédures d'organisation.

Le tutorat doit aussi être soumis à un processus de suivi et d'évaluation. Le paragraphe suivant explicitera plusieurs scénarios d'organisation. Selon le scénario choisi, le management dont dépend le tutorat doit, régulièrement, obtenir un compte-rendu sur les actions des tuteurs auprès des apprenants ainsi que sur les résultats obtenus.

ORGANISATION DES ACTEURS DU E-LEARNING

▶ **Les principaux acteurs, du tuteur au responsable informatique, ont des tâches spécifiques à remplir**

La description faite du e-learning au chapitre 4 montre que le rôle de certains acteurs est fondamental pour le fonctionnement correct du système. Une fois les tâches de ces acteurs définies, il s'agit de réfléchir à leur organisation pour que le système soit efficace et efficient. Les conséquences organisationnelles varient en fonction des différents acteurs impliqués dans le fonctionnement opérationnel du e-learning d'entreprise : le tuteur, le responsable hiérarchique de l'apprenant, l'apprenant lui-même, le responsable de la formation d'entreprise, le responsable informatique. Le rôle des acteurs impliqués dans le projet de e-learning sera examiné au chapitre 6 (voir chapitre 6 – page 193).

Le tuteur

Le tuteur est beaucoup plus qu'un formateur. Nous allons examiner les différences entre formateur et tuteur selon un certain nombre de points de vue, tel que l'organisation du temps ou les compétences nécessaires.

1°) – L'organisation du temps

Dans un séminaire traditionnel, le formateur n'est impliqué que pendant l'élaboration du cours puis lors de chaque séminaire. Entre temps, il ne fait l'objet d'aucune sollicitation. Il n'est pas impliqué dans l'application opérationnelle que l'apprenant fait des connaissances acquises. Il n'y a pratiquement jamais d'analyse et de compterendu sur l'efficacité de la formation dispensée. Le seul indicateur utilisé est le rapport des dépenses engagées sur le montant budgété. L'organisation de son emploi du temps est facile et réglée sur le planning des séminaires, établi généralement longtemps à l'avance.

En comparaison, la disponibilité du tuteur, sans être continue, doit être permanente et régulière. En effet, le système de e-learning prévoit que l'apprenant sollicite le tuteur au cours de son parcours pédagogique ainsi que pendant la mise en application opérationnelle des connaissances acquises. Le tuteur doit donc répondre à cette sollicitation de l'apprenant qui, non seulement ne se limite pas à la seule phase d'apprentissage, mais peut perdurer pendant le temps de travail opérationnel. Le tuteur doit donc organiser son emploi du temps de façon rigoureuse pour assurer une disponibilité qui permette à l'apprenant de le solliciter chaque fois qu'il en ressent le besoin. Les techniques de communication asynchrones donnent une certaine liberté dans l'organisation de ces échanges.

Le tuteur également doit avoir une excellente connaissance de l'organisation des cours dont il assume la responsabilité. Il connaît ceux pour lesquels le fonctionnement en groupe est important et ceux pour lesquels des séances en présentiel sont prévues. Lorsqu'un apprenant s'inscrit, il lui faut donc l'associer à un groupe en cours de constitution, ou qui vient de commencer la formation, et d'en informer le nouvel apprenant pour que celui-ci puisse organiser correctement son emploi du temps.

2°) – Les compétences

L'établissement d'un cours demande que le formateur traditionnel connaisse la matière enseignée. C'est pourquoi il s'agit généralement d'un expert.

Le tuteur aussi doit être un bon connaisseur de la matière enseignée. Il doit, de plus, être attentif à ce que l'apprenant mette en pratique presque immédiatement les connaissances acquises en alternant les phases d'apprentissage et les phases de mise en pratique. Pour pouvoir répondre aux questions que va soulever cette mise en pratique, il doit donc avoir aussi une grande expérience opérationnelle. Ce qui est différent des compétences demandées à un expert du domaine.

De plus, le tuteur a en charge l'évaluation des progrès de l'apprenant. Il doit avoir la capacité de jugement lui permettant de prodiguer les conseils adaptés en fonction de la situation. Il se trouve dans la position d'un professeur en cours particulier qui suit et oriente un élève. La différence est qu'il doit être capable d'organiser ce type de suivi avec l'ensemble des apprenants dont il a la responsabilité.

En partant du principe que l'apprenant n'a qu'un seul interlocuteur en dehors de ses collègues de la communauté, les principales sollicitations auxquelles est soumis le tuteur sont les suivantes :

Figure 5.2 *Réponses attendues du tuteur*

Sollicitations	Réponses possibles
Question concernant la filière.	Le tuteur obtient la réponse du responsable hiérarchique ou commente les résultats d'un test préalable.
Question concernant le contenu du cours.	Le tuteur répond ou renvoie à l'expert concerné.
Demande d'informations complémentaires.	Le tuteur renvoie au lien Internet existant dans le cours ou vers l'expert concerné par la nature de la question.
Question concernant l'organisation d'un test.	Le tuteur répond ou renvoie au concepteur du test ou à l'expert concerné.
Question concernant le résultat d'un test.	Le tuteur répond ou renvoie au concepteur du test ou à l'expert concerné.
Question concernant l'évaluation faite par le tuteur.	Le tuteur répond à la question.
Question concernant un échange avec les autres membres du groupe.	Le tuteur répond.
Question concernant le fonctionnement du logiciel.	Le tuteur répond ou renvoie au service informatique.

Il faut donc identifier dans l'entreprise les collaborateurs possédant l'ensemble des capacités nécessaires pour assumer cette responsabilité de tutorat. Les « anciens » peuvent être un corps de tuteurs intéressant, compte tenu de l'expérience qu'ils ont acquise.

3°) – *L'animation de groupe*

Le formateur traditionnel doit savoir conduire la réunion que constitue le séminaire. Son talent pédagogique doit s'exercer pour que l'acquisition des connaissances par les apprenants soit satisfaisante. Il doit savoir faire participer l'ensemble des apprenants présents en organisant, par exemple, des travaux en groupe ou en sollicitant les participants en cours de séminaire. Sa responsabilité d'animateur s'arrête lorsque le séminaire prend fin.

Le tuteur aussi doit savoir conduire un groupe. Le système prévoit la création de communautés d'apprenants constituées par l'ensemble des participants à un même parcours pédagogique. Il est beaucoup plus difficile de susciter un sentiment d'appartenance à un groupe lorsque les participants ne sont pas en présence. C'est une des raisons pour laquelle il est nécessaire, le plus souvent, d'insérer dans le parcours pédagogique, des séances en présentiel pour assurer la solidarité du groupe. Le tuteur doit, cependant, être vigilant sur la pérennité du groupe dans son fonctionnement à distance, ce qui peut s'avérer plus difficile. Il doit faire en sorte que l'objectif principal de la constitution de ces groupes soit atteint, c'est-à-dire qu'ils se transforment en communautés de pratiques. Cet objectif ne revêt pas la même importance pour toutes les formations. Il est évidemment plus important lorsque la formation porte sur un aspect du métier que lorsqu'il s'agit d'une formation en langues. Pratiquement, lorsque la formation porte sur les compétences opérationnelles, actuelles ou futures, la création de communautés de pratiques est le facteur clé de fonctionnement d'une gestion des connaissances efficace. Cette capacité du tuteur à gérer le fonctionnement de la communauté d'apprenants pour la transformer en communauté de pratiques devient alors fondamentale. Cela n'impose pas nécessairement que le tuteur soit un expert du domaine visé par la formation, mais il faut cependant qu'il en maîtrise les principaux aspects. C'est une différence importante avec un animateur de groupe en face-à-face, un faciliteur, qui n'a que la responsabilité du fonctionnement du groupe. De plus, il ne suffit pas d'organiser cette création des groupes de pratiques, il faut guider le groupe dans la formalisation des meilleures pratiques identifiées de façon à rendre celles-ci diffusables.

4°) – La relation avec la gestion des connaissances

A partir du contenu du plan de formation, il est nécessaire d'identifier les formations qui touchent directement aux métiers et qui doivent susciter des groupes de pratiques. Il faut alors organiser l'acquisition et la diffusion des meilleures pratiques identifiées. Le tuteur n'a pas, généralement, cette responsabilité. Celle-ci relève de la Gestion des connaissances. Il faut donc organiser les relations entre cette fonction et les tuteurs. La séquence des échanges peut alors être la suivante :

• après avoir obtenu du groupe une formalisation adéquate des pratiques envisagées (proposées), le tuteur la transmet au responsable de la gestion des connaissances.

• le responsable de la gestion des connaissances doit obtenir une validation auprès des experts concernés et, éventuellement, des responsables opérationnels impliqués.

• après validation, le responsable de la gestion des connaissances met à jour le système permettant la mémorisation et la diffusion des nouvelles pratiques après les avoir adapté aux normes du système.

Euro-RSCG est une agence de publicité, ayant le taux de croissance le plus élevé de la région Asie-Pacifique. Elle propose à ses clients des solutions de marketing intégré pour la présentation de leur marque. Son succès tient à l'utilisation efficace des nouveaux médias et en particulier de l'Internet. Son implication dans ces techniques a convaincu Euro-RSCG qu'il était important pour elle de susciter une culture Internet dans son organisation afin :

– de renforcer les capacités professionnelles de ses salariés – facteur clé de succès dans ses rapports avec ses clients,

– d'encourager les talents créatifs à travers l'ensemble de son réseau à partager idées et informations.

Ainsi, les objectifs opérationnels d'Euro-RSCG sont :

– être le réseau d'agences de publicité le plus performant,

– rester au premier rang de l'économie de la connaissance,

– établir des échanges à travers ses frontières géographiques et organisationnelles,

– partager les savoirs de ses salariés pour accroître la flexibilité et la réactivité de l'entreprise.

Les méthodes de formation classiques en séminaires ne répondant plus aux besoins d'Euro-RSCG – le déplacement des salariés plusieurs jours pour un cours standard étant impraticable, l'entreprise décide alors d'utiliser les possibilités du e-learning. Elle recherche un partenaire du secteur du e-learning capable de lui permettre d'atteindre les objectifs suivants :

– créer une communauté d'apprenants pour favoriser l'émergence d'idées nouvelles,

– développer l'identité d'entreprise et le sentiment d'appartenance.

Le cours de e-learning élaboré par le partenaire de Euro-RSCG est organisé autour de quatre axes majeurs :

– accroître le niveau de compétence en marketing direct,

– créer une communauté de pratiques au sein de l'entreprise,

– supprimer les inconvénients d'une formation traditionnelle et maximiser les bénéfices du e-learning,

– encourager l'émergence d'un environnement d'apprentissage flexible et adaptable.

Le cours inclut l'état de l'art en matière de marketing direct et sa structure a été conçue pour faciliter le partage d'idées et d'informations. Des outils tels que le courrier électronique, l'apprentissage interactif, le tableau blanc interactif, le « chat », ont permis le développement d'une communauté d'apprenants, prélude à la création d'une communauté de pratiques, au sein de laquelle les participants proposent des évolutions de la formation en marketing direct.

http://www.icus.net

5°) – Dépendance hiérarchique

Il est évident que les formations métiers ou touchant au fonctionnement de l'entreprise sont celles qui devront avoir le plus d'efficacité et donc être suivies avec le plus d'attention. Il apparaît donc normal que les tuteurs soient choisis par les responsables opérationnels impliqués par ces formations.

La question du rattachement hiérarchique des tuteurs se pose. Quatre solutions sont envisageables :

– les tuteurs dépendent du responsable du service de formation,

– les tuteurs constituent une fonction spécifique organisée, dépendant de la direction générale et formant un département de e-learning,

– les tuteurs forment un corps de spécialistes attaché à une direction fonctionnelle,

– les tuteurs dépendent du responsable opérationnel du domaine concerné par la formation.

Dans la mesure où les formations sont assujetties à des objectifs d'amélioration de l'efficacité opérationnelle, il semble que la meilleure solution soit le rattachement au responsable opérationnel concerné. Ce dernier est (devrait être) le plus motivé par la réussite de la formation en ce sens que les objectifs de celle-ci ont un impact sur ses propres objectifs métier. Un séminaire d'accueil semble ne pas entrer dans la catégorie des formations à objectifs opérationnels. Cependant, si l'on précise les objectifs particuliers d'une telle formation, on peut dire que le but recherché est la création d'un sentiment d'appartenance à l'entreprise, une connaissance générale de l'organisation, une adhésion à ses valeurs, autant d'objectifs de nature sociale et comportementale qui justifient qu'un tuteur éventuel dépende du responsable des ressources humaines. De la même façon, une formation sur la conduite de projet informatique nécessitera un (ou des) tuteur(s) dont il est logique qu'il(s) dépende(nt) du responsable de la fonction informatique ; les objectifs de la formation étant, à l'évidence, attachés à la conformité, aux spécifications, à la qualité du logiciel, au respect des délais. Il n'y a pas d'exemple où l'on ne puisse trouver un rattachement du tuteur à un responsable d'une fonction de l'entreprise autre que la fonction formation, à partir de l'instant où les objectifs de la formation sont clairement énoncés. Si l'option de rattacher les tuteurs à une unique direction fonctionnelle est retenue, la direction la plus concernée par la mise en œuvre des meilleures pratiques est la direction de la qualité. Toutes les entreprises ne possèdent pas une telle direction, mais, lorsqu'elle existe, les objectifs d'amélioration des pratiques sont des objectifs spécifiques à cette direction. Ces types de rattachement inciteront d'ailleurs les responsables opérationnels à s'intéresser aux résultats obtenus de la formation. Cet intérêt sera un élément supplémentaire pour que l'apprenant soit motivé à parvenir au bout de sa formation et à ne pas s'arrêter en chemin. Chaque solution envisageable possède des avantages et des inconvénients :

– 1 - Le rattachement au département de formation assure la pleine disponibilité des tuteurs pour les apprenants, puisqu'ils remplissent une des missions de ce département. On peut penser également que les tuteurs auront une bonne connaissance des contenus pédagogiques pour avoir participé à leur conception. Par contre, étant déconnectés des préoccupations opérationnelles, les tuteurs risquent de manquer de l'expertise métier nécessaire pour conduire des groupes de pratiques. Ce manque d'expertise peut engendrer un problème de légitimité et de reconnaissance auprès des apprenants. Enfin, les objectifs du tuteur sont davantage attachés au suivi de chaque apprenant qu'à l'amélioration de l'efficacité opérationnelle de ce dernier, ce qui limite la responsabilité du tuteur dans le bon fonctionnement du système de e-learning.

– 2 - La création d'un département de e-learning assure la pleine disponibilité des tuteurs et la pleine conscience des objectifs par ces derniers. La connaissance des contenus pédagogiques est aussi assurée dans la mesure où le département e-learning est le principal acteur de la conception de ces contenus. Ce point donne une pleine légitimité aux tuteurs. Par contre, n'étant pas directement dépendant de l'opérationnel, le corps des tuteurs risque de ne pas s'investir suffisamment dans l'atteinte d'objectifs opérationnels. De plus, la création d'une fonction supplémentaire, suscitant obligatoirement des coûts administratifs, peut être une solution onéreuse.

– 3 - Le rattachement à la direction de la qualité clarifie les objectifs assignés aux tuteurs, puisque l'amélioration permanente de l'efficacité de l'entreprise est, par définition, un objectif de cette direction. Les inconvénients restent nombreux : l'appartenance à une direction fonctionnelle pose toujours un problème de légitimité auprès des opérationnels, la maîtrise des contenus pédagogiques n'est pas assurée et le tuteur peut se sentir investi d'une responsabilité limitée.

– 4 - L'appartenance à une direction opérationnelle assure au tuteur une bonne expertise du métier pratiqué par cette direction et, donc, une implication forte du tuteur pour que les objectifs opérationnels du e-learning soient atteints. La légitimité du tuteur est également assurée par sa bonne connaissance du contenu pédagogique. Le risque principal est une disponibilité insuffisante par souci de rentabilité recherchée par le responsable opérationnel qui affecte au tuteur des tâches supplémentaires.

La figure 5.3 résume les points forts et les points faibles des différentes solutions.

Figure 5.3 *Le rattachement hiérarchique du tuteur*

Type de rattachement des tuteurs	Points forts	Points faibles
Au département de formation	• Disponibilité assurée • Connaissance des contenus pédagogiques	• Risque de manque d'expertise métier • Manque de clarté des objectifs à atteindre • Manque de légitimité du tuteur • Responsabilité limitée
A la direction qualité	• Objectifs clairs	• Problème de légitimité (appartenance à une direction fonctionnelle) • Risque de non maîtrise des contenus pédagogiques • Responsabilité limitée
A un département de e-learning	• Disponibilité assurée • Objectifs clairs • Légitimité (le tuteur est un professionnel) • Connaissance des contenus	• Coût de la solution • Responsabilité limitée

Figure 5.3 *Le rattachement hiérarchique du tuteur*

Type de rattachement des tuteurs	Points forts	Points faibles
A un responsable opérationnel	• Expertise métier assurée • Objectifs clairs • Légitimité du tuteur • Connaissance des contenus pédagogique du domaine opérationnel concerné • Prise de responsabilité forte du tuteur	• Risque de manque de disponibilité

La figure 5.4 schématise quelques organigrammes possibles pour chacune de ces solutions.

Quel que soit le choix organisationnel fait, il s'en déduit les règles budgétaires internes. Si le tuteur dépend du service formation, son coût est intégré dans le budget de ce service, quitte à ce que le temps passé par le tuteur avec les apprenants soit refacturé au responsable hiérarchique dont dépend l'apprenant. Cette solution nécessite de relever précisément le temps passé par le tuteur avec chaque apprenant, ce qui n'est pas nécessairement facile. Si les tuteurs dépendent d'une fonction spécialisée, celle-ci a son propre budget et, comme ci-dessus, chaque tuteur facture le temps passé avec un apprenant au responsable opérationnel concerné. Enfin, si le tuteur dépend d'un responsable opérationnel, son coût de fonctionnement est compris dans le budget de ce responsable et n'a pas à être refacturé en interne, sauf si les apprenants d'un même groupe n'appartiennent pas au même service.

6°) – Le tutorat des tuteurs

Le rôle du tuteur est un élément fondamental du fonctionnement du e-learning. Il est donc indispensable que le management soit informé sur ce point. Actuellement, autant les systèmes informatisés de gestion du e-learning permettent un suivi efficace des activités des apprenants (voir chapitre 7 – page 199), autant ces outils ne proposent pratiquement rien pour le suivi des tuteurs. Devant cette situation, des solutions sont cependant possibles. La première consiste à créer le tutorat des tuteurs. Ce tutorat particulier instaure entre lui et les tuteurs le même type de rapport qu'entre un tuteur et un apprenant. Les compétences de ce « tuteur de tuteurs » (le coach des coachs) sont essentiellement celles d'animation de groupes, de communication, de gestion des hommes.

On peut envisager une formation de type e-learning spécifique pour les tuteurs. Les objectifs d'une telle formation seraient alors les suivants :
- comprendre le rôle et les responsabilités du tuteur dans l'environnement du e-learning,
- apprendre à communiquer de façon efficace avec les apprenants grâce à l'utilisation de nombreux outils de communication,
- acquérir le savoir-faire pour construire et accompagner une communauté d'apprenants,
- gérer les progrès des apprenants et évaluer leurs connaissances,
- assurer le rôle de tuteur avec efficacité et efficience.

Le tutorat d'une telle formation devra, lui aussi, construire et accompagner la communauté des tuteurs pour que celle-ci devienne une communauté de pratiques attachée à améliorer de façon continue les pratiques du tutorat en entreprise.

Certains fournisseurs de contenus et de services proposent une formation en ligne de ce type s'adressant aux futurs tuteurs avec prise en charge du tutorat des tuteurs (ex : Icus).

Figure 5.4 *Organisation de la fonction du tutorat*

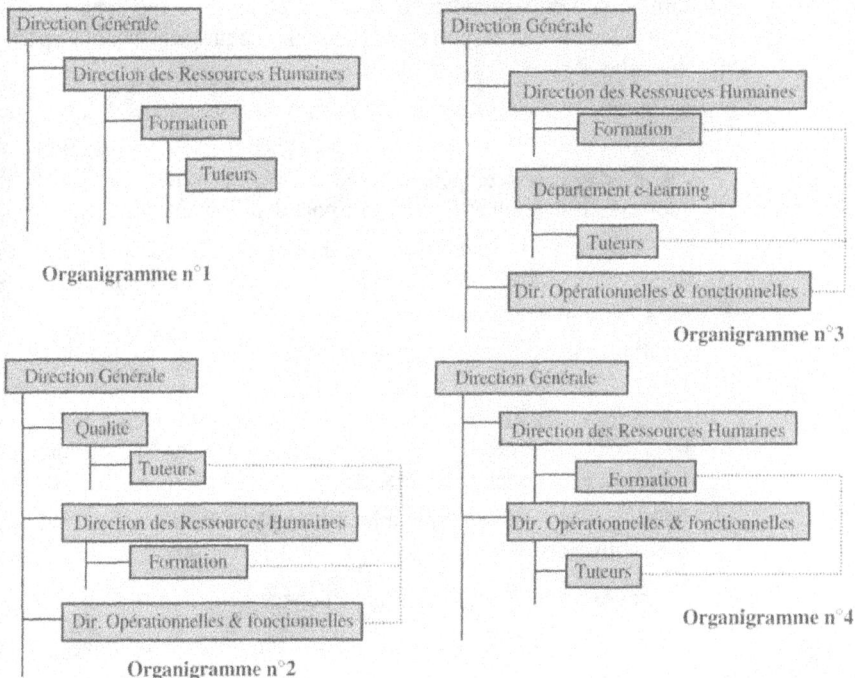

© Éditions d'Organisation

151

Le responsable hiérarchique de l'apprenant

Le e-learning est l'outil majeur dans la mise en œuvre d'une organisation apprenante. Et l'organisation apprenante a pour objectif de mettre en ligne, en permanence, les compétences avec la stratégie de l'entreprise. Cela donne toute son importance au e-learning et éclaire le lien qui le relie aux performances de celle-ci. Le contenu global de la formation contient un certain nombre de sujets en étroite relation avec les domaines opérationnels de l'entreprise. Les responsables de ces domaines ont un rôle et une responsabilité importants dans le fonctionnement du e-learning, c'est-à-dire depuis la définition des contenus jusqu'au suivi des résultats en passant par le choix des tuteurs.

La stratégie de l'entreprise s'est traduite par un certain nombre de plans opérationnels auxquels sont attachés des objectifs par métier. En particulier le modèle de compétences, dont nous avons parlé au chapitre 3 concernant la gestion des connaissances, définit les compétences dont chaque domaine opérationnel a (ou aura) besoin pour atteindre les objectifs du domaine. Le responsable concerné, après avoir fait l'état des lieux, définit qualitativement et quantitativement les compétences dont il a besoin et doit en déduire l'effort de formation à entreprendre pour faire évoluer les compétences existantes dont il a la responsabilité. Ainsi, chaque responsable opérationnel doit :

– décliner le modèle de compétence pour son propre domaine de responsabilité ;

– ayant défini les compétences nécessaires, quantifier ses besoins et comparer avec la situation existante pour définir un plan d'acquisition ;

– distinguer deux catégories de compétences à acquérir : celles qui doivent être embauchées à l'extérieur et celles qui peuvent être obtenues par la formation ;

– définir, en collaboration avec le responsable de la formation, les formations nécessaires ;

– rechercher les tuteurs possibles parmi les collaborateurs dont il a la responsabilité et déterminer, avec le responsable de la formation, la charge que représentera ce tutorat ;

– établir le type de reporting à mettre en place ainsi que le tableau de bord correspondant.

La figure 5.5 ci-dessous résume cet enchaînement de tâches.

Pour que les connaissances acquises soient mises en pratique, il faut deux conditions :

Figure 5.5 *Le processus du responsable opérationnel*

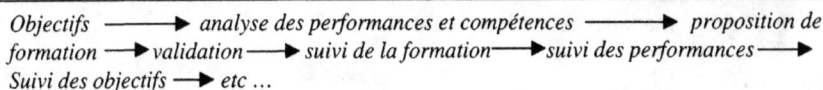

Objectifs ──────▶ *analyse des performances et compétences* ──────▶ *proposition de*
formation ──▶ *validation* ──▶ *suivi de la formation* ──▶ *suivi des performances* ──▶
Suivi des objectifs ──▶ *etc …*

– qu'elles correspondent aux besoins de l'apprenant pour exercer ses activités. Le responsable hiérarchique est le premier concerné par le contenu de la formation. Il doit être une force de proposition pour l'établissement des différents contenus. Il doit identifier, en coopération avec le responsable de la formation, les contenus pédagogiques utiles pour le développement des compétences nécessaires à l'atteinte de ses objectifs opérationnels. Il doit, également, valider en coopération avec des experts des domaines concernés, les contenus élaborés et proposés.

– que la mise en pratique ne soit pas déconnectée de l'apprentissage. Il faut organiser l'emploi du temps de l'apprenant, c'est-à-dire que le responsable hiérarchique permette à l'apprenant d'alterner les moments de formation et les moments de production. Il faut donc identifier, dans l'emploi du temps général du salarié les périodes où cette alternance n'altère pas les objectifs de production de la fonction.

Bien entendu, le supérieur hiérarchique doit surveiller l'évolution des performances de ses collaborateurs ayant suivi une formation. Pour cela, l'évaluation périodique de ceux-ci doit prendre en compte les formations suivies dans la période. Le tableau de bord à mettre en place doit faire ressortir un ratio du type : *Amélioration valorisée des performances/coût de la formation*. Ce suivi coût-bénéfice implique que ce responsable donne à ses collaborateurs la possibilité d'alterner formation et action. Il doit reconnaître le temps passé en formation comme un temps opérationnel. Aujourd'hui, dans bien des entreprises, le temps de formation est déduit du temps opérationnel pour calculer les taux réels d'activité et de rentabilité. C'est un état d'esprit qu'il faut changer. Le responsable opérationnel doit rencontrer ses subordonnés avant et après chaque formation, il doit les aider à intégrer les compétences acquises dans le travail opérationnel. Il doit faire du e-learning une part des activités journalières, encourager chacun à passer un peu de temps à son auto-formation. Il doit favoriser le partage des connaissances et, de ce fait, la création de communautés d'apprenants et de pratiques, en valorisant ceux qui pratiquent ce partage.

Ce responsable a également un responsable hiérarchique. Ce dernier doit mettre en place un suivi de l'implication dans la formation des responsables opérationnels dépendant de lui. Ce suivi est la marque de reconnaissance de l'importance de la formation. Le développement des collaborateurs doit faire partie de la description de poste des managers et de leur évaluation.

L'apprenant

L'apprenant est l'acteur essentiel de l'organisation apprenante, puisqu'il apprend et qu'il produit en fonction de ce qu'il a appris. L'entreprise a ainsi le devoir de lui fournir les conditions optimales de production et d'apprentissage. Le e-learning a, bien évidemment, des conséquences sur l'organisation du travail de l'apprenant. En formation traditionnelle à base de séminaires présentiels, l'organisation du temps est relativement facile : chaque séminaire est programmé indépendamment des contraintes spécifiques de l'apprenant et le suivi du séminaire par ce dernier n'est soumis qu'à la possibilité d'interrompre son travail pendant toute la période de la formation. C'est cette possibilité qui est, finalement, le facteur décisif de la participation au séminaire et qui explique que, la plupart du temps, la liste des inscrits est différente de la liste des participants.

Dans le cas du e-learning, l'apprenant doit prendre en charge sa formation d'une manière différente. Il devient responsable de son déroulement et il doit être attentif à la mise en pratique des connaissances qu'il a acquises. En effet, il doit utiliser de façon optimale les possibilités qu'offre le e-learning, en particulier la liberté de suivre un élément de formation au moment choisi, pour incorporer dans son travail des moments de formation à des instants adéquats. En tenant compte des objectifs de formation négociés avec son supérieur hiérarchique, soit au cours de son évaluation annuelle soit en cours d'année, il s'est inscrit à une formation correspondant à ces objectifs. La formation choisie est, globalement, rythmée par des travaux en groupe et/ou des séances en présentiel ayant comme objectif, comme il a déjà été évoqué, de coordonner l'avancement d'un même groupe d'apprenants et de susciter la création d'une communauté. Entre ces points de rencontre, il choisit lui-même l'alternance entre travail opérationnel et formation. En faisant l'hypothèse que la formation choisie est bien adaptée, chaque période de formation doit être choisie pour que les connaissances acquises soient, le plus immédiatement possible, mises en pratique. Cette mise en application des connaissances est le critère fondamental que l'apprenant doit prendre en compte. Ceci n'est pas nécessairement facile et le manager doit l'y aider. L'efficacité de cette aide est un facteur de succès pour le « manager » dans l'atteinte de ses propres objectifs en matière de formation de ses collaborateurs. Ainsi, les tâches essentielles de l'apprenant sont les suivantes :

- négocier sa formation avec son supérieur hiérarchique ;
- s'inscrire à la formation ;
- contacter son tuteur pour connaître les contraintes de la formation choisie et, en particulier, les groupes existants et les points de rencontre prévus ;
- passer les tests initiaux pour déterminer sa filière ;
- s'inscrire (ou se faire inscrire) dans un groupe correspondant à la filière ;
- suivre la formation en respectant les points de rencontre ;
- mettre en pratique les connaissances acquises ;
- partager avec le groupe les résultats de cette mise en pratique.

Il s'agit à présent de voir en détail chacune de ces tâches :

1°) – négocier la formation

Nous avons vu, comment le manager détermine les formations de ses collaborateurs en fonction de ses propres objectifs opérationnels. Chaque collaborateur est donc sollicité pour suivre une (ou plusieurs) formation(s) en fonction des impératifs opérationnels du service auquel il appartient. Le manager doit faire comprendre le lien existant entre la formation proposée et les objectifs opérationnels du collaborateur. Il faut obtenir l'accord sans réserve et l'intérêt de ce dernier pour la formation proposée, faute de quoi les résultats ne seront pas atteints. Nous avons souligné plusieurs fois que la motivation était un facteur clé de succès d'une formation en e-learning. Celle-ci commence par la conviction du collaborateur sur la nécessité de la formation proposée pour son propre bénéfice.

2°) – s'inscrire à la formation

Cette inscription se fait généralement à partir du poste de travail en accédant au portail du e-learning de l'entreprise. Cette inscription doit faire l'objet d'un accusé de réception et donner au futur inscrit des indications suffisantes sur la nature du cours, sa durée normale compte tenu des statistiques sur les suivis précédents d'autres apprenants, l'existence de groupes constitués et de séminaires complémentaires en présentiel, le(s) tuteur(s) potentiel(s), autant d'éléments importants pour que l'apprenant puisse organiser correctement son emploi du temps. Si l'entretien avec son manager a été bien conduit, l'inscription doit être comprise par l'apprenant comme un engagement. Engagement à aller jusqu'au bout de la formation (les abandons

sont encore nombreux), engagement à appliquer sur le plan opérationnel les connaissances acquises, engagement à partager avec
l'entreprise les résultats de cette application.

3°) – contacter le tuteur

Au moment de l'inscription, l'apprenant prend contact avec son
tuteur, soit directement, soit par l'intermédiaire des outils de communication mis à sa disposition. Ce contact initial doit permettre de clarifier les responsabilités réciproques de l'apprenant et du tuteur et des
engagements de l'un envers l'autre. Le tuteur lui indique le groupe
auquel il se trouve rattaché et les points de rencontre prévus, la nature
des travaux collectifs programmés.

Au cours de la formation, l'apprenant contacte son tuteur aussi
souvent qu'il en ressent le besoin, charge à ce dernier de répondre
dans les délais les plus brefs.

4°) – passer les tests initiaux

Toutes les formations ne sont pas précédées de tests initiaux. Pourtant, ils devraient être systématiques pour pouvoir servir de repère
dans l'évaluation de la progression de l'apprenant. En tout état de
cause, lorsqu'une formation est destinée à des populations de profils
différents, ces tests permettent à l'apprenant de connaître la filière
qu'il va suivre et, par conséquent, la nature du groupe auquel il va
être rattaché.

5°) – s'inscrire dans un groupe

Le contact initial avec le tuteur doit permettre à l'apprenant de
prendre conscience de l'importance du fonctionnement en communauté. L'apprenant a la responsabilité de se faire connaître des autres
membres du groupe auquel il est rattaché, et de maintenir cette relation. Le cours terminé, la mise en pratique des connaissances
acquises perdure au-delà de la formation. La poursuite des échanges
avec les membres du groupe est la base du fonctionnement d'une
communauté de pratiques. La responsabilité de l'apprenant est donc
forte dans la réussite du fonctionnement de ces groupes.

6°) – suivre la formation

Selon la nature du travail opérationnel, l'organisation du temps de
formation peut être plus ou moins facile. Si le travail est un travail
posté au sein d'un processus organisé, il peut être très difficile
d'arrêter l'exécution des tâches pour entreprendre le suivi d'un
module de formation. L'alternance formation-travail est plus facile

pour un travail de bureau que pour un travail en usine. Elle est plus aisée, généralement, pour un cadre ou un employé que pour un ouvrier. Pourtant, l'enjeu est là : la mise en application immédiate des connaissances acquises dans l'exécution des tâches opérationnelles. La solution peut être d'isoler des périodes courtes mais rapprochées, consacrées uniquement à la formation. Un cadre a généralement une grande liberté d'organisation de son emploi du temps, et il peut plus facilement alterner formation et travail. Un ouvrier a un emploi du temps organisé par un autre que lui. Ce dernier doit donc avoir reçu les instructions nécessaires pour qu'un certain pourcentage du temps soit consacré à la formation. Le e-learning ne doit pas être un type de formation élitiste. Les meilleures pratiques commencent au plus près de l'opérationnel et « remontent » toute la chaîne de valeur des processus de l'entreprise. Tous les niveaux de management sont donc concernés par l'organisation de la formation de leurs collaborateurs. La contrepartie demandée à l'apprenant est l'engagement d'un suivi complet de la formation proposée (ou demandée) et la participation active aux activités des communautés d'apprenants.

Figure 5.6 *Planning type de l'apprenant*

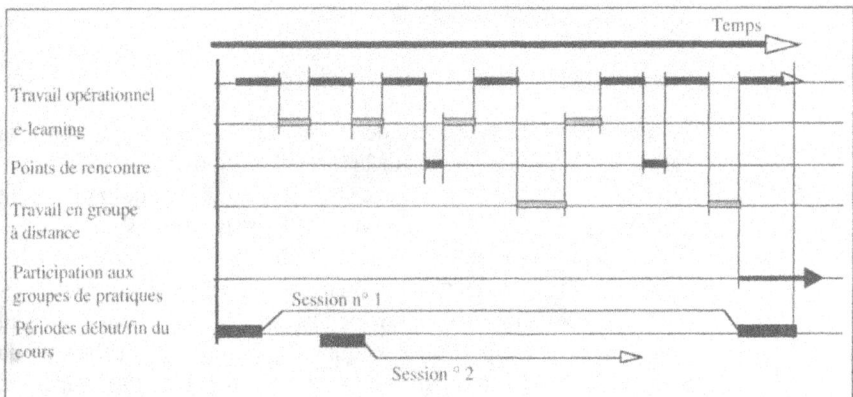

En plus de l'organisation du temps, peuvent se poser des problèmes plus matériels. Comment, par exemple, l'apprenant peut-il bénéficier d'un environnement suffisamment calme pour apprendre ? Cette question se pose lorsque l'espace de travail est « paysagé ». Dans un tel cas, une solution satisfaisante consiste à organiser sur le plateau de travail, un espace réservé à la formation.

7°) – mettre en pratique les connaissances

L'enjeu essentiel du e-learning est de faire évoluer les compétences pour qu'elles soient adaptées aux tâches opérationnelles et qu'elles permettent d'améliorer, dans un processus continu, les pratiques de l'entreprise. Ceci implique que la mise en pratique des connaissances acquises soit effective et suivie. Pour qu'elle soit effective, il faut que les tâches opérationnelles permettent leur mise en application. Cela sera le cas si la formation a été décidée en fonction des objectifs, comme évoqué. Pour qu'elle soit suivie, il faut qu'un système de compte-rendu soit mis en place. Nous y reviendrons.

8°) – partager l'expérience de mise en pratique

La création de communautés de pratiques demande la création préalable des communautés d'apprenants. Cette création n'est pas spontanée. Elle doit être suscitée et organisée. L'apprenant a la responsabilité de participer à ce partage et son responsable doit s'en assurer. Il ne s'agit pas de décrire le fonctionnement d'une direction de la Qualité, mais une des missions de cette fonction est d'identifier et de diffuser les meilleures pratiques. Il y a donc à organiser les relations et échanges entre les communautés de pratiques, la fonction de gestion des connaissances et la direction de la qualité. L'apprenant a la responsabilité de respecter ces règles de fonctionnement.

Le responsable de la formation

La réalisation du catalogue des formations d'entreprise est de la responsabilité de la fonction de la formation. Nous avons vu que le e-learning est centré, de préférence, sur les formations qui améliorent l'efficacité opérationnelle des acteurs. Il est donc indispensable, en fonction du rôle du responsable hiérarchique de l'apprenant, que ce catalogue soit conçu en collaboration avec les responsables opérationnels. Cette collaboration ne sera acquise que si ces responsables sont convaincus de l'apport du e-learning pour améliorer l'efficacité de leur service ou département et pour atteindre les objectifs qui leur ont été fixés. Dans cette relation, le modèle de compétences est la référence permettant de trouver un consensus pour construire le plan de formation et développer les formations. S'il existe une comptabilité analytique interne, la mise au point du catalogue avec chaque responsable opérationnel concerné, permet au responsable de la formation de répartir ses dépenses de réalisation des contenus pédagogiques.

Organiser la réalisation des contenus pédagogiques est la tâche principale du responsable de la formation. L'organisation d'un projet de e-learning sera détaillée au chapitre 6. Nous dirons seulement ici que, de même que la collaboration du responsable hiérarchique est nécessaire pour l'élaboration du catalogue de formation, de même cette collaboration est nécessaire pour identifier les experts ou spécialistes chargés de concevoir le cours. Le e-learning présente des spécificités dont il faut tenir compte dans la conception et la réalisation de contenus pédagogiques. Il se pose alors une question d'organisation importante : où se trouve cette compétence particulière consistant à faire les choix spécifiques relevant du e-learning et comment est-elle organisée :

– découpage en modules d'un contenu théorique,

– articulation (architecture) des modules en fonction de tests à concevoir,

– constitution des filières,

– choix des médias,

– etc...

Tous ces aspects particuliers ont été décrits au chapitre 4. Le chapitre 6 précisera les compétences nécessaires pour mener à bien un projet de e-learning. Mais il faut décider de l'organisation de ces compétences. Une solution consiste à créer un service particulier au sein de la fonction Formation, faisant appel aux compétences informatiques nécessaires au moment opportun. Une autre solution est de faire appel à des intégrateurs qui proposent des solutions clé en main. La figure 2.8 du chapitre 2 fournit les acteurs susceptibles d'offrir ce service. Il appartient, dans ce cas, au responsable de la formation, d'organiser l'appel d'offre. L'appel à la sous-traitance peut s'avérer une bonne solution lorsque l'entreprise n'a pas d'expérience suffisante en matière de e-learning. C'est souvent le cas pour le premier projet de ce type. Les intégrateurs sont les partenaires privilégiés de telles sous-traitances. Mais, en tout état de cause, l'expertise nécessaire à la conception du contenu pédagogique se trouve au sein de l'entreprise. Sa mobilisation passe par un consensus avec les responsables opérationnels. Une véritable culture e-learning d'entreprise facilite cette mobilisation.

La réalisation d'un programme de e-learning fait appel aux techniques informatiques. La coopération avec le responsable informatique est donc nécessaire pour définir l'infrastructure et l'équipement des apprenants. Elle est aussi nécessaire pour la réalisation du contenu, c'est-à-dire pour élaborer les pages HTML (ou XML) et organiser le fonctionnement du serveur. Concernant ce dernier point, il est également possible que le service formation possède les compétences pour cette réalisation. Cela ne peut s'envisager que s'il existe une véritable politique d'entreprise concernant le développement du e-learning et prévoyant un nombre suffisant de projets pour justifier un tel investissement. Cette solution permet au service de formation de ne pas être tributaire du calendrier du service informatique.

Le responsable informatique

Le responsable de l'informatique doit s'organiser en fonction des missions qui lui sont confiées dans le cadre du programme de e-learning. Cette mission peut aller de la simple mise en œuvre d'une infrastructure correctement dimensionnée jusqu'à la réalisation des écrans d'apprentissage et leur intégration dans le serveur de e-learning. Les options d'organisation existantes sont soit d'intégrer les compétences nécessaires, soit de trouver des alliances externes parmi les acteurs du marché (voir figure 2.8).

Sa première tâche est d'intégrer dans l'architecture du système d'information de l'entreprise le serveur du e-learning (le système de gestion ou LMS : Learning Management System). Le réseau Intranet de l'entreprise doit permettre la connexion au système d'un nombre suffisant d'apprenants simultanés. De plus, les cours de e-learning prévoient des liens avec d'autres sites internes ou externes pour donner accès aux apprenants à des informations supplémentaires. Il doit organiser la maintenance du système et l'aide en ligne (voir page 167).

Enfin, il doit définir l'équipement informatique des apprenants (modem, logiciels de navigation, logiciels de base, ...) pour que ceux-ci puissent mettre en œuvre toutes les fonctionnalités prévues dans les cours de e-learning.

Le responsable du SI éducatif

La formation dépend généralement et logiquement du responsable des ressources humaines. Il est donc logique que le système de e-learning dépende d'une certaine façon de cette direction. Il peut donc exister, au sein de cette direction, un administrateur du système de e-learning. Cet acteur disposera d'un outil spécifique de cette gestion : la plate-forme de gestion du e-learning (LMS : Learning Management System). Voir, au chapitre 7 les fonctionnalités principales de ces systèmes. En dehors de la dépendance hiérarchique, il demeure une dépendance fonctionnelle par le jeu de la gestion des compétences. La direction des ressources humaines est responsable de la gestion des compétences au sein de l'entreprise. Elle a la charge de la mise en œuvre du modèle de compétences et de l'évaluation de ces dernières. Le système de e-learning ayant pour objectif l'évolution des compétences existantes, toute formation doit se terminer par l'évaluation des connaissances et des compétences acquises. Le système d'évaluation doit être conçu et mis en place par la direction des ressources humaines qui rend compte à la direction générale de la réalisation des objectifs en matière d'acquisition de compétences. Ce système fait partie intégrante du système informatique de gestion des ressources humaines (SIRH). Généralement, la direction des ressources humaines a un correspondant informatique dans son organisation dont le rôle est d'assurer les relations de tous types avec la direction informatique. Ce correspondant prend en charge la définition et la conception du système d'évaluation des compétences et est le maître d'ouvrage du projet de réalisation correspondant. Il participera au choix du fournisseur de la plate-forme de gestion du système de e-learning.

ECHANGES ENTRE LES ACTEURS DU E-LEARNING

▶ Comme tout processus d'entreprise, le e-learning impose la mise en place d'un reporting

La figure 5.7 ci-après représente les principales relations existant entre les acteurs de la formation. Ces relations permettent de souligner les responsabilités de chacun d'eux et de comprendre en quoi le bon fonctionnement de la formation demande la participation de nombreux acteurs.

C'est à partir du modèle de compétences établi par le management de l'entreprise que le responsable de la formation, en accord avec le management opérationnel, établit le catalogue des formations. Le management précise aux apprenants potentiels et aux tuteurs pressentis les objectifs des formations, permettant aux premiers de connaître ce qui est attendu d'eux et aux tuteurs ce qui leur permettra d'orienter leurs évaluations. Après avoir identifié les experts, le responsable de la formation leur transmet le cahier des charges des formations à concevoir. Ceux-ci fournissent aux réalisateurs le contenu des modules, validé par le management, et leur architecture. D'après les choix faits en matière de média, l'informatique détermine l'infrastructure nécessaire ou s'assure que celle existante est compatible avec les exigences de bon fonctionnement des projets de e-learning. Les modules étant réalisés et intégrés dans la plate-forme, leur mode d'emploi est fourni aux apprenants et aux tuteurs. Après réalisation de la formation, les apprenants font une évaluation de la formation à destination de leur management et les tuteurs donnent leur appréciation sur l'obtention réelle ou non des compétences recherchées. Ce compte-rendu boucle l'ensemble des relations entre acteurs et permet au management d'ajuster le modèle de compétences.

Figure 5.7 *Relations entre les acteurs de la formation*

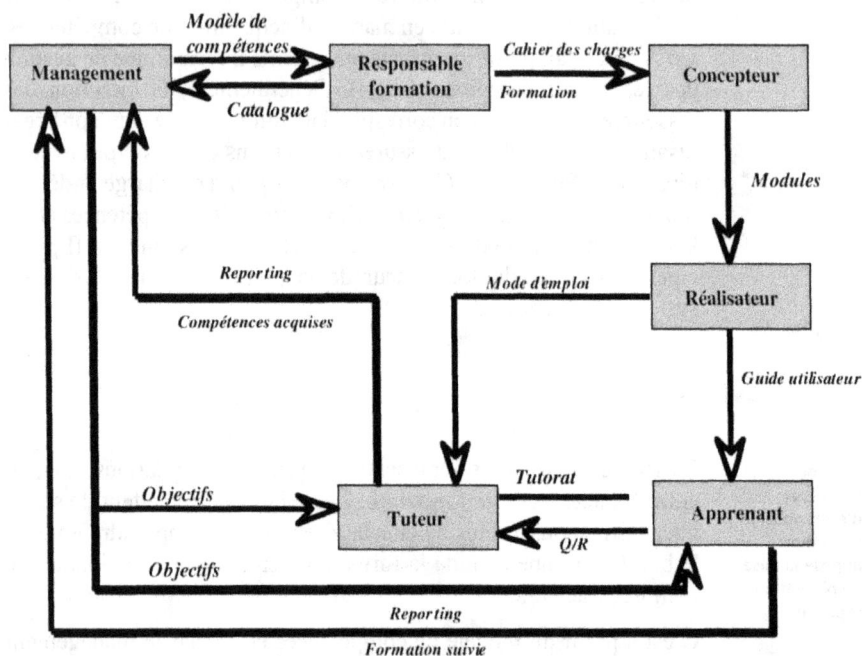

ORGANISATION DE LA GESTION DES CONNAISSANCES

▶ Le système de gestion des connaissances ne fonctionne que s'il est correctement organisé

Le responsable du système de gestion des connaissances

Cet acteur a la charge d'un certain nombre de processus :

– processus d'acquisition de connaissances,

– processus de choix et de synthèse,

– processus d'organisation de la mémorisation des connaissances.

Le fonctionnement du processus d'acquisition demande de maîtriser les relations avec les experts et les opérationnels de l'entreprise. Il faut instaurer une relation de confiance, indispensable à la création d'une culture d'entreprise apprenante. La source principale de connaissances est l'activité opérationnelle. Elle crée l'expérience et l'expertise. L'organisation du processus d'acquisition doit donc préciser comment l'expérience opérationnelle est communiquée au système de gestion des connaissances. Par exemple, tout rapport, tout document doit lui être adressé. Ces rapports sont de natures très diverses et sont issus de toutes les fonctions de l'entreprise, recherche et développement (nouveau produit), marketing (étude de marché), commercial (proposition et réponse à appel d'offre), conception (description de produit), production (rapport de fabrication), logistique et expéditions, service après-vente, etc... Le résultat du travail des groupes de pratiques doit également être communiqué à la gestion des connaissances. Ce travail permet d'identifier ce qui doit venir enrichir le corps de pratiques de l'entreprise.

Le processus d'acquisition est complété par un processus de choix et de synthèse. Toute information n'est pas destinée à enrichir la base de connaissances. Seules les informations pertinentes en fonction des objectifs de la fonction sont à retenir. De plus, elles doivent être utilisables par tous. Cela impose donc un travail de représentation qui nécessite, la plupart du temps, une reformulation des informations. Avant d'être mémorisées, les informations doivent être analysées pour apprécier leur pertinence et estimer leur durée de vie. Celle-ci peut aller d'un jour à plusieurs années. Un système d'alerte doit être mis en place pour que les informations arrivant au terme de leur durée de vie et en passe de devenir obsolètes, soient signalées au responsable de la base des connaissances. Ainsi donc, pour que la gestion des connaissances fonctionne correctement, elle doit posséder les compétences nécessaires à ce choix et cette synthèse des informations destinées à la base de connaissances. Ces compétences peuvent, soit dépendre directement de la fonction, soit être localisées dans d'autres fonctions de l'entreprise. Dans le premier cas, le travail de choix et de synthèse doit être validé par les experts des domaines concernés. Dans le second cas, le travail lui-même est effectué par les experts... lorsqu'ils en ont le temps.

La fonction de gestion des connaissances doit posséder l'expertise nécessaire à la gestion de la (des) base(s) de données. La fonction d'administrateur de la base (Data Base Administrator : DBA) doit donc être créée au sein de la gestion des connaissances. Pour que cette base soit ouverte aux utilisateurs de l'entreprise il faut également prévoir une aide en ligne pour apporter le soutien demandé par ces derniers lors d'incidents de fonctionnement.

L'ensemble des procédures de fonctionnement de la gestion des connaissances doit être communiqué à toute l'entreprise. Pour cela, ces procédures doivent être documentées. La forme la plus simple est le diagramme de procédure, tel qu'indiqué en exemple sur la figure 5.8. De tels diagrammes trouvent leur place naturelle dans le manuel de qualité de l'entreprise, lorsque celui-ci existe. La réalisation et la maintenance de ce manuel relève de la responsabilité de la direction de la qualité.

Une mise à jour de la base des connaissances peut avoir une influence sur le contenu de certains modules de formation de e-learning. La procédure doit donc prévoir l'information du service formation pour une modification éventuelle des contenus des modules concernés.

Figure 5.8 *Exemple de diagramme de procédure*

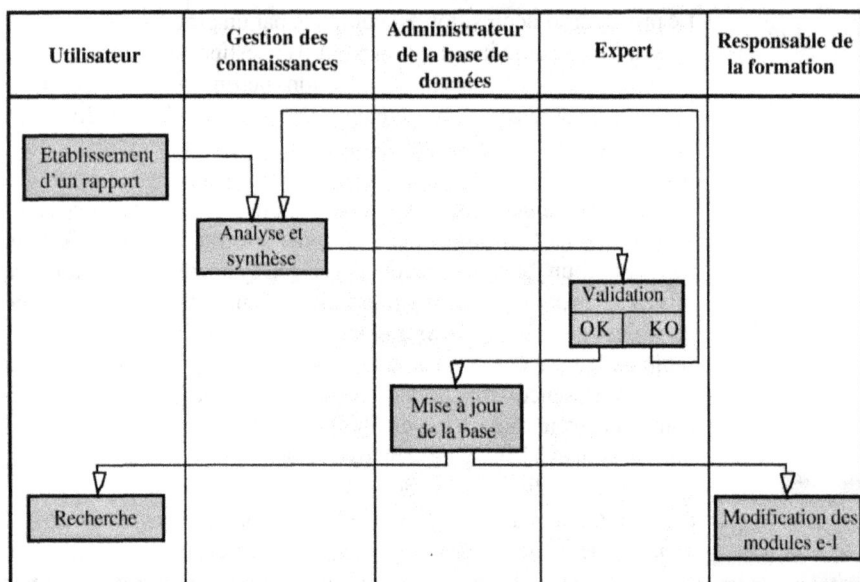

Les opérationnels

Les opérationnels doivent savoir que le résultat de leur travail peut servir à l'enrichissement de la base de connaissances, à certaines conditions. Tout résultat n'est pas destiné à intégrer le patrimoine de connaissances de l'entreprise. Il faut donc qu'une procédure définisse les types d'information qui sont concernées, ainsi que la forme de présentation à respecter. Un rapport d'incident de fabrication, une proposition commerciale, un rapport de contrôle qualité sont des exemples d'informations qui peuvent enrichir la base de connaissances. Il faut donc que les opérationnels, auteurs de ces documents, sachent que ceux-ci sont concernés et qu'ils respectent la forme prévue pour permettre leur incorporation dans la base. Etant la source principale des informations, les opérationnels doivent être incités à apporter leur contribution au système de gestion des connaissances. Le type de gratifications à accorder dépend de la culture de l'entreprise et de ses règles de fonctionnement.

COMMUNAUTÉS D'APPRENTISSAGE ET COMMUNAUTÉS DE PRATIQUES

▶ **La pratique du e-learning en communauté garantit l'efficacité du système**

Les communautés d'apprentissage ont pour objectifs de permettre la réalisation de travaux en groupe, de ne pas laisser l'apprenant seul en face de son outil de formation pour éviter l'abandon et susciter des échanges sur le contenu de la formation. L'organisation de ces groupes dépend de leur constitution : des apprenants partageant la même formation et participant aux mêmes points de rencontre. Ces derniers cadencent l'avancement de l'apprentissage et le tuteur doit veiller au synchronisme nécessaire à ces points de rencontre. Ceci impose que les cours débutent et se terminent à certaines dates fixées d'avance, avec un degré de variabilité plus ou moins grand, définissant une période à l'intérieur de laquelle sont positionnées les dates fixes des points de rencontre. Les responsables hiérarchiques doivent accepter l'évolution de la notion d'emploi du temps des salariés afin que le e-learning individuel et collectif trouve sa place au sein des tâches opérationnelles et permette de mettre en œuvre le principe « j'apprends, j'applique ».

Les communautés de pratiques sont, en principe, l'aboutissement normal des communautés d'apprenants, bien que des groupes de ce type puissent être constitués de façon ad'hoc. L'entreprise doit s'organiser pour que les travaux de ces groupes soient validés et valorisés. Normalement, ces travaux portent sur les procédures de fonctionnement de l'entreprise (administration, processus de production, gestion des ressources humaines, qualité, etc...) et les techniques utilisées (fabrication, recherche, commercial, etc...). Ces communautés peuvent se construire autour d'une discipline, d'un projet particulier, d'un process ou d'un produit. Ainsi, normalement, toutes les fonctions de l'entreprise, ayant la responsabilité de la mise en œuvre des procédures et/ou des techniques relevant des activités qu'elles exercent, sont concernées par le fonctionnement des communautés de pratiques. Les responsables de ces fonctions doivent valider les propositions et résultats des travaux des groupes de pratiques avant de transférer ces propositions dans la base de connaissances de l'entreprise pour une diffusion générale. Ils doivent également trouver les moyens de valoriser ces travaux afin que les communautés de pratiques trouvent la motivation nécessaire pour perdurer. L'implication des utilisateurs du système de gestion des connaissances dans la création de son contenu est un des moyens d'obtenir leur motivation. De même que les communautés d'apprenants ont un animateur-facilitateur dans la personne du tuteur, il est nécessaire d'animer le fonctionnement des communautés de pratiques. Le tuteur peut être cet animateur s'il connaît suffisamment bien les activités concernées par les réflexions du groupe. Ceci penche en faveur de la solution de rattachement du tuteur au responsable opérationnel concerné.

COMMUNICATIONS AVEC D'AUTRES SOURCES D'INFORMATIONS

▶ Le e-learning est un système ouvert sur son environnement

Compte-tenu de la forte complémentarité entre le système de gestion des connaissances et le système de e-learning, il est normal que des liens existent entre ces deux systèmes au sein de l'entreprise. En conséquence, les modules de formation en ligne comporteront des liens renvoyant aux informations des bases de données de l'entreprise. L'existence de ces connexions doit être connue du service informatique afin qu'elles soient opérationnelles. Les bases de données d'entreprises ne sont généralement pas des serveurs de pages HTML. Il faut donc mettre en place un serveur interface qui permette l'accès depuis le navigateur du poste d'utilisateur vers ces bases. Cela signifie que le service informatique doit être associé au projet de e-learning afin que l'architecture informatique fournisse les services nécessaires au fonctionnement correct des outils de formation. Par exemple, si ceux-ci renvoient vers des sites Web, il faut que les ordinateurs des utilisateurs puissent se connecter à Internet.

Les liens vers des sources d'information internes ou externes supposent qu'au moment de la conception des modules, l'existence et la pertinence des contenus soit connues du (des) concepteur(s) des modules de formation. De plus, le contenu de ces bases est variable dans le temps. Par exemple, le contenu de la base de connaissances est, par définition, enrichi de façon continue par les opérationnels. Il faut donc que le responsable de la formation d'entreprise s'organise pour faire évoluer les liens utilisés par les modules de e-learning pour que ceux-ci restent pertinents. La maintenance des outils de formation est donc une activité continue. Toute opération de modification des liens utilisés par les modules doit être validée par le(s) expert(s) ayant participé à la conception de ces derniers.

Ces considérations montrent qu'il faut organiser une coordination permanente entre le service de formation, le responsable de la gestion des connaissances et le service informatique pour que la pertinence système de e-learning perdure. Cette coordination peut se réaliser soit au coup par coup, chaque fois qu'une modification est envisagée dans un (ou plusieurs) module(s) de e-learning, soit dans le contenu de la base de connaissances, soit encore dans l'architecture informatique générale. Elle peut aussi fonctionner par des réunions périodiques et systématiques. Si une direction de la qualité existe dans l'entreprise, celle-ci est bien placée pour organiser cette coordination.

LA MAINTENANCE DU SYSTÈME DE E-LEARNING

▶ Une maintenance efficace garantit la longévité du système et pérennise les investissements

Comme tout système d'entreprise, le e-learning est un système vivant qui doit évoluer en même temps que l'entreprise et son environnement. Les évolutions peuvent être :

– des modifications du contenu des modules et des grains pédagogiques,

– des modifications des liens vers les sources d'information complémentaires,

– des modifications des tests automatiques,

– des modifications de l'architecture des modules et/ou des créations de nouvelles filières,

– des ajouts de modules complémentaires,

– des ajouts de thèmes de formation,

– des modifications de l'interface homme-machine,

– etc...

Les acteurs impliqués dans la conception peuvent donc être appelés à modifier ou compléter leur travail antérieur, en particulier les concepteurs et les experts. Ceux-ci appartenant à un service opérationnel ou fonctionnel de l'entreprise, ces interventions ne seront possibles qu'avec l'assentiment de leurs supérieurs hiérarchiques, ce qui peut présenter quelques difficultés. C'est pourquoi, lors de l'établissement des budgets et des prévisions, il est souhaitable de prévoir que les acteurs impliqués dans le e-learning consacrent un pourcentage négocié de leur temps à la maintenance du système. L'expérience et les statistiques doivent permettre d'affiner ce pourcentage avec le temps.

Le système informatique général de l'entreprise nécessite une maintenance permanente pour éviter qu'une défaillance ait des conséquences graves pour le fonctionnement de l'entreprise. Il en est de même pour le système de e-learning. De plus, un des avantages de ce système est de permettre à l'utilisateur de s'en servir à n'importe quel moment. Cela veut dire que le système de e-learning a une disponibilité de 24 h/24 et de 7 jours/7. Il faut donc mettre en place un service de maintenance et d'astreinte qui permette cette disponibilité permanente. C'est une contrainte forte qui peut inciter l'entreprise à sous-traiter (*outsourcing*) plus ou moins complètement son système de e-learning.

CHAPITRE 6

Réussir un projet
de e-learning

La chance sourit aux seuls esprits qui y sont préparés.

Pasteur.

LES SITUATIONS TYPES FACE AU E-LEARNING

► **Diagnostiquer la situation de départ avant de prendre une décision**

La mise en place d'une organisation apprenante demande que soit réuni un certain nombre de conditions essentielles, en l'absence desquelles le but recherché ne sera pas atteint. Dans un certain nombre de cas, on aboutira à un résultat, mais celui-ci sera très différent des attentes originelles et le e-learning sera utilisé plus comme une curiosité que comme un levier essentiel du fonctionnement d'une organisation apprenante.

On peut distinguer quatre types de situations différentes selon l'ambition de l'entreprise dans ce domaine :

Situation n° 1 : Stratégie et projets – L'entreprise a une véritable stratégie en matière de e-learning et elle a identifié au moins un projet de mise en œuvre de cette pratique. Avoir une stratégie e-learning veut dire que le management de l'entreprise a construit une vision de ce que doit être la gestion des connaissances et les grandes lignes d'une mise en œuvre. Les choix structurants en matière d'organisation, de techniques, sont faits ou sur le point d'être formalisés. La mise en œuvre est traduite en une planification de projets opérationnels et la décision est prise de lancer le premier projet de e-learning

Figure 6.1 *Les situations types*

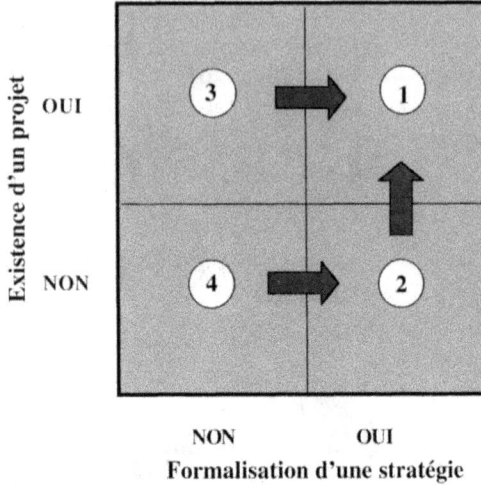

NON   OUI

Formalisation d'une stratégie

(ou l'un d'entre eux). Cette situation est la plus favorable. La mobilisation autour du projet est faite, la volonté d'aboutir est affirmée, le choix de l'expérience est formulé. La mise en place d'une organisation apprenante étant un facteur clé de succès de la capacité d'une entreprise à s'adapter aux modifications de son environnement et à la globalisation de ses marchés d'une part, et la gestion des connaissances étant le moteur de cette organisation d'autre part, la situation décrite ici devrait être la plus courante. Ce n'est malheureusement pas le cas et les situations décrites ci-après se rencontrent fréquemment.

Un certain nombre de signes montrent qu'une stratégie existe. Par exemple, la hiérarchie est directement responsable de la formation des collaborateurs et la performance des managers tient compte de leur degré d'engagement et de réussite dans cette activité. L'intégration de l'apprentissage dans l'activité opérationnelle est également significative ainsi que l'encouragement et l'organisation des partages d'expériences. Ce partage d'expériences est la pierre angulaire de la réalité d'une organisation apprenante. Il n'y a pas d'organisation apprenante qui ne soit d'abord une organisation « enseignante ».

Situation n° 2 : Stratégie sans projet – La volonté stratégique existe mais le choix d'un projet e-learning n'est pas fait. Cette situation peut être simplement un stade préalable à la situation précédente. Dans ce cas, l'évolution dans le temps devrait amener rapidement l'entreprise à prendre la décision de lancement d'un projet. Mais il peut s'agir aussi d'une hésitation sur le choix du meilleur projet et d'une incertitude persistante sur l'opportunité de l'utilisation des méthodes et techniques du e-learning. Après tout, l'apprentissage traditionnel peut avoir fourni de bons résultats et le changement de méthodes peut être vu comme un risque. Dans une telle situation, le choix du projet est critique. Il doit présenter les caractéristiques suivantes :

1 – être suffisamment simple pour pouvoir être mis en œuvre rapidement ;

2 – être démonstratif des capacités du e-learning à transmettre efficacement des connaissances ;

3 – permettre la mise en place de possibilités d'interactions entre les utilisateurs et les tuteurs ;

4 – être ciblé sur une population qui, par ses besoins d'apprentissage, se trouve être particulièrement adaptée ;

5 – être susceptible d'une communication au niveau de l'entreprise.

En d'autres termes, ce premier projet doit conforter, avec le minimum de risques, le management dans sa stratégie de gestion des connaissances et dans son choix des méthodes et techniques du e-learning. En particulier, l'organisation du tutorat ne doit pas être négligée, une partie du succès relevant de l'efficacité de cette disposition.

Situation n° 3 : Un projet pour voir – Sans avoir de véritable stratégie de gestion des connaissances, l'entreprise a fait le choix d'un projet de e-learning. Il s'agit, la plupart du temps, pour l'entreprise d'une expérience lui permettant de tester les possibilités qu'offre le e-learning ainsi que le niveau d'acceptation des collaborateurs de l'entreprise pour ce nouvel outil. Il est parfois délicat de combiner un test portant sur les techniques avec un test portant sur la résistance au changement. Investir de façon conséquente dans la technique (serveurs HTML et XML, réseaux Intranet et Internet, e-mail, « chatting », webcam, …) pour aboutir à un rejet par les utilisateurs, peut s'avérer une expérience coûteuse et difficile. Dans une telle situation, c'est souvent le service formation ou l'université de l'entreprise qui est à l'origine de l'initiative. Voulant moderniser l'organisation traditionnelle de la formation, fonctionnant la plupart du temps sous forme de séminaires résidentiels, cherchant à élargir la population touchée par la formation, les responsables de la formation tentent une expérience de e-learning. Ils sont guidés par le désir de ne pas laisser passer le train du progrès et de faire évoluer leurs pratiques. Leur problème est alors, généralement, de choisir un projet qui soit à la fois démonstratif, pour eux-mêmes, des avantages de la formule et plébiscité par la population touchée par ce projet. Faut-il choisir un projet se rapprochant davantage de la communication d'entreprise et touchant une large cible d'utilisateurs ou faut-il s'orienter vers un sujet plus spécifique et plus technique touchant une population plus restreinte ? Le meilleur projet sera celui qui met en œuvre de la façon la plus efficace et la plus démonstrative les possibilités d'interaction entre participants et avec les tuteurs. L'utilisation de techniques vidéo ou d'animations graphiques, pour intéressantes qu'elles soient lorsqu'elles sont utilisées avec discernement au sein d'un produit pour lequel elles se justifient, sont moins significatives des changements de procédés qu'apporte le e-learning que tous les moyens d'interactions synchrones et asynchrones.

Il ne faut pas oublier que, souvent, les meilleurs projets lancés avec les meilleures intentions du monde n'ont finalement que peu d'impact et sont regardés comme des expériences sans lendemain, non généralisables à l'ensemble de l'entreprise. Le véritable problème se situe alors au niveau de la culture d'entreprise. En fait, le projet ne doit pas servir à démontrer que le e-learning est acceptable par la culture actuelle de l'entreprise, mais doit servir à faire évoluer cette culture pour insérer le e-learning au sein même des activités de production et transformer ainsi le fonctionnement de l'organisation.

Le choix judicieux du projet apportera alors la preuve de l'efficacité du e-learning, de son degré d'acceptation par les utilisateurs et cette situation sera le déclencheur d'une véritable réflexion stratégique sur la gestion des connaissances dans l'entreprise et sa transformation en organisation apprenante.

Situation n° 4 : Comment faire pour ne rien faire – Cette situation prévaut lorsqu'un service de l'entreprise (la formation ou un service opérationnel) entame une réflexion sur l'art et la manière d'utiliser les techniques de communication et d'interaction d'Internet pour faire connaître leurs produits ou procédés, ou, tout simplement pour ne pas être taxés d'avoir une guerre de retard sur l'utilisation des techniques modernes. Dans le meilleur des cas, il ne s'agit pas d'un projet de gestion des connaissances, mais plutôt d'apporter un service nouveau, à base de communication et d'informations, à un public particulier. Dans une telle situation, il n'est pas du tout certain que le e-learning soit une réponse appropriée. Il ne peut l'être que si le projet est replacé dans une perspective plus large de gestion des connaissances où il devient une pièce parmi d'autres, formant un ensemble cohérent de formation, de partages d'expériences. Dans le pire des cas, cette situation est révélatrice d'un état d'esprit où l'on recherche les meilleures raisons pour ne pas tenter l'expérience. Dans ce cas, tous les projets seront jugés inadaptés ou trop risqués.

Là encore, il est nécessaire que le niveau de réflexion change et passe à celui du management de l'entreprise. L'élaboration d'une véritable stratégie d'amélioration des performances, grâce aux méthodes et techniques du e-learning, est le préalable à tout développement.

STRATÉGIE ET TACTIQUES DE MISE EN ŒUVRE DU E-LEARNING

► **Une bonne stratégie ne doit pas être compromise par des erreurs tactiques simples à éviter**

La stratégie gagnante

Définir une stratégie en matière de e-learning signifie d'abord que l'on considère cette activité comme fondamentale pour la compétitivité et la productivité de l'entreprise. Réduire le e-learning à une simple formation continue des salariés, se contenter de satisfaire des exigences légales en la matière lorsqu'elles existent, ne peut permettre de construire une véritable stratégie. Cette dernière doit placer les connaissances et les expertises au cœur de ses réflexions sur l'amélioration des performances. Il est classique de dire que les organisations sont aujourd'hui placées devant le challenge d'une adaptation aussi rapide que les évolutions environnementales. Le marché, la globalisation, l'innovation, la réglementation ou la déréglementation sont autant de variables qui évoluent en permanence et qui ont nécessairement un effet sur le positionnement concurrentiel de l'entreprise. Devant ces changements, les savoir-faire de l'organisation doivent s'adapter, se modifier, s'enrichir. La stratégie d'entreprise doit donc définir la place de ces savoir-faire et leurs contenus dans la bataille concurrentielle. Il faut construire une véritable vision de l'entreprise qui décrivent non seulement l'évolution de ses produits et services, les changements organisationnels assurant la meilleure efficacité des processus de production, les investissements industriels et humains à prévoir ; il faut également préciser la place de l'adaptation des compétences dans le processus de changement. Il faut, ainsi que cela a été précisé (voir chapitre 2 – page 43), faire de l'entreprise une organisation capable de s'adapter le plus rapidement possible, et avec anticipation le plus souvent, aux nécessités du changement. C'est la définition même de l'organisation apprenante. Celle-ci se caractérise par le fait que le capital intellectuel de l'entreprise est considéré comme son avoir le plus précieux. Mettre la gestion des compétences au centre du management de l'entreprise, telle est la caractéristique principale d'une stratégie gagnante dans le choix du e-learning. En effet, la capacité de diffusion immédiate, la possibilité offerte d'un partage d'expériences, la capitalisation des savoirs, la gestion managériale des formations, telles sont les besoins essentiels d'une gestion des connaissances et telles sont les caractéristiques principales du e-learning.

Pour être complète et relevant totalement de la responsabilité du management de l'entreprise, la stratégie de développement et de mise en œuvre du e-learning doit définir l'ensemble des compétences nécessaires à l'organisation, actuellement et dans le moyen terme, en fonction de la stratégie métier. Un bilan des compétences actuelles permet d'identifier celles qui sont à développer (ou à acquérir) sur le même horizon de temps. Il en résulte l'identification des compétences qui deviendront obsolètes dans le cours terme ou le moyen terme et, donc, les besoins de reconversion et d'acquisition à entreprendre. En fonction des prévisions stratégiques d'évolution de la position concurrentielle et des parts de marché, cette identification et cette description des compétences s'accompagnent d'une estimation quantitative des besoins. Les priorités sont précisées, en accord avec les priorités de la stratégie métier. L'ensemble de ces prescriptions constituent le modèle de compétences de l'entreprise qui servira de référence permanente au(x) responsable(s) opérationnels et du(des) service(s) de formation dans la conception des différentes filières d'apprentissage proposées aux employés.

Ainsi, la formalisation du modèle de compétences de l'entreprise est au centre de la stratégie de développement du e-learning.

Les quatorze erreurs tactiques

Toute stratégie demande une mise en œuvre. C'est cette mise en œuvre que l'on peut assimiler à la tactique. Or, aussi bien construite que soit une stratégie, c'est la tactique de mise en œuvre qui est le gage de sa réussite. Si la tactique est défaillante, la meilleure des stratégies ne verra jamais le jour. Mais qu'est-ce qu'une tactique gagnante ? Une tactique portant en elle les gages d'une réussite se caractérise par un certain nombre de caractéristiques. Parmi les erreurs les plus importantes à éviter, on peut citer les suivantes :

1 – La plus grave erreur de tactique est de définir un modèle de compétences et de ne pas s'en servir pour indiquer la ligne directrice des formations à mettre en œuvre, par le e-learning ou sous une forme traditionnelle. Le modèle de compétence est à la base, non seulement de l'identification des modules d'apprentissage à développer et à mettre en œuvre, mais il sert également de référence au reporting général de la formation dans son ensemble.

2 – Lorsque la stratégie définit les objectifs de la formation de l'entreprise pour faire de cette dernière une organisation apprenante, une faute tactique irrémédiable est de ne pas affecter de budget correspondant. Une stratégie sans budget est une armée sans arme. On peut même dire que l'élaboration du budget de management des connaissances fait partie intégrante de la stratégie. Le budget est, en effet, l'indicateur non seulement d'une volonté mais d'une planification temporelle.

3 – Si le e-learning est considéré comme un levier stratégique des performances de l'entreprise, le management ne peut se désintéresser de sa mise en œuvre. En conséquence, la délégation entière de cette mise en œuvre au seul service formation est une erreur tactique importante. Cette délégation sera immanquablement interprétée comme le signe d'un réel désintérêt du management pour le e-learning.

4 – La mise en œuvre du e-learning est un changement important dans l'organisation. La conduite du changement ne peut sous-estimer les freins qui accompagnent toute tentative d'évolution. Il faut que le projet de mise en œuvre du e-learning soit soutenu par un ou plusieurs champions qui devront être les meilleurs prosélytes du nouveau système de formation et d'évolution des compétences. Sans champion, le démarrage de l'expérience risque de se trouver singulièrement compliqué.

5 – Une erreur tactique est de confondre les apprenants avec les réels clients du système d'apprentissage. Les clients réels sont ceux qui paient pour sa mise en œuvre. Ce sont, en général, les responsables opérationnels et il faut absolument obtenir leur agrément. Pour cela, l'apprentissage ne doit pas confondre les intérêts du service formation avec ceux de ces responsables. Il ne faut pas, non plus, confondre ce que demandent les clients avec ce dont ils ont besoin. Les besoins réels sont identifiés au moment de l'élaboration de la stratégie de maîtrise des connaissances. Et c'est au moment de la mise en œuvre que les demandes risquent de devenir inflationnistes et de s'écarter des objectifs initiaux.

6 – Transformer le service formation en un acteur essentiel de l'acquisition et de l'évolution des compétences ne se fait pas en changeant simplement le nom du service formation. Sans une réelle politique de mise en œuvre de formations qualifiantes soutenues par les techniques de communications modernes, le service formation n'atteindra jamais les objectifs stratégiques de l'entreprise.

7 – Le développement d'une réelle culture de e-learning dans l'entreprise est un point de passage obligé si l'on ne veut pas prendre le risque

de voir des apprenants entreprendre des formations qui ne leur sont d'aucun intérêt, ni dans leurs affectations présentes ni dans leurs affectations potentielles. Inversement, on peut voir des apprenants laisser passer des opportunités de formation qui seraient des plus importantes pour eux et, donc, pour l'entreprise. Négliger la mise en place d'un réel management de la formation est une erreur tactique. La seule façon d'éviter ces dysfonctionnements est, une fois encore, de construire un modèle de compétences et de le mettre en application.

8 – Un service formation qui substitue ses propres performances à celles de l'entreprise commet une erreur d'appréciation grave. Dans un tel cas, le service formation apparaîtra bientôt comme déconnecté des objectifs globaux et opérationnels de l'entreprise. Si une amélioration de la productivité devient nécessaire pour augmenter la valeur de l'action, si cette nécessité entraîne celle d'une réduction de coûts, les coûts de la formation seront alors parmi les premiers à être concernés par cette recherche d'économies. Cela sera simplement le signe que l'apprentissage n'est pas considéré comme un levier essentiel d'amélioration des performances de l'entreprise, bien au contraire !

9 – Un catalogue de formation pléthorique n'est pas le signe d'une bonne tactique. Il ne doit contenir que celles qui permettent de mettre en œuvre le modèle de compétences. Un catalogue foisonnant est généralement construit avec de multiples variantes d'une même formation de base, sans réelle valeur ajoutée. Une telle façon de faire décrédibilise l'ensemble des formations proposées.

10 – Fournir des formations est nécessaire mais n'est pas suffisant pour obtenir une amélioration des performances. Le suivi a un rôle majeur à jouer pour donner au management la maîtrise de l'évolution des compétences et s'assurer que celles-ci évoluent conformément au modèle de compétences établi.

11 – Nous rappelons que se contenter de mettre sous forme de pages HTML les formations existantes et de donner accès aux techniques de l'Internet aux apprenants potentiels n'est pas la meilleure façon de prouver l'efficacité du e-learning. Cette simple « traduction » ou « mise en forme » néglige des aspects essentiels du e-learning comme la personnalisation des parcours pédagogiques, l'interaction entre apprenants et avec les tuteurs, etc…

12 – En complément du point précédent, mettre des restrictions à l'usage de l'Internet ou de l'Intranet n'est pas un signe positif donné aux apprenants sur l'intérêt porté par l'entreprise au e-learning. Ce dernier donne souvent accès à des sources d'informations externes

ou internes par le biais de liens hypertextes, donc aux ressources générales du Web. Il ne doit pas y avoir de contradiction dans les messages, d'une part affirmer l'intérêt des techniques de l'Internet pour la formation et d'autre part en interdire l'utilisation.

13 – Une autre erreur tactique du service formation est de considérer que sa seule responsabilité est de trouver des clients internes pour les cours qu'il propose. Sa réelle responsabilité est bien plus importante. C'est celle de construire une « machine de guerre » qui permette de mettre en œuvre le modèle de compétences de l'entreprise et de réussir cette mise en œuvre. Dans ce nouveau contexte, le service formation n'est pas un simple fournisseur de produits. Il devient le partenaire des responsables opérationnels avec pour objectif commun d'améliorer les performances de l'entreprise dans ces différents métiers.

14 – Enfin, un mauvais choix d'un premier projet de e-learning est une grosse erreur tactique, de même qu'une mauvaise préparation du projet quant aux compétences et aux ressources nécessaires.

Les bonnes tactiques

Les bonnes tactiques de mise en œuvre évitent, évidemment, les erreurs indiquées précédemment. De même, elles font en sorte de prendre en compte les facteurs clés de succès et de maîtriser les facteurs de risque mentionnés (voir chapitre 4 – page 128).

Nous avons vu ci-dessus la nécessité de trouver un champion pour assurer la promotion de l'expérience. Il faut que ce champion (ou ces champions) soit un responsable opérationnel pour crédibiliser fortement le fait que le e-learning est un levier d'amélioration des performances métiers de l'entreprise. Mais pour que ces managers s'impliquent dans le processus de mise en œuvre, il faut qu'ils soient eux-même convaincus. Pour cela, la première condition est que le « **business case** » soit une réelle justification de l'investissement que représente l'expérience de e-learning. Trois conditions sont nécessaires pour cela :

1 – Démontrer que le e-learning est un levier pour les objectifs métiers dans un environnement changeant, une aide pour les opérationnels dans la maîtrise de ces changements et pour l'amélioration des performances.

2 – Démontrer que le e-learning est plus économique que toute autre forme d'apprentissage.

3 – Démontrer qu'il est vital pour l'entreprise de disposer d'une gestion des connaissances et de considérer celle-ci comme un investissement et non comme un coût.

De plus, il faut convaincre ces managers que la mise en œuvre de l'expérience de e-learning présente des risques parfaitement maîtrisables. C'est pourquoi la première expérience doit être choisie avec soin : mieux vaut moins d'ambition et moins de risques. Il ne faut pas, cependant, que le premier essai perde toute signification démonstrative par excès de prudence. En fait, il faut arriver à convaincre deux populations différentes dans leurs attentes. La première est la population des employés qu'il faut convaincre de l'efficacité de ce type de formation et de ses avantages par rapport à la formation traditionnelle. Pour cela, il faut un projet qui mette en évidence l'aspect interactif et participatif de la formation. L'autre population est celle des managers à qui il faut démontrer que le e-learning a une plus grande efficacité opérationnelle et un impact direct sur les objectifs de l'entreprise et, donc, sur les leurs. Il faut alors un projet directement attaché à l'acquisition de connaissances métiers. Ces deux approches visent à obtenir l'adhésion des utilisateurs d'une part, des décideurs d'autre part. Elles ne sont pas nécessairement réalisables avec un même projet. Le choix du projet pilote devient alors délicat. En tout état de cause, il doit permettre d'identifier les indicateurs clés du succès qui seront reconduits et qui permettront l'évaluation en fin de projets. Ces indicateurs seront le moyen le plus efficace de mettre en place une véritable culture du e-learning.

Un « business case » bien construit est indispensable

Construire un « business case » (compte d'exploitation prévisionnel) n'est pas dans la culture traditionnelle d'un responsable de formation. Habituellement, ce dernier construit son budget de fonctionnement sur la part de budget affectée à la formation, calculée par le management général à partir des dépenses de fonctionnement de l'année précédente ou à partir des exigences réglementaires en la matière. Le responsable de la formation décompose alors cette enveloppe budgétaire dans les différents comptes de dépenses de son service :

1 - dépenses de fonctionnement courantes du service (salaires, frais généraux, …) ;

2 – dépenses de création du catalogue et de sa diffusion ;

3 – dépenses de création de nouveaux cours et de maintenance des cours existants ;

4 – dépenses de fonctionnement logistique (location de salles, de matériels, …) ;

5 – dépenses dues aux animations des formateurs.

Il reste, à la charge des managers directs des apprenants les coûts de déplacements et d'hébergement éventuels, ainsi que les coûts (pertes de production) représentés par l'absence des employés à leur poste de travail opérationnel.

On voit donc qu'il ne s'agit pas là d'un compte d'exploitation puisqu'il n'y a aucune recette en face des postes de dépenses. La seule vérification à mener est que l'enveloppe des dépenses reste dans le cadre budgétaire fixé par le management.

Le « business case » est de nature différente. C'est l'outil de démonstration de l'intérêt, voire de la nécessité, de mettre en œuvre la gestion des connaissances grâce aux techniques du e-learning. Comme dans un budget prévisionnel classique, le « business case » du e-learning doit comporter un volet investissements (plutôt que dépenses), mais aussi un volet « recettes ». Le volet investissements comprend les principaux postes suivants :

1 – les coûts de conception des modules pédagogiques des différentes filières de formation, ainsi que des guides tutoriaux ;

2 – les coûts éventuels de mise à niveau de l'infrastructure informatique ;

3 – les coûts de communication interne autour du e-learning (voir page 198) ;

4 – les coûts de création et de diffusion du catalogue ;

A ces coûts s'ajoutent ceux dus au fonctionnement du système de e-learning, tels que :

5 – les coûts d'utilisation de l'infrastructure (coûts estimés des communications) ;

6 – les coûts des temps consacrés par les tuteurs et les responsables opérationnels au suivi des apprenants ;

7 – les coûts de fonctionnement du service formation ;

8 – les dépenses logistiques et d'animation des séminaires traditionnels persistants.

Un projet de e-learning représente un investissement généralement élevé. Il est donc indispensable que le « business case » démontre en quoi cet investissement est important pour l'entreprise. Si la prévision de création des cours de e-learning est en phase avec le modèle de compétences (ce qu'elle doit être), il est alors possible d'associer un certain nombre de cours avec l'acquisition d'une (ou plusieurs) compétence(s) de ce modèle et d'estimer, avec l'aide des responsables opérationnels, l'impact de cette acquisition sur les performances, donc sur la productivité, donc sur la marge. Le volet

« recettes » du « business case » est constitué de ces estimations d'évolution de la marge brute d'exploitation. C'est, généralement, un exercice nouveau pour le responsable de la formation. C'est pourquoi il est impératif, pour que la crédibilité de ces estimations ne soit pas mise en doute, qu'elles soient évaluées avec l'aide et l'accord des responsables opérationnels concernés. La présentation d'ensemble du business case au management doit être soignée : préciser l'origine des données et les hypothèses, faire ressortir les bénéfices tangibles et intangibles, expliciter le « cash flow » dégagé, le temps de retour sur investissement, démontrer la sensibilité des résultats aux hypothèses faites, dégager nettement les conséquences positives sur le fonctionnement de l'entreprise (efficacité, productivité, etc…).

LES PHASES DU PROJET DE E-LEARNING

▶ Comme pour tout projet, il est nécessaire d'identifier les différentes étapes d'un projet de e-learning

Un projet de e-learning comprend quatre étapes principales :

– L'étape d'analyse des besoins, tant sur le plan de la formation que des techniques à mettre en œuvre ;

– L'étape de conception et de réalisation des modules pédagogiques ;

– L'étape de déploiement ;

– L'étape de formation à l'outil des apprenants et des tuteurs.

En amont de ces phases, intervient une étape de mobilisation et de définition et de formalisation des objectifs généraux du projet de e-learning. Nous allons développer chacune d'elles. La figure 6.2 indique le schéma général d'un projet de e-learning.

L'étape de définition des objectifs

Cette étape, préliminaire à tout projet de e-learning, consiste à placer le projet dans une perspective de développement de l'entreprise et à définir en quoi ce projet permettra à l'entreprise d'atteindre un certain nombre d'objectifs. Il pourra s'agir d'améliorer la productivité par une meilleure connaissance des pratiques, la pénétration d'un nouveau marché en prenant connaissance rapidement des caractéristiques spécifiques et environnementales de ce marché, l'efficacité commerciale par une meilleure connaissance des applications et avantages d'un nouveau produit, la flexibilité en préparant certains collaborateurs à un nouveau métier et à de nouvelles procédures, l'intégration en présentant de manière efficace et attractive l'ensemble de l'entreprise aux nouveaux collaborateurs, etc…

Figure 6.2 *Les étapes du projet*

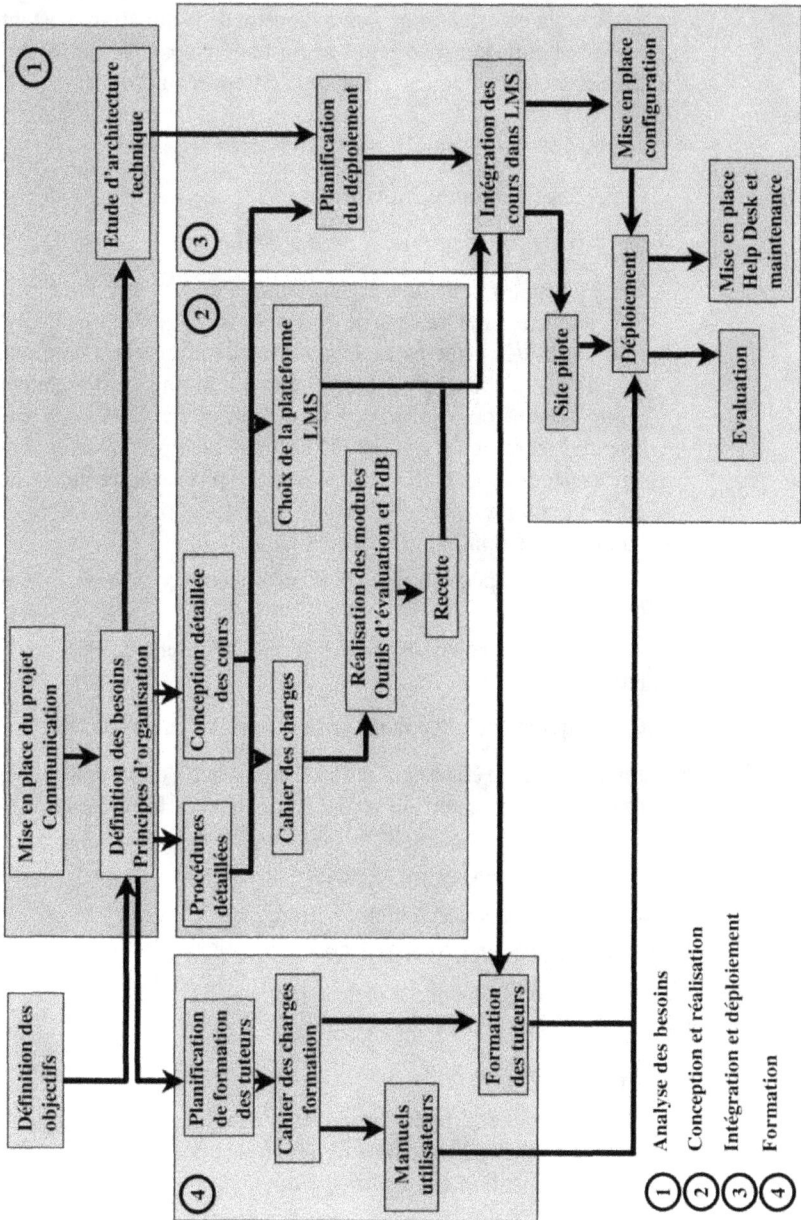

Non seulement, la définition de ces objectifs servira de référence tout au long du projet, mais ceux-ci serviront dans l'évaluation globale de l'efficacité du e-learning. Un diagnostic de la situation existante est réalisé. Il porte sur les besoins de formation ainsi que sur les moyens financiers et techniques qui seront consacrés au projet.

L'étape d'analyse des besoins

Cette étape comporte 3 phases :

■ *La phase de mise en place du projet*

Cette phase est celle de l'organisation et du lancement du projet. Il faut identifier les acteurs du projet (voir page 193) et définir les responsabilités principales. Comme dans tout projet, le premier des acteurs est le client, c'est-à-dire celui qui le finance directement ou indirectement, celui qui doit, principalement, bénéficier des résultats attendus du projet. Il ne possède généralement pas toutes les compétences nécessaires pour valider toutes les phases du projet et il devra donc s'entourer d'un certain nombre de collaborateurs apportant les compétences dont il aura besoin :

– compétences pédagogiques et opérationnelles pour juger de la qualité des contenus ;

– compétences techniques pour juger de l'efficacité des solutions techniques proposées.

Cette équipe constitue la maîtrise d'ouvrage du projet.

En face de cette équipe, il faut mettre en place l'équipe de conception et de développement du projet qui constitue la maîtrise d'œuvre. Cette équipe doit comporter les compétences suivantes :

– gestion et management de projet ;

– pédagogie et conception de contenus ;

– expertise(s) relative(s) au sujet enseigné ;

– conception graphique et techniques du web ;

– informatiques et communications ;

– programmation.

Cette équipe est dirigée par un chef de projet dont la première tâche sera de planifier l'ensemble du projet de e-learning et de soumettre cette planification à la maîtrise d'ouvrage.

Les équipes et la planification du projet étant définies, cette phase comporte le lancement d'une communication d'entreprise sur le projet de e-learning. Compte tenu du fait que le e-learning fait appel à la responsabilité de chaque apprenant pour organiser sa propre formation, cette communication doit faire naître une motivation suffisante au sein des futurs apprenants pour que ceux-ci se sentent concernés par la réussite de cette formation. Cette communication passe par l'engagement indispensable des responsables opérationnels concernés, pour crédibiliser la promotion du produit de e-learning. Les collaborateurs ne se sentiront engagés et n'organiseront correctement leur formation que si leurs responsables directs sont convaincus de l'utilité du projet. C'est pourquoi les objectifs doivent être clairement identifiés et expliqués.

■ *L'analyse des besoins et des principes d'organisation*

Cette phase consiste à définir les caractéristiques générales des contenus pédagogiques, à savoir :

– préciser les objectifs des cours et les performances attendus des apprenants ;

– identifier les différentes filières d'apprenants (voir 4.32) ;

– varier les pré-requis nécessaires ;

– préciser les méthodes pédagogiques à employer ;

– définir l'organisation d'ensemble des contenus, leur articulation, leur modularité ;

– choisir les différents médias ;

– préciser les méthodes d'évaluation des apprenants ;

– définir les principes directeurs des interfaces homme-machine.

En complément de ces prescriptions, il faut définir l'organisation du tutorat, c'est-à-dire identifier et localiser les différents tuteurs en fonction de la formation dispensée aux futurs apprenants. Ce point est particulièrement important, compte tenu du rôle attendu des tuteurs. Il faut donc que ceux-ci aient la capacité et la disponibilité suffisantes pour prendre correctement en charge cette responsabilité. Rappelons qu'un tuteur oriente, conseille, informe, évalue, surveille chacun des apprenants dont il assure le suivi. Il doit donc avoir la connaissance du sujet enseigné et une compétence pédagogique et de management.

Enfin, il faut définir les grandes lignes du scénario de remplacement progressif des séminaires de formation traditionnels par les cours de e-learning. Ce remplacement peut se faire en une seule étape ou par remplacement progressif de parties de séminaires par des modules de e-learning. Les procédures détaillées devront préciser ce point dans le détail (voir page 185). L'organisation générale doit aussi préciser les différents « **suivis** » à prévoir :

– suivi des activités des apprenants par les tuteurs ;

– résultats des tests et évaluations des apprenants pour les tuteurs et responsables opérationnels concernés ;

– suivi d'ensemble de la formation (inscriptions, parcours, évaluations) par le responsable de la formation de l'entreprise ;

– compte-rendu à la direction générale.

Figure 6.3 *Scénario de transformation d'un séminaire*

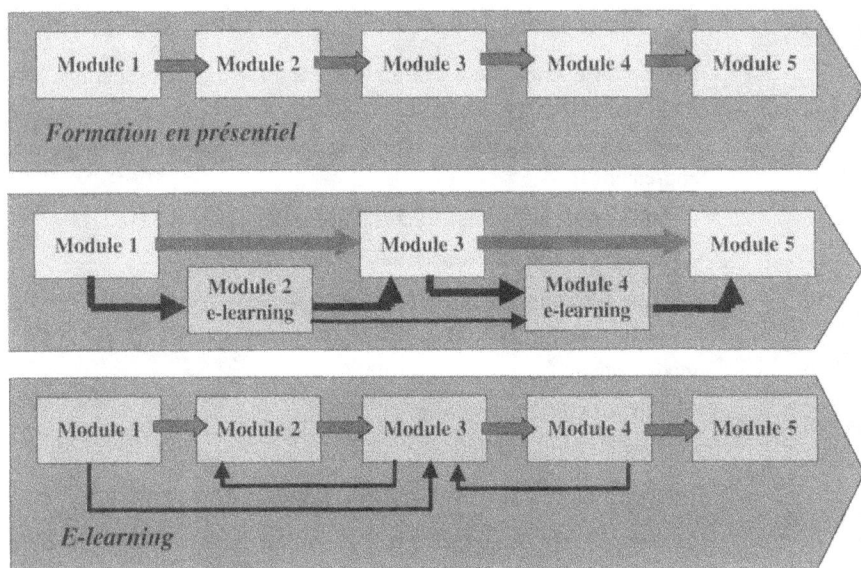

■ *L'étude d'architecture technique*

Cette phase a pour objet de définir les caractéristiques de l'infrastructure, serveurs, réseaux et bande passante, architecture des postes des apprenants (voir chapitre 7 – page 209). Ces caractéristiques étant définies, une évaluation de la situation existante est menée pour identifier les modifications à entreprendre, par exemple :

– les postes individuels ont-ils accès à l'Internet ou à l'Intranet d'entreprise ?

– le débit du réseau interne est-il suffisant ?

– les postes sont-ils équipés pour recevoir les médias utilisés par les cours ?

Le chapitre 7 fournit quelques indications sur l'équipement minimal d'un poste d'apprenant.

De plus, si le choix n'est pas encore fait, les caractéristiques de la plateforme LMS (Learning Management System) sont précisées.

L'étape de conception et de réalisation

■ *La conception détaillée des cours*

Cette phase est consacrée à la conception des contenus pédagogiques. Le paragraphe 4.34 a précisé les phases du projet pédagogique. Il faut y ajouter la réalisation du « story-board » qui comprend les dessins d'écrans, les prescriptions portant sur les textes et les graphiques, les scripts audio, animation et vidéo, les boutons de navigation, les prescriptions concernant les tests associés (Q/R et évaluations). Sont précisées à ce stade les modalités d'interaction et de communication avec le tuteur et entre apprenants et vers les sources extérieures d'informations. Enfin, sont fournies les précisions nécessaires à la programmation. De plus, le choix du module de tests et la définition des modalités de test concluent cette phase.

■ *Les procédures détaillées*

Cette phase précise dans le détail le fonctionnement des cours, leurs interactions avec le tuteur, les modes et fréquences de reporting, les modalités d'inscription et de suivi des séances de formation des apprenants, les tableaux de bord à fournir aux responsables opérationnels, de la formation et à la direction générale.

Les procédures de remplacement des formations traditionnelles sont décrites dans le détail (voir figure 6.3).

L'organisation de la maintenance des contenus est formalisée avec le concours des experts de la matière enseignée.

■ *Le cahier des charges*

Le résultat des phases précédentes fait l'objet d'un document écrit, ou cahier des charges, qui doit recevoir l'approbation des opérationnels concernés, des experts et des tuteurs impliqués. Il peut servir à l'appel d'offres, dans le cas d'une sous-traitance totale, de la réalisation et de l'intégration sur une plateforme LMS (Learning Management System – voir chapitre 5 – page 142).

Ce cahier des charges doit préciser un certain nombre de points nécessaires à la réalisation ou à la réponse attendue du soumissionnaire :

1°) – concernant le contenu

Le cahier des charges doit contenir (ou décrire) le contenu pédagogique brut (non mis en forme) qui devra servir à l'élaboration des modules de formation. De plus, il faut préciser :

– l'architecture de contenu,

– les modalités de tests et d'évaluation,

– la charte graphique,

– les liens hypertextes.

2°) – concernant la structure du contenu :

– la description du contenu et l'adéquation avec les cibles et les besoins de l'entreprise,

– le découpage du contenu en modules,

– l'individualisation des parcours pédagogiques,

– les tests et évaluations,

– l'aspect graphique,

– la qualité intuitive de la navigation,

– l'existence d'une fonction d'aide,

– les performances du système.

3°) – concernant les apprenants :

– l'accès au catalogue de formation, l'existence d'un sommaire, d'un index, d'une bibliographie,

– le fonctionnement de l'auto-inscription,

– l'accès aux programmes de formation,

– le degré d'interactivité entre l'apprenant et le cours,

– les possibilités de travail en groupe (outils de groupware),

– le fonctionnement et la description des outils de communications synchrones et asynchrones avec le tuteur et/ou l'expert et entre apprenants,

– les médias utilisés.

4°) – concernant le tuteur :

– le fonctionnement du suivi des apprenants et du recueil des informations correspondantes,

– la consultation des résultats des tests,

– l'élaboration d'un tableau de bord de synthèse et les indicateurs utilisés,

– la consultation des données d'administration de la formation.

5°) – concernant le management :

– la consultation des tableaux de bord des tuteurs et la synthèse,

– la possibilité d'accès à des informations détaillées concernant les tuteurs,

– le fonctionnement de la validation des inscriptions,

– le suivi de l'affectation des apprenants aux tuteurs,

– la participation aux évaluations réalisées par les tuteurs.

6°) – concernant l'expert :

– le fonctionnement de l'intégration des modules de formation dans la plate-forme,

– la création des filières et des parcours pédagogiques,

– la communication avec les tuteurs sur la qualité des cours.

■ *Le choix de la plateforme LMS*

Comme nous l'avons vu (voir chapitre 5 – page 142), les plates-formes de gestion de formation permettent de mettre en place un système complet de gestion et d'administration des cours. Le choix du fournisseur doit être guidé par un certain nombre de considérations touchant au produit et au fournisseur de la plate-forme. Voici quelques unes des questions qu'il faut se poser.

1°) – Questions relatives au produit

– le produit permet-il la gestion de cours de provenances différentes ?

– le produit permet-il l'administration de la formation en temps réel (inscriptions et confirmations, annulations) et l'allocation des ressources (sites, matériel, etc…) ?

– les contenus peuvent-ils être modifiés en temps réel pour rester en ligne avec les changements qui se produisent dans l'entreprise ?

– les supports sont-ils en plusieurs langues ?

– quel est le niveau de suivi des activités des apprenants ?

– le produit contient-il un module de développement de tests ? peut-il créer automatiquement des parcours et des scénarios pédagogiques différents ?

– quel est le principe d'appréciation des performances obtenues par les apprenants ?

– existe-t-il une évaluation initiale de l'apprenant ?

– le système récupère-t-il les données de gestion après une utilisation en mode déconnecté ?

– quel est le niveau de suivi des tuteurs ?

– le produit permet-il de gérer des cours « sur étagères » en provenance de fournisseurs divers ?

– comment le système gère-t-il l'utilisation de CD-Rom ?

– sur quels principes est basée l'interface utilisateur ? celle-ci peut-elle être personnalisée par l'apprenant ?

– l'apprenant peut-il choisir un parcours pédagogique ? à quelles conditions ?

– le produit fonctionne-t-il avec les principaux systèmes du marché (Windows NT, Unix, Mac OS x, ...) ?

– le produit fonctionne-t-il avec les principaux navigateurs du marché (Netscape, Microsoft Internet Explorer, ...) ?

– des développements spécifiques sont-ils nécessaires ?

– le système peut-il être interfacé avec des bases de données internes ou externes ?

– le système est-il capable de suivre facilement une augmentation du nombre des apprenants et/ou du nombre de cours proposés ?

– quels sont les protocoles de sécurité ?

– quel est le fonctionnement de la gestion des autorisations d'accès ?

– la base d'administration peut-elle être interrogée par l'intermédiaire d'un langage de requête ?

– le système peut-il être accessible à des clients externes à l'entreprise et sous quelles conditions ?

– quelles sont les performances principales du système ?

– quels sont les standards utilisés ?

– le système est-il multi-langues ?

– le système peut-il s'interconnecter avec le système de gestion des ressources humaines de l'entreprise ?

– quelle est l'architecture du système ?

2°) – *Questions relatives au fournisseur*

– quelles sont les références du fournisseur ? Sont-elles consultables ?

– quel prix et quel délai de garantie ? que couvre la garantie ? quelles sont les conditions de son application ? dans quels cas ne fonctionne-t-elle pas ?

– quel est le niveau et la nature du support proposé par le fournisseur ? ce support est-il inclus dans le prix ?

– le serveur fait-il partie de la proposition du fournisseur ? si oui, de quelle marque est-il et quelles caractéristiques techniques a-t-il ?

– comment sont gérés les changements de versions ?

■ *La réalisation des modules, outils d'évaluation et tableaux de bord*

A partir du cahier des charges, la réalisation comporte :

– l'écriture des pages HTML des modules de formations et des tests en respectant les prescriptions des dessins d'écrans et des enchaînements,

– la réalisation des médias,

– la réalisation des graphiques et des animations,

– la réalisation éventuelle des CD-Rom,

– la réalisation des outils d'évaluation et de leur « suivi »,

– la mise en place des liens de navigation,

– l'intégration des outils de communication et de collaboration.

■ *La recette*

Chaque module, chaque CD-Rom, doit faire l'objet d'une recette unitaire. Les points essentiels à examiner sont les suivants :

– le respect des prescriptions du cahier des charges concernant le dessin des écrans, les boutons de navigation, la présentation du texte et des graphiques,

– la qualité des animations,

– la fiabilité de la navigation,

– le fonctionnement des liens,

– le fonctionnement des outils de communication et de collaboration,

– le fonctionnement des outils de tests et d'évaluation.

La recette doit également porter sur l'ensemble des modules constituant un cours afin de tester le fonctionnement de l'architecture du contenu (voir chapitre 4 – page 90) pour chaque filière concernée, ainsi que les performances du système.

La réalisation de cette recette demande l'installation d'une station de travail connectée au réseau Intranet et/ou Internet.

L'étape d'intégration et de déploiement

■ *La planification du déploiement*

Cette phase consiste à planifier, de façon détaillée, les différentes étapes nécessaires au déploiement du système, à savoir :

– l'intégration des modules sur la plate-forme LMS,

– la réalisation du site pilote,

– la mise en place généralisée de la configuration informatique nécessaire,

– le déploiement de la solution sur tous les sites,

– la mise en place de l'aide en ligne et de la maintenance,

– la procédure d'évaluation du système.

■ *L'intégration des modules*

Cette étape consiste à charger les cours sur la plate-forme LMS, ainsi que les médias. Ce chargement doit faire l'objet d'un test complet sur le fonctionnement de l'architecture des modules, sur la navigation, sur le fonctionnement des tests. Les experts concernés par le contenu des cours doivent valider le fonctionnement d'ensemble. Un essai doit être organisé avec des apprenants et des tuteurs pour valider les outils de communication.

■ *L'établissement d'un site pilote*

Le site pilote consiste à choisir un échantillon d'apprenants et de tuteurs pour un essai complet du cours et des tests associés. Ce site sert à établir la recette provisoire et définitive du système. Toutes les informations portant sur le fonctionnement du pilote doivent être recueillies : fonctionnement des modules, des outils de communications, comportement des apprenants et des tuteurs, fonctionnement des tests. Tous les dysfonctionnements doivent être relevés et faire l'objet d'une fiche d'anomalie sur laquelle sont reportés l'incident, les conditions dans lesquelles l'incident s'est produit, la classification de l'incident. On considère généralement quatre niveaux de gravité des anomalies :

– l'anomalie bloquante qui ne permet plus l'utilisation du logiciel,

– l'anomalie grave qui entraîne des résultats erronés,

– l'anomalie mineure qui entraîne des résultats non conformes mais reste sans gravité,

– l'anomalie externe due à une cause étrangère au système.

Cette même fiche suivra les opérations de modifications jusqu'à résolution du dysfonctionnement tout au long du circuit de validation. Lorsque tous les incidents auront reçu une solution et que le système ne présentera plus de défauts, la recette définitive pourra être établie.

■ *La mise en place de la configuration*

Cette étape consiste à mettre en place sur l'ensemble des sites concernés, l'architecture logicielle et matérielle nécessaire au fonctionnement du système. Cette architecture comporte, en plus du serveur LMS déjà mis en place pour le site pilote, les logiciels nécessaires au fonctionnement des postes utilisateurs, les modems et lecteurs de CD-Rom nécessaires, les serveurs de communication du réseau.

■ *Le déploiement*

Cette étape consiste à mettre en marche le système de façon que les utilisateurs potentiels puissent y accéder. Parallèlement, toutes les dispositions organisationnelles nécessaires sont mises en œuvre (voir chapitre 5). L'administrateur du système est en fonction, l'accès au système est donné aux tuteurs.

■ *L'évaluation*

Parallèlement au lancement, un système d'évaluation doit être mis en place afin de recueillir les avis des utilisateurs (apprenants et tuteurs) sur le fonctionnement. L'ensemble de ces avis est recueilli par l'administrateur du système pour une version ultérieure. Ces avis portent généralement sur l'ergonomie, sur la compréhension des cours, sur le fonctionnement du tutorat, sur le fonctionnement du travail en groupe. L'ensemble de ces avis doit être porté à la connaissance du responsable du système et à celle des responsables hiérarchiques des apprenants.

■ *L'aide en ligne et maintenance*

L'aide en ligne est normalement du ressort de la fonction informatique. Elle consiste à apporter assistance à un utilisateur qui a des difficultés de manipulation. Quant à la maintenance, elle consiste à apporter les solutions de réparation nécessaires lorsque l'utilisation du système fait apparaître un dysfonctionnement non décelé lors des opérations de recette.

La formation

Les phases de l'étape de formation sont à réaliser en parallèle avec les phases du déploiement.

■ *La planification de la formation des tuteurs*

Il est important de planifier cette formation assez tôt pour que les tuteurs puissent être identifiés en accord avec leurs responsables hiérarchiques. De plus, elle doit être réalisée de telle sorte que les premiers tuteurs soient formés pour le fonctionnement du site pilote.

■ *Le cahier des charges de la formation des tuteurs*

Ce cahier des charges consiste à décrire le contenu de la formation des tuteurs et les moyens mis en œuvre pour sa réalisation. Cette formation peut être soit une formation traditionnelle en face à face, soit une formation en ligne en utilisant un module de formation proposé par certains fournisseurs de contenus (voir chapitre 5 – page 142), soit encore une formation en ligne développée par l'entreprise. Ce cahier des charges peut ne sembler nécessaire qu'en cas de sous-traitance de cette formation (voir page 198). Cependant, comme pour tout projet, il est de bonne pratique de formaliser préalablement à toute activité opérationnelle, les objectifs recherchés et les moyens qui y sont consacrés.

■ *Le manuel des utilisateurs et leur formation*

La formation des utilisateurs au fonctionnement du système de e-learning ne devrait pas nécessiter un séminaire particulier si l'ergonomie du système est satisfaisante et son utilisation suffisamment intuitive. Cependant un manuel qui regroupe l'ensemble des manipulations que devra accomplir l'utilisateur reste indispensable. Les apprenants étant potentiellement tous les salariés de l'entreprise, ce manuel doit donc être diffusé à l'ensemble du personnel.

Il est nécessaire que les futurs apprenants sachent utiliser les outils mis en œuvre par le e-learning. Si cette connaissance n'est pas acquise, une formation préliminaire doit être organisée (qui peut être dispensée sous la forme de modules de e-learning).

■ *La formation des tuteurs*

Cette formation est à réaliser conformément aux prescriptions du cahier des charges. Elle est planifiée au fur et à mesure que les cours sont mis à la disposition des apprenants. Comme le e-learning de l'entreprise, cette formation doit faire l'objet d'une évaluation de la part des tuteurs.

SINGTEL (Singapour Télécommunications) est l'une des plus grandes entreprises asiatiques en termes de part de marché. Au cours de ses 120 ans d'existence, SINGTEL a diversifié ses activités qui incluent aujourd'hui les téléphones fixes et mobiles, les services d'annuaire, la publication, le conseil, les services postaux, la réparation de câbles sous-marins de télécommunication, la vente d'équipements de télécommunication. Depuis une dizaine d'années, SINGTEL est devenue l'une des entreprises les plus modernes et efficaces dans le monde.

Dans un marché en cours de dérégulation et où la concurrence est sévère, les entreprises de télécommunication telles que SINGTEL ont besoin d'améliorer en permanence l'efficacité de leurs salariés pour augmenter leur productivité. SINGTEL possède un centre d'appel dont les 2000 salariés ont besoin d'une formation efficace. Ils sont le premier contact du client qui appelle pour demander un service, une aide en ligne ou un support technique.

En 2001, les agents du centre d'appels ont traité 3,5 millions d'appels par mois – soit une moyenne journalière de 117000 appels. Satisfaire les demandes des clients et atteindre le meilleur niveau de service est un objectif primordial, malgré la diversité des demandes qui peuvent porter sur les produits – comme les téléphones mobiles – sur les transferts de données ou les procédures de vente. SINGTEL s'est donné comme objectif : un appel = une solution.

SINGTEL recherche alors une méthode de formation innovante qui lui permette de minimiser les temps d'interruption de travail opérationnel des employés et de minimiser les coûts logistiques de la formation tout en assurant une efficacité maximale. L'entreprise a recherché un partenaire qui comprenne le métier de l'entreprise, les enjeux de la conduite du changement et qui lui fournisse une solution clé en main. Le cours conçu et réalisé par le partenaire choisi a permis d'augmenter le niveau de service rendu, d'améliorer la polyvalence des salariés, d'augmenter la rentabilité des dépenses de formation et d'améliorer le partage des connaissances. L'apprentissage interactif a été entièrement intégré dans le temps de travail afin de mettre en place un cycle « j'apprends-j'applique », avec un retour d'information par l'intermédiaire de groupes ad'hoc constitués des chefs d'équipes et des managers. Pour assurer l'acceptation du changement, des réunions préalables de sensibilisation ont été organisées dans tous les bureaux de l'entreprise. Ce programme comporte 150 heures de formation, au lieu des 30 jours que demandait la formation traditionnelle.
http://www.icus.net

LES ACTEURS DU PROJET

▶ La réussite du projet impose l'existence des trois acteurs fondamentaux : client, Maître d'ouvrage, Maître d'œuvre

Les acteurs types

Tout projet comprend trois acteurs types :

– le **client** qui est, en quelque sorte, le propriétaire du projet. C'est lui qui investit et qui attend un retour sur cet investissement,

– le **Maître d'ouvrage** qui représente le client tout au long du processus du projet,

– le **Maître d'œuvre** qui est responsable de la réalisation du projet.

Chacun de ces acteurs assure une responsabilité particulière. Le client est responsable de la définition des enjeux du projet et des investissements nécessaires. Il justifie le projet par des objectifs chiffrés. Il définit les différentes filières de la future formation. Il est le représentant des utilisateurs finals du produit, objet du projet. Le maître d'ouvrage, représentant permanent du client, traduit les objectifs du client en cahier des charges suffisamment précis pour en permettre la réalisation. Il s'entoure des compétences nécessaires pour la réalisation de ce cahier des charges. Généralement, il fait appel à la Maîtrise d'œuvre dans un esprit de partenariat. Le maître d'œuvre prend en charge les études détaillées et la réalisation du produit. Il maîtrise tous les aspects techniques du projet et doit donc avoir l'ensemble des compétences utiles. Il est responsable de la qualité du produit et de sa conformité aux attentes du client, sous le contrôle du maître d'ouvrage.

Un projet de e-learning est toujours attaché à des objectifs d'entreprise. Il y a donc toujours une fonction, opérationnelle ou fonctionnelle, impliquée dans le projet. Cette fonction est ainsi, de façon naturelle, le client du projet, même si les procédures comptables internes ne la rendent pas directement responsable des investissements. Le responsable de cette fonction doit alors identifier celui (ou ceux) qui le représentera (ont) tout au long du projet et qui constituera (ont) la maîtrise d'ouvrage. Ce peut être le responsable de la formation. Il constitue autour de lui un comité de pilotage qui surveillera l'avancement du projet. Les paragraphes suivants vont détailler les acteurs de la maîtrise d'œuvre, responsable de la réalisation.

Les acteurs de la maîtrise d'œuvre

Pour la conception, la réalisation et la mise en œuvre du projet, la maîtrise d'œuvre doit réunir, au minimum, les compétences suivantes :

– un chef de projet, responsable opérationnel de la maîtrise d'œuvre pendant toute la durée du projet,

– les experts, détenteurs de la connaissance, qui fournissent la matière première des cours et qui définissent les principes des tests et évaluations,

– un architecte de contenu, responsable de l'architecture des modules du cours en fonction des filières (voir chapitre 4 – page 90), de l'obtention auprès des experts de la matière originelle de la formation, de l'organisation de cette matière en modules,

– une équipe de développement des modules et de réalisation des pages HTML dans le respect la charte graphique,

– un concepteur graphique, qui définit la charte graphique, réalise les présentations graphiques et les animations,

– éventuellement, un spécialiste de médias particuliers comme l'enregistrement vidéo et/ou audio,

– un représentant des futurs utilisateurs, qui valide au fur et à mesure l'ergonomie des écrans, la facilité d'utilisation,

– un responsable de la qualité qui définit les procédures du projet et s'assure de leur suivi,

– un représentant de la fonction informatique qui prend en charge l'ensemble des problèmes techniques.

La figure 6.4 précise les étapes du projet dans lesquelles ces différents acteurs interviennent principalement.

1°) – Le chef de projet

Le chef de projet est responsable de la conduite opérationnelle du projet pendant toute sa durée. Il suit l'avancement et le respect des dates de début et de fin de chaque étape. Il surveille la disponibilité réelle des différents acteurs afin que ceux-ci exécutent leurs tâches en temps et en heure. Il organise le reporting du projet.

2°) – L'expert

L'expert représente la maîtrise du métier. Il fournit le contenu devant faire l'objet du cours. Il ordonnance le déroulement du contenu de façon à faciliter la compréhension progressive des futurs apprenants et définit la nature et le contenu des tests qui ponctuent l'avancement du cours. Il choisit les méthodes d'évaluation de la progression de l'apprenant. Il donne son avis sur le découpage en modules et sur les grandes lignes de l'architecture de contenu. Il donne les indications nécessaires sur l'utilisation de médias appropriés en fonction du contenu. Il surveille la réalisation des écrans. Il indique les liens nécessaires vers d'autres sources d'informations qui devront être incorporés dans le contenu. Il définit les points de rencontre entre apprenants en précisant l'objet de ces réunions (virtuelles ou en présentiel).

3°) – L'architecte de contenu

L'architecte de contenu représente davantage l'expertise pédagogique complémentaire à celle de l'expert. A partir des indications fournies par l'expert, l'architecte de contenu définit dans le détail les différents chemins pédagogiques possibles en fonction du résultat des tests. Il décrit de façon détaillée les conditions de passage d'un module à un autre, avec l'accord de l'expert.

4°) – L'équipe de développement

Cette équipe, qui comporte un responsable, réalise la succession des écrans à partir du découpage en modules défini par l'architecture de contenu et des indications fournies par l'expert. Elle insère les séquences vidéo et/ou audio fournies par le spécialiste. La programmation (HTML) est réalisée et testée. Les outils de communication sont mis en place.

Figure 6.4 *Intervention des acteurs du projet*

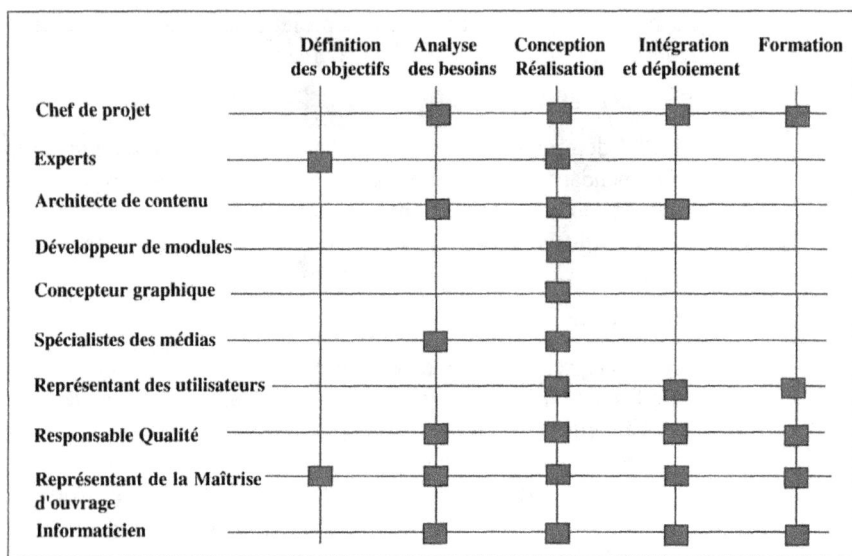

	Définition des objectifs	Analyse des besoins	Conception Réalisation	Intégration et déploiement	Formation
Chef de projet		■	■	■	■
Experts	■		■		
Architecte de contenu		■	■	■	
Développeur de modules			■		
Concepteur graphique			■		
Spécialistes des médias		■			
Représentant des utilisateurs			■	■	■
Responsable Qualité		■	■	■	■
Représentant de la Maîtrise d'ouvrage	■				
Informaticien		■	■	■	■

5°) – Le concepteur graphique

Il définit la charte graphique que l'équipe de développement devra respecter, tant dans la présentation générale des écrans que dans celle des outils de navigation et des différents menus. Cette charte doit être validée par le maître d'ouvrage, représentant le client.

6°) – Le spécialiste de médias particuliers

Cet acteur réalise les séquences audio et/ou vidéo prévues dans certains modules en précisant les « story-board » et fournit à l'équipe de développement les fichiers correspondants, après réalisation. Ces séquences doivent être validées par l'expert.

7°) – Le représentant des utilisateurs

Il valide au fur et à mesure la réalisation des écrans et de leur enchaînement par l'équipe de développement. Il s'assure que la lecture des écrans ne présente pas de difficultés, que l'utilisation des outils de navigation est ergonomique, que les outils de communications sont faciles d'utilisation.

8°) – Le responsable qualité

Il définit l'ensemble des procédures de fonctionnement du projet, s'assure de leur respect et organise le suivi correspondant. Il surveille en particulier la correction d'anomalies détectées au cours de la phase de test du produit. Il participe, en présence du maître d'ouvrage, à la recette du produit.

9°) – Le responsable informatique

L'ensemble des problèmes informatiques relatifs à la mise en œuvre des outils du e-learning (serveurs, équipement des postes, réseau, communications, etc...) est de son ressort.

L'OUTSOURCING PEUT ETRE UNE SOLUTION

▶ Savoir rechercher les ressources là où elles se trouvent

Les expertises nécessaires pour la conduite d'un projet de e-learning sont donc diverses. Cette diversité peut représenter un problème. L'appel à la sous-traitance peut être alors une solution intéressante. L'entreprise n'a pas forcément les ressources nécessaires pour mener à terme, dans un délai raisonnable, un projet de e-learning, en particulier s'il s'agit du premier projet de ce type. L'expérience peut lui manquer. Il faut donc qu'elle évalue et sélectionne les compétences externes dont elle a besoin. Bien entendu, l'appel à la sous-traitance ne veut pas dire que l'entreprise se démet de toute sa responsabilité dans la réussite du projet. Un certain nombre de choix demeure de son ressort :

– l'expression claire des objectifs poursuivis,

– le choix des sujets de e-learning,

– le choix des tuteurs,

– le choix du sous-traitant,

– la communication sur le projet.

L'entreprise reste le client et le maître d'ouvrage du projet. Le cahier des charges client sert de base à la consultation de sous-traitance. Celle-ci peut être partielle ou totale. La figure 2.8 donne une liste d'acteurs intégrateurs susceptibles de fournir des solutions « clé en main », autrement dit capables d'accepter une sous-traitance globale. Dans un tel cas, l'établissement du cahier des charges client devient un élément clé du succès du projet. Il faut apporter à son établissement tout le soin nécessaire pour définir de façon claire les attentes de l'entreprise et les moyens de contrôle qu'elle mettra en place pendant le projet.

LA COMMUNICATION SUR LE PROJET

► **Indispensable** Nous avons vu que, dès le lancement du projet, une communication doit être organisée. Quels sont les objectifs recherchés à travers cette communication ? C'est, tout d'abord, un élément important pour diminuer la résistance au changement qui ne manquera pas de se manifester, à tous les niveaux impliqués :

– Les responsables opérationnels ont l'habitude de considérer que la formation est une obligation (légale ou non, selon les pays) à remplir. Il leur est demandé désormais de considérer la formation comme un moyen d'améliorer l'efficacité de leurs collaborateurs, faisant partie intégrante de l'activité opérationnelle. Ils doivent accepter que les salariés se forment pendant le temps de travail. Il faut également qu'ils se transforment en champions de ce mode de formation et qu'ils intègrent son utilisation dans l'évaluation de leurs collaborateurs.

– Les tuteurs, en tant qu'animateurs de séminaires, voient accroître leur responsabilité. Ils n'ont plus à « dérouler » le contenu d'un cours, ils deviennent responsables du succès de la formation, mesuré par l'évolution des performances de chacun des participants en particulier.

– Les apprenants vont devoir prendre en main l'organisation de leur formation et avoir la motivation suffisante pour ne pas s'arrêter en cours de route. Ils vont devoir mettre au même niveau d'importance, leurs activités de formation et leurs activités opérationnelles. Ils doivent acquérir le réflexe du cycle « j'apprends – j'applique » ce qui représente un grand changement par rapport à la formation en séminaire.

Ces considérations montrent, à l'évidence, que la communication doit être prise en charge par la haute direction. Un message important de la communication consiste à clarifier le rôle des responsables opérationnels vis-à-vis de la formation de leurs collaborateurs et de les responsabiliser en intégrant leurs actions dans ce domaine dans leur propre évaluation.

CHAPITRE 7

Les bases techniques de la mise en œuvre

Eduquer, c'est faire œuvre de médiation
Pour que chacun se fasse œuvre de lui-même.

Pestalozzi (1798)

LES LMS, OUTILS D'ADMINISTRATION

▶ **Des outils de gestion adaptés aux exigences du e-learning**

Présentation générale

Quelle que soit sa nature, la formation demande la mise en œuvre d'une gestion et d'une administration. Le e-learning n'échappe pas à cette règle. Mais les spécificités de ce type de formation à distance imposent une organisation différente. Si l'on peut gérer de façon traditionnelle l'inscription et la présence d'un participant à un séminaire traditionnel, ou bien suivre son assiduité, cela devient plus compliqué lorsque l'apprenant s'inscrit depuis son lieu de travail et organise son temps de formation comme il l'entend. De plus, l'évaluation de sa progression est également à repenser lorsqu'elle doit se faire à distance. C'est pourquoi se sont développés des outils informatiques d'administration du e-learning. Baptisés LMS (pour Learning Management System), ces outils permettent la gestion de ce type de formation. Ces logiciels sont proposés par des fournisseurs spécialisés (Docent, Saba, ...) ou généralistes (IBM, Microsoft, ...). Ces plates-formes sont vendues ou louées. Leur prix d'acquisition est de l'ordre de plusieurs centaines de milliers d'euros. Certains fournisseurs proposent des prix qui varient en fonction du nombre d'apprenants potentiels, de l'ordre de 150 euros par apprenant. Une autre solution consiste à louer l'utilisation d'une plate-forme chez un hébergeur externe (Application Services Provider : ASP). Ces prix relativement élevés font que l'offre reste peu adaptée aux PME. Pour celles-ci, les portails spécialisés peuvent être une réponse plus appropriée. Ces derniers proposent une offre de formation globale, d'un coût abordable, mais reste encore limitée à des formations de base (bureautique, informatique, langues).

Ces plates-formes s'appuient, pour leur fonctionnement, sur les techniques Internet (langage et protocoles) et utilisent un moteur de règles pour gérer la formation ainsi qu'une base de données pour stocker les filières, les profils, les parcours pédagogiques des apprenants. Elles fonctionnent en mode asynchrone (courrier électronique, forums de discussion) et en mode synchrone (classes virtuelles, visio-conférence) pour les échanges entre élèves et tuteurs.

Le marché des plates-formes est encore jeune et hétéroclite. Il propose des outils purement techniques, sans contenu pédagogique, et des solutions plus complètes comprenant l'administration combinée à des catalogues de cours. La figure 7.1 schématise l'architecture de ces plates-formes.

Figure 7.1 *Schéma d'architecture d'un LMS*

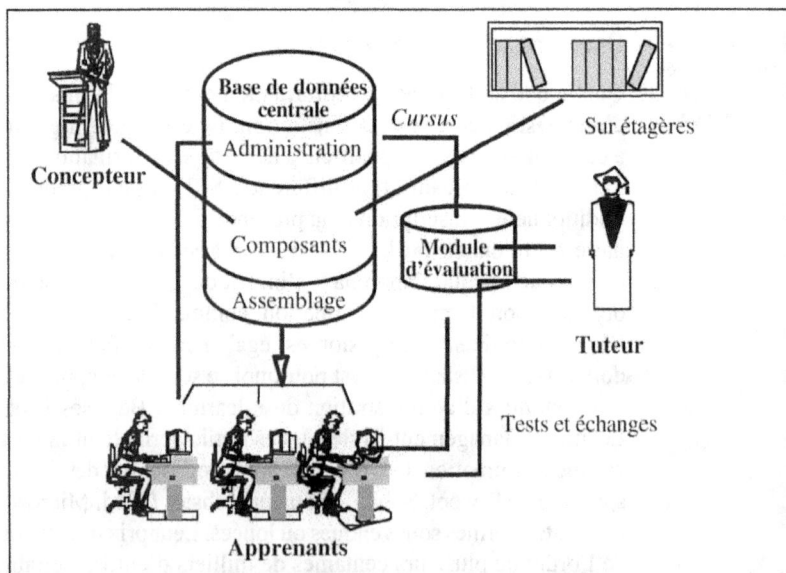

Les fonctionnalités principales

■ *L'administration de la formation*

Les principaux processus d'administration pris en charge par le LMS sont les suivants :

– Gestion (création et mises à jour) du catalogue des formations proposées, regroupement des formations par domaines spécifiques, accès à la bibliothèque des contenus. Le catalogue peut présenter toutes les offres de formation de l'entreprise, présentées par unité de production, par fonction, par produit, par communauté, ... Les apprenants utilisent des critères de recherche pour obtenir des informations sur le contenu, son organisation, la durée moyenne de la formation, les contraintes, les sujets couverts, le public cible, les pré-requis nécessaires, les formalités d'inscription, le coût éventuel, etc...

Le LMS doit permettre d'avoir accès à un ensemble d'outils et de services constituant l'environnement global de la formation :

• la bibliothèque des contenus,

• la bibliothèque des exercices, études de cas, simulations, ...

• les fiches résumées de la formation,

• la liste des adresses Internet, ouvrages et articles servant de compléments à la formation,

• la bibliothèque des quizs et des tests,

• le mode d'emploi du forum.

– La gestion des apprenants par un système d'enregistrement en ligne. L'inscription peut se faire pour un stage en présentiel ou une formation en ligne et peut, en principe, permettre le choix d'une période particulière. Le planning de déroulement est fourni. L'inscription peut être annulée.

– La validation des inscriptions et les convocations éventuelles.

– La mémorisation des formations suivies par chaque apprenant.

– La facturation éventuelle.

Ces fonctionnalités d'administration sont valables pour tous les types de formation (synchrones, asynchrones, par CD-Rom, ...). La plate-forme doit permettre l'administration de la formation en tenant compte de l'organisation de l'entreprise. Elle doit être suffisamment robuste pour accepter un nombre grandissant d'apprenants, potentiellement tous les salariés de l'entreprise.

■ *L'administration du suivi de la formation*

Ces fonctionnalités gèrent l'utilisation par l'apprenant des contenus pédagogiques. Ceux-ci sont, généralement, mémorisés sous forme de pages HTML sur un serveur spécialisé. Les fonctionnalités de suivi sont, à minima :

– la gestion des interactions entre l'apprenant et le système : appel de pages HTML, navigation, renseignement de tableaux, ...

– la gestion de la base de données comportant l'ensemble des informations concernant les activités d'apprentissage de chaque apprenant (le « tracking » ou le suivi), par exemple :

• le temps passé en formation et les périodes,

• le résultat des tests de chaque module,

• le parcours pédagogique suivi par chaque apprenant,

• la participation aux points de rencontre,

• ...

L'ensemble de ces informations peut être traité par des outils de « data mining » permettant au responsable de la formation, et également aux responsables opérationnels concernés, d'établir des statistiques et des rapports sur l'efficacité de la formation. Le LMS peut contenir un outil d'évaluation permettant de porter un jugement sur les compétences acquises par l'apprenant. Cet outil de test permet d'évaluer les capacités de l'apprenant à suivre tel ou tel module de formation et les progrès accomplis. Ainsi, le système peut servir de tableau de bord sur les compétences individuelles et collectives. Le système peut alerter le management d'une sous (sur-) capacité dans une compétence particulière, de la nécessité d'organiser une formation additionnelle, voire d'un recrutement.

Un travail de normalisation est en cours. A l'heure actuelle, le respect strict des normes existantes (voir page 206) permet la mise en œuvre d'un suivi minimal. Certains fournisseurs de plate-forme proposent un suivi plus élaboré à partir d'un module logiciel propriétaire (ex. : Docent). On peut espérer qu'à terme l'évolution des normes permettra d'éviter l'utilisation d'un logiciel propriétaire.

La création des contenus

Certains fournisseurs proposent des plates-formes comportant des outils de création de contenus par conversion de contenus existants en « objets pédagogiques » (LO : Learning Objects). Ces systèmes portent alors le nom de Learning Content Management Systems (LCMS). Un objet pédagogique est analogue à ce que nous avons appelé « grain pédagogique » au chapitre 4 (voir chapitre 4 – page 99). Les normes en cours d'élaboration devront établir les règles nécessaires pour assurer l'interopérabilité de ces grains pédagogiques, c'est-à-dire leur assemblage en modules, même s'ils sont de provenances différentes. Cette interopérabilité permet la création de modules adaptés aux individus à partir de leurs besoins spécifiques et de leur profil. Elle permet également la réutilisation des grains dans des combinaisons variées destinées à des filières différentes.

L'interopérabilité peut également être utile lorsque plusieurs entreprises, en principe d'un même secteur d'activités, désirent mutualiser leurs efforts de conception de modules de formation. On peut également envisager le cas où le service formation d'une entreprise cherche à vendre ses produits de e-learning sur le marché. Cette interopérabilité doit, non seulement permettre l'assemblage des grains pédagogiques, mais aussi leur utilisation sur toutes les plates-formes LCMS.

Les fonctionnalités complémentaires

■ Le fonctionnement en mode déconnecté

Cette fonctionnalité permet à l'apprenant de travailler sans être connecté au LCMS, après chargement du contenu des modules de formation dont il a besoin. Toutes les informations nécessaires au suivi de l'apprenant sont provisoirement mémorisées localement. Ces informations sont ensuite récupérées par le serveur de suivi lors de la re-connexion de l'apprenant sur le site du LCMS. Cette fonctionnalité devrait trouver une application dans l'utilisation de tous les outils portables et autonomes (PC, téléphone mobile, ordinateur de poche comme le Palm, organiseur, …).

■ Les classes virtuelles

Au cours du fonctionnement d'une classe virtuelle, tous les apprenants voient, sur l'écran de leur ordinateur, la même page que celle de l'enseignant sur son propre écran. Certaines plates-formes possèdent un outil spécifique permettant ce fonctionnement. L'enseignant peut également « donner la main » à un apprenant grâce au concept d'application partagée. Il peut ainsi juger de la pertinence d'une réponse à un questionnaire par exemple.

Les classes virtuelles peuvent être un bon moyen de création de contenus pédagogiques, rapidement et à moindre coût. Aujourd'hui, certains fournisseurs proposent des outils qui s'intègrent dans la plate-forme et qui permettent de « découper » des sessions de classes virtuelles en objets pédagogiques.`

■ *L'utilisation des CD-Rom et de la vidéo*

L'utilisation des CD-Rom ne suppose pas nécessairement un fonctionnement en mode déconnecté. Lorsque le module pédagogique comporte une séquence vidéo, les problèmes de débit et de bande passante peuvent nécessiter de faire appel à la technique du CD-Rom. Dans un tel cas de figure, la séquence vidéo est alors enregistrée sur un CD-Rom qui est géré à distance par le LMS. Cette solution permet de bénéficier d'une qualité et d'un format d'image nettement meilleurs que ceux obtenus par l'utilisation du réseau Internet ou Intranet. Les problèmes qui restent à résoudre sont ceux de la diffusion en autant d'exemplaires que d'apprenants et celui de la mise à jour éventuelle du CD-Rom. Enfin, rien ne garantit qu'au moment du lancement du CD-Rom, l'exemplaire utilisé par l'apprenant soit le bon.

■ *Le suivi du tutorat*

A l'heure actuelle, le suivi du tutorat n'est pas satisfaisant. Les courriers électroniques ou les forums peuvent être suivis, mais cela ne permet pas de savoir si le tutorat a atteint son objectif qui est de créer une communauté d'apprenants avec tous ceux qui suivent un parcours pédagogique analogue et conduire cette communauté à devenir un groupe de pratiques partageant ses expériences et susceptible d'améliorer les pratiques opérationnelles de l'entreprise. Des indicateurs du type (nombre de participants à des communautés d'apprenants/nombre d'apprenants d'une même formation) sont à étudier et à mettre en œuvre. Les outils de suivi de cette animation de groupe restent à concevoir.

■ *La connexion avec la gestion des connaissances*

En principe, le système de gestion de la formation doit pouvoir être connecté à celui de la gestion des connaissances. Cela permet qu'un module de formation fasse appel à des informations contenues dans la base de connaissances. Un apprenant peut également demander soit le rapatriement sur son poste de travail de ces informations, soit leur impression et livraison.

■ *La gestion des communautés*

La capacité du système à gérer les communautés de savoir est essentielle. L'outil doit permettre les échanges entre participants, le travail en commun, l'information collective, les liens vers les experts, la participation aux classes virtuelles, évaluation de la compétence collective représentée par le groupe. Les membres du groupe doivent connaître les points de rencontre prévus par le programme de formation et l'avancement de leurs travaux personnels doit être suivi avec soin pour alerter l'apprenant en cas de retard par rapport aux points de rencontre ou par rapport à l'avancement d'un travail collectif.

Le choix d'une plate-forme

Comme nous venons de le voir, les plates-formes de gestion de formation permettent de mettre en place un système complet de gestion et d'administration des cours. Le marché propose un certain nombre de produits dont les principaux fournisseurs sont listés au chapitre 2 (p. 38). Le choix du fournisseur doit être guidé par un certain nombre de considérations détaillées au chapitre 6. Quelques points sont essentiels dans le choix d'une plate-forme, il s'agit :

– d'identifier les besoins et les exigences de l'entreprise en matière de gestion de formation,

– d'établir un cahier des charges détaillé permettant une comparaison facile des différentes offres,

– de compléter le cahier des charges par des questions complémentaires posées aux fournisseurs sur le contenu de leur réponse,

– d'établir une procédure d'analyse et de choix,

– d'être attentifs aux standards utilisés,

– d'être attentifs aux références des fournisseurs, à leur place sur le marché,

– d'entreprendre des enquêtes auprès des clients des fournisseurs.

NORMES ET STANDARDS

▶ Une normali-
sation qui se
cherche

Les objectifs de la normalisation

L'objectif de la normalisation est de permettre aux entreprises d'acquérir sur le marché des produits de e-learning qui soient compatibles entre eux. Qu'entend-on par compatibilité ? Il s'agit du respect d'un certain nombre de règles dans la conception des produits pour que l'entreprise ne soit pas captive d'un seul fournisseur et pour que les produits proposés offrent un minimum de fonctionnalités. Il faut également que le produit puisse fonctionner sur toutes les plates-formes LMS du marché. Il faut qu'il soit compatible avec les navigateurs standards du marché (Netscape, Microsoft Explorer, ...). C'est grâce à l'effort de normalisation que les ordinateurs peuvent aujourd'hui communiquer entre eux, quel que soit leur fabricant, ce qui n'a pas toujours été le cas. Nous avons vu que la normalisation permet théoriquement d'assembler des objets pédagogiques de fournisseurs différents pour construire des modules de formation (voir page 202). Actuellement, la normalisation n'est pas encore très avancée dans le domaine du e-learning. Mais le changement est en cours. Les fournisseurs ont compris qu'il était de leur intérêt d'ouvrir leur architecture et de rendre leurs produits compatibles avec la plupart des plates-formes LMS du marché.

Les normes actuelles

Comme dans bien des cas, l'industrie a été pro-active en matière de standardisation afin de résoudre un certain nombre de problèmes industriels qui se posent lorsque n'existe pas un minimum de règles communes aux acteurs du secteur. Assez récemment, l'industrie a mis au point un ensemble de standards dont l'objectif est « d'ouvrir » l'environnement de gestion du e-learning. Les organisations qui travaillent à cette normalisation sont relativement nombreuses. Les principales sont les suivantes :

– la plus connue est l'« **Airline Industry Computer based training Committee** » **(AICC)** qui fut la première à proposer des normes relatives au e-learning pour le secteur aéronautique. Ces normes portent sur la conception et la réalisation des produits de formation informatiques (modules, tests, ...) afin d'assurer leur interopérabilité.

L'AICC propose une procédure de certification portant à la fois sur les objets pédagogiques et les plates-formes LMS. Cette procédure prévoit deux niveaux de certification :

• le premier niveau (Designed to AICC Guidelines) consiste à utiliser un programme de test,

• le second niveau (AICC certified) est une certification obtenue par l'intermédiaire d'un laboratoire indépendant.

– **IMS ou Instructional Management System Project**, regroupe un certain nombre de fournisseurs de produits de e-learning. Fondé en 1997, ce groupe a étendu le champ des propositions de normalisation aux serveurs de contenus. Ces propositions, basées sur les recommandations AICC, portent sur les spécifications d'administration, les interfaces utilisateurs, la réutilisation des objets pédagogiques, l'interopérabilité des outils de tests et d'évaluation, l'adaptabilité du système aux besoins des utilisateurs.

– le projet européen **ARIADNE**, centré sur le développement d'outils et de méthodologies pour la production d'objets pédagogiques.

– **IEEE LTSC (Learning Technology Standards Committee)** officialise les propositions de normalisation des groupes américains citées précédemment (AICC et IMS principalement).

– **Distributed Learning Initiative (ADL)** est un programme du ministère de la Défense américaine portant sur des spécifications relatives au développement et le déploiement de grands systèmes de e-learning.

– **SCORM (Shareable Courseware Object Reference Model Initiative)** est un groupe de travail qui propose une méthodologie de conception des Objets pédagogiques (Learning objects) afin de garantir leur interopérabilité.

A la lecture de cette liste, il est évident que le travail de normalisation est encore en phase de développement et qu'un effort de synthèse reste à faire. Le respect des spécifications AICC est, néanmoins, de plus en plus exigé. Il reste cependant de gros progrès à faire pour convaincre l'ensemble de la profession de la nécessité d'une normalisation acceptée par tous les acteurs. Le chemin vers une véritable interopérabilité est encore long et difficile. Un certain nombre de techniques avancées du e-learning, comme la simulation, ne font l'objet d'aucune proposition de normalisation.

Les standards

■ *Internet et ses protocoles*

Les protocoles de base de l'Internet sont TCP et IP. **TCP** ou « Transfer Control Protocol » est le protocole qui gère le découpage des données à transmettre à partir du poste expéditeur en paquets d'une taille adéquate pour le réseau, qui vérifie que tous les paquets de données sont arrivés à destination et qui ré-assemble les paquets à l'arrivée sur le poste destinataire. TCP fonctionne un peu comme une entreprise de déménagement. Un déménageur emballe les affaires à emporter dans des cartons (les paquets) et indique sur ceux-ci l'adresse de destination. Puis les cartons sont transportés sur différents camions qui ne prennent pas nécessairement le même chemin en fonction des encombrements de la circulation. Lorsque les cartons arrivent à destination, le déménageur vérifie que tous les cartons sont bien arrivés et « ré-assemble » leur contenu dans le nouveau logement (le piano n'est pas installé dans la cuisine !).

Le protocole **IP** (Internet Protocol) enveloppe et adresse les données, permet au réseau de lire l'adresse et de transporter les données à leur destination. Il détermine le volume de données pouvant être placé dans la même « enveloppe ». L'adressage Internet est un moyen d'identification systématique des utilisateurs, c'est-à-dire des ordinateurs et des ressources présentes sur le réseau. Ainsi, chaque ordinateur connecté au réseau possède une adresse IP. Afin de faciliter l'utilisation de ces adresses, celles-ci sont transformées par un serveur de domaines en « nom.domaine » (ex : icus.net).

Ainsi, les protocoles TCP/IP sont à la base du fonctionnement du réseau Internet et leur simplicité a fait leur succès. Les données sont découpées en paquets et chaque paquet est pourvu d'un signet qui précise sa provenance et sa destination. L'ordinateur expéditeur exécute cette préparation des paquets et les soumet au réseau. Celui-ci les achemine alors en recherchant, à tout moment, le chemin le plus rapide. Les protocoles de routage calculent en permanence le chemin optimal pour chaque paquet. C'est ce qui fait que les paquets empruntent des routes différentes. Plusieurs expéditeurs pouvant envoyer des données à un même destinataire, une gestion des files d'attente est nécessaire au niveau de l'ordinateur récepteur. Les paquets arrivés sont alors ré-assemblés pour reconstituer l'ensemble du message d'origine.

Le protocole **HTTP** (Hyper Text Transfert Protocol) est un protocole applicatif, indépendant de la « couche » transport du modèle ISO (les 7 couches de l'architecture de la plate-forme). Il repose sur l'échange de messages entre le poste utilisateur (le client) et le poste émetteur (le serveur). Le « client » envoie des requêtes et le serveur envoie des réponses. Ce protocole fonctionne sans session, c'est-à-dire qu'une requête correspond à une connexion qui ne dure que le temps de répondre à cette requête. Lorsque le serveur a envoyé sa réponse, il coupe la connexion sans chercher à savoir si le client l'a reçue. HTTP est un protocole simple, ce qui a fait son succès. Ce protocole est à la base du fonctionnement du World Wide Web ou www.

■ *Les langages*

Le langage **HTML** (HyperText Markup Language) est le langage du Web. C'est le complément naturel, côté « client », du protocole HTTP côté serveur. C'est un langage descriptif de texte, version simplifiée du SGML (Standard General Markup Language). Ce dernier est une norme de description de documents pour faciliter leur indexation et permettre une mémorisation thématique. HTML est un langage informatique à balises (mark). Un document HTML contient du texte annoté par des balises qui précisent sa mise en forme, c'est-à-dire la façon d'afficher le texte : la mise en page, le corps, le style, etc... Un tel langage est, à l'évidence, limité dans ses applications. C'est pourquoi des travaux ont été entrepris pour développer le langage XML (Extensible Markup Language), qui est également un langage à balises, mais dans lequel celles-ci donnent du sens au texte et permet donc une interprétation automatique plus performante. Le développement de ce langage devrait accélérer les travaux de normalisation.

De nouveaux langages, à fonctionnalités plus étendues, apparaissent tels le langage Php.

■ *Les navigateurs (browsers)*

Un navigateur est un logiciel agissant comme une interface entre l'utilisateur et les délivrables de l'Internet, notamment ceux du Web. Ce sont des postes « clients » universels, le logiciel agissant comme un programme client dans une architecture client/serveur. C'est le navigateur qui contacte le serveur Web dont l'adresse est spécifiée (l'URL) et envoie une requête. Il reçoit les informations du serveur et assure la présentation sur l'ordinateur client. Les navigateurs actuels ont des fonctionnalités graphiques, permettent de « pointer-et-cliquer » pour sélectionner les liens hypertextes. Ils sont complétés par des « plug-in », programmes nécessaires à la réception d'images fixes ou animées et du son. Ces « plug-in » sont automatiquement appelés par le navigateur lorsque l'utilisateur sélectionne un lien vers une ressource qui les rend nécessaires.

A l'heure actuelle, les deux principaux navigateurs du marché sont Netscape Communicator et Microsoft Internet Explorer. Il en existe d'autres comme NetManage, WebSurfer, SpryMosaïc, ...

Le poste de l'apprenant

Pour permettre un bon fonctionnement du système de e-learning, le poste de l'apprenant doit posséder quelques caractéristiques minimales :

– au point de vue matériel, le poste doit être doté d'un écran couleurs et d'une carte son. Il doit posséder une carte mémoire de 64 Mégaoctets minimum et un processeur ayant au moins les performances d'un Pentium 2 (Intel). Bien entendu, il doit avoir un modem de communication ainsi qu'un lecteur de CD-Rom.

– au point de vue logiciel, l'OS (operating system) doit être équivalent de Windows 95 + ou de MacOS 8.5 + ou Unix. Dans une architecture client/serveur, le logiciel WindowsNT est nécessaire. Un navigateur (voir page 209) est indispensable, ainsi qu'un certain nombre de « plug-ins » tels que RealAudio, QuickTime ou Windows MediaPlayer, Flash (pour l'animation) ou ShockWave. Enfin, le poste doit posséder un logiciel de courrier électronique, celui utilisé par l'entreprise.

L'architecture du poste de l'apprenant est représentée sur le schéma 7.2 ci-dessous.

Figure 7.2 *Architecture du poste de l'apprenant*

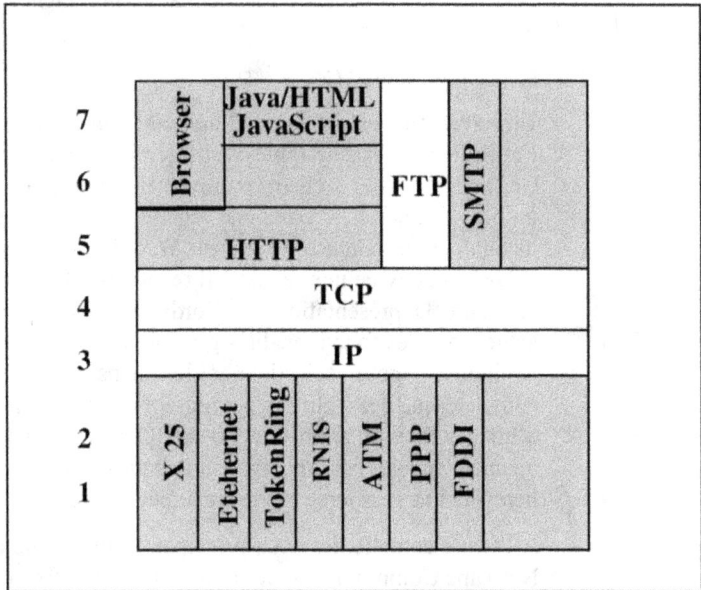

Lorsque l'entreprise est un peu importante, elle possède généralement un Intranet, qui est un réseau interne fonctionnant selon les principes de l'Internet, c'est-à-dire utilisant les protocoles de communication TCP/IP et le protocole HTTP pour utiliser des pages HTML. La plate-forme LMS s'intègre dans ce réseau et devient un serveur HTTP pour tous les postes d'apprenants. Une connexion avec l'Internet peut, cependant, rester nécessaire lorsque certains contenus pédagogiques contiennent des liens vers des sources d'informations externes ou lorsque l'on veut laisser au tuteur la possibilité d'orienter un apprenant vers une de ces sources externes. Les protocoles de protection doivent alors permettre ces connexions. Le schéma de la figure 7.3 ci-après représente l'architecture de principe d'un Intranet.

Figure 7.3 *Schéma d'un Intranet*

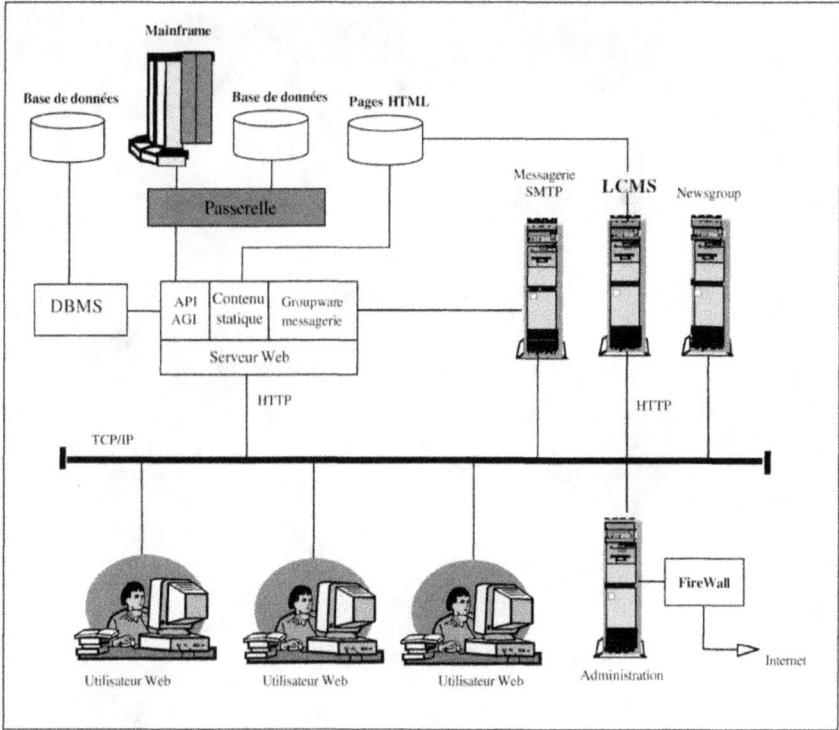

Conclusion

La faculté d'adaptation est une obligation pour l'entreprise. Cette capacité est un facteur essentiel de son développement. Mais une entreprise n'évolue que si ses pratiques mises en œuvre par des hommes et des femmes qui constituent le corps social se modifient. Les savoir-faire, les connaissances, les expertises doivent donc évoluer elles aussi. Le turn-over est un moyen d'y arriver. Il a son prix : la perte d'expérience acquise par le salarié qui part. Les contraintes économiques peuvent obliger une entreprise à réduire ses effectifs et à se séparer d'un certain nombre de ses collaborateurs. C'est, pour elle, une question de survie. Mais lorsqu'elle se sépare d'un collaborateur parce qu'elle juge que les compétences de celui-ci ne sont plus conformes à ses besoins, elle fait face aux difficultés du moment mais elle commet une faute de gestion. Il apparaît normal et il est acquis qu'une entreprise fasse évoluer les métiers dans lesquels elle est en compétition avec la concurrence. C'est là une responsabilité évidente de gestion. La gestion des compétences est également une obligation. Et, comme tout acte de gestion, celle-ci comprend un aspect prévisionnel. Cette vision à moyen terme permet de prendre les mesures nécessaires pour que les compétences des employés évoluent qualitativement et quantitativement, en fonction des objectifs de cette vision. La gestion des compétences est une part essentielle, sinon primordiale, de la gestion des ressources humaines qui implique la totalité des responsables de l'entreprise. Tout responsable d'entreprise, quel que soit son niveau de management, devrait être jugé en partie sur sa capacité à maintenir à niveau les compétences des collaborateurs dont il a la responsabilité.

Le e-learning est l'outil d'aujourd'hui pour l'acquisition des connaissances. Les techniques actuelles permettent une diffusion des connaissances plus performante que jamais. Elles permettent la mise en réseau des expériences et des expertises. Lorsque ce réseau est parfaitement opérationnel, il se crée un système dont les performances sont supérieures à celles des individus qui le composent. Grace aux qualités émergentes de ce système, l'entreprise devient un organisme en apprentissage permanent, une entreprise apprenante devenue le guetteur de son environnement. Le e-learning et la gestion des connaissances ne font qu'un. Ce système intégré permet d'appliquer un principe simple : « je travaille en apprenant ».

Il ne serait venu à l'esprit de personne de négliger les techniques informatiques pour améliorer la gestion et l'efficacité opérationnelle de l'entreprise. Même si l'utilisation de ces techniques nécessite des changements dans les pratiques. Il en est exactement de même avec le e-learning. C'est faire preuve d'aveuglement que d'ignorer les avantages considérables qu'apportent les NTIC aux pratiques de l'apprentissage. Bien entendu, la mise en œuvre du e-learning demande également de réfléchir et de remettre en cause des habitudes qui ne sont plus adaptées aux temps modernes.

Un système de e-learning comprend donc cinq composantes indissociables :

– une composante stratégique qui relie le projet de e-learning aux enjeux de l'entreprise, à sa stratégie relative aux ressources humaines et qui détermine un retour sur investissement,

– une composante pédagogique qui conçoit et réalise des contenus de formation adaptés à différents profils, organisés en filières et scénarios,

– une composante organisationnelle qui permet au système de fonctionner de manière efficace. Cette composante définit le rôle et la responsabilité de tous les acteurs impliqués dans le système de e-learning, l'impact sur les processus opérationnels par la mise en œuvre de l'alternance formation-action, le rôle et le fonctionnement de l'évaluation,

– une composante technique qui intègre les outils informatiques nécessaires (logiciels et matériels) au fonctionnement de l'ensemble, leur impact sur le budget informatique et l'évaluation de leur faisabilité,

– enfin, une composante humaine, impliquant une vision de la gestion des compétences, incluant une évolution de la fonction formation.

La réussite d'un projet de e-learning tient au fait qu'aucune de ces composantes n'est négligée.

Glossaire

Comme toute discipline artistique, toute science, toute technique, le e-learning a son jargon qui comprend des expressions dont la signification n'est pas nécessairement évidente pour le non-initié. Le présent glossaire a pour objet de préciser le sens d'un certain nombre de termes qui n'ont pas toujours leur place dans un dictionnaire.

Applet – Petits programmes informatiques téléchargeables sur le micro-ordinateur, généralement écrits en langage Java.

Apprenant – Normalement participe présent du verbe apprendre, il s'agit d'un nom qui désigne tout individu engagé dans une activité de formation (un élève).

Asynchrone – Deux échanges sont asynchrones lorsqu'ils se produisent dans des périodes de temps différentes. Un courrier (électronique) est l'exemple type de l'échange asynchrone : le moment de l'écriture par l'envoyeur est différent du moment de la lecture par le destinataire.

Bande passante – Quantité maximale d'information pouvant transiter par un canal de communication. De sa « largeur » dépend la taille des fichiers pouvant être transférés ainsi que la durée du transfert. Elle se mesure en kilo-bits ou méga-bits par seconde.

Business Case* ou *Business Plan – Il s'agit d'un compte prévisionnel d'activité qui met en parallèle les investissements et les dépenses courantes avec les bénéfices escomptés. Le *business case* fait ressortir le temps nécessaire pour amortir les investissements et la période à partir de laquelle les bénéfices totaux deviennent supérieurs à la totalité des dépenses.

Chaîne de valeur – Concept imaginé par Michael Porter, portant sur les processus de l'entreprise. L'analyse de la chaîne de valeur montre où et quand se crée la valeur ajoutée au cours des processus.

Chat – Il ne s'agit pas de l'animal! De l'anglais *to chat* – bavarder, il s'agit d'une technique de communication informatique qui permet aux intervenants de discuter en temps réel.

Contenu – Souvent accompagné de l'adjectif « pédagogique ». Concerne l'ensemble des informations et connaissances comprises dans les cours de formation dispensés par les moyens classiques des supports imprimés ou par les techniques informatiques.

Datawarehouse – Grande base de données rassemblant toutes les informations de l'entreprise.

Data mining – Procédure consistant à analyser des données inconnues à partir de celles déjà contenues dans le système d'information de façon à découvrir d'éventuelles corrélations.

e-learning – Dispositif de formation personnalisé, utilisant les capacités de communication offertes par le Web, avec intervention d'un tuteur et interactivité forte entre apprenants. C'est, évidemment, un terme anglais qui signifie : forme d'enseignement qui utilise les techniques du net pour atteindre l'élève. L'anglais fait la distinction entre *learning* et *training* c'est-à-dire, à peu près, entre « enseignement » et « entraînement ». Le premier terme signifie qu'il y a apport de connaissances nouvelles pour l'élève, le second qu'il y a simplement utilisation de connaissances déjà acquises. Dans le présent ouvrage, nous avons traduit le terme de *learning* par enseignement ou apprentissage.

Environnement d'apprentissage – En anglais : *Learning Environment*. Logiciel conçu pour faciliter l'apprentissage en ligne au sein d'une organisation. Il comporte les fonctions d'un LMS (voir ci-dessous à Système de Gestion de l'apprentissage) mais il ne peut assurer la traçabilité des cours extérieurs à l'environnement. Il est caractérisé par une interface permettant aux apprenants de s'inscrire et de suivre les cours.

Extranet – Extension de l'Intranet, basée sur les protocoles de l'Internet standard et permettant à des personnes externes d'accéder à certaines ressources de l'entreprise par l'intermédiaire de l'Internet.

Fonctionnalité – Ce terme vient du mot anglais *functional* dont la traduction évidente est fonctionnel. Fonctionnalité veut dire « caractère fonctionnel ». Dans le langage informatique, une fonctionnalité est une fonction, ou une activité informatisée.

Formation basée sur les techniques – En anglais : *Technology Based Training* (TBT). Il s'agit de formations qui utilisent, comme supports de transmission, des techniques généralement informatiques. L'exemple type est l'EAO, l'enseignement assisté par ordinateur.

Formation en présentiel (ou résidentielle) – En anglais : *Instructor-led Training*, qui veut dire apprentissage sous la conduite d'un instructeur. Le mot présentiel est un néologisme. Dans le langage du e-learning, le terme présentiel recouvre toute formation où les participants sont réunis dans un même lieu au même moment.

Formation sur ordinateur – En anglais : *Computer Based Training* (CBT). Formation sur un ordinateur non connecté, utilisant un CR-Rom par exemple.

Formation sur le Web – En anglais : *Web Based Training* (WBT). Formation dispensée via Internet ou l'Intranet de l'entreprise.

Fournisseur d'accès à des services de formation – En anglais : *Learning Service Provider* (LSP). Fournisseur de services via un portail sur le web, donnant accès à des modules de formation et/ou permettant l'administration de la formation à distance.

Fournisseur de services applicatifs – En anglais : *Application Service Provider* (ASP). Ce prestataire loue l'utilisation d'une plateforme technique et vend des services associés.

Grain pédagogique – Nom donné à la plus petite unité pédagogique.

IMS – *Instructional Management System*. Ensemble de spécifications techniques définissant les modalités d'échanges sur Internet du matériau pédagogique et de son utilisation par les organisations et les apprenants.

Intranet – Réseau privé à l'intérieur de l'entreprise fonctionnant avec les protocoles de l'Internet.

NTIC – Les nouvelles techniques informatiques et de communication recouvrent les techniques utilisées par le Net, à savoir les protocoles de communications du réseau, les navigateurs et le courrier électronique (le courriel), le langage HTML, etc..., ainsi que les ordinateurs multimédias.

ODBC – *Open Data Base Connectivity*. Logiciel d'interface permettant l'accès à des bases de données d'architectures différentes, de façon transparente pour l'utilisateur.

Plate-forme – Ensemble formé par l'architecture matérielle, le système d'exploitation et des logiciels d'utilisation d'un ordinateur.

Portail – Point d'entrée sur Internet ou sur l'Intranet d'entreprise pour accéder à un ensemble de services et d'informations. Accessible à partir d'une adresse URL.

Protocole – Langage utilisé par un ordinateur pour communiquer avec un autre.

SCORM – *Sharable Courseware Object Reference Model.* Ensemble de standards qui, appliqués au contenu pédagogique, permet d'obtenir des produits de formation de dimension réduite et réutilisables. Ces produits permettent de construire des matériaux de formation modulaires.

Système de Gestion des connaissances – En anglais : *Knowledge Management System* ou KMS. Logiciel qui collecte, mémorise et fournit des informations sur les individus d'une organisation. Il inclus l'information sur les ressources intellectuelles, telles les experts. Il peut établir des corrélations entre les compétences des individus et les postes qu'ils peuvent assurer. Il permet l'échange de ces informations au sein de l'organisation.

Système de gestion de l'apprentissage – En anglais : *Learning Management System* (LMS). Logiciel qui automatise l'administration des formations en ligne et en séminaires présentiels. Il enregistre les utilisateurs, assure le suivi des cours dans un catalogue qu'il gère, mémorise les données qui concernent les apprenants. Il édite également des rapports pour le management. Ses fonctionnalités comprennent l'évaluation en ligne, la personnalisation des parcours. En général, il ne comporte pas de possibilités de création de contenu pédagogique, mais il gère les cours en provenance de sources variées.

Système d'exploitation – Programme chargé du contrôle et de l'utilisation des ressources de l'ordinateur.

Synchrone – Correspond à la simultanéité. Deux activités sont considérées comme synchrones lorsqu'elles se produisent dans le même laps de temps. Dans les techniques de communication, deux échanges sont synchrones lorsqu'ils se produisent dans la même période, sans discontinuité de temps. Une conversation téléphonique est l'exemple type d'un échange synchrone : les deux interlocuteurs échangent des informations au cours du même intervalle de temps.

URL – veut dire : *Uniform Resource Locator.* Les URL sont des adresses permettant de localiser des sites et des fichiers sur le Web.

Sites internet

http://www.webetude.com	Formation assistée + audioconférence, e-mail, etc. (Formation spécifique pour PME : gestion, comptabilité.).
http://www.brainpollen.com	Plate-forme de diffusion de contenu pédagogique et de paiement sécurisé. Outil d'administration de suivi des progrès et de l'assiduité des apprenants.
http://www.click2learn.com	e-learning content marketplace for business, IT, and health and safety topics. Strategic consulting, development, systems integration, technical support, and placement services. Also, e-learning Network.
http://www.emind.com	1,200-plus online courses for banking, securities, accounting, IT, and personal development. e-learning consulting services.
http://www.headlight.com	Learner Management System and 3,000-plus online courses for business and IT.
http://www.ibm.com/mindspan	e-learning planning, creation, and deployment. e-learning center powered by Lotus LearningSpace 4.0.
http://www.knowledgeplanet.com	Integrated e-learning Marketplace and KP2000 Workforce Performance Management platform. Planning, content development, and customization services.
http://www.smartplanet.com	Personal development, IT, career, and business courses. CEUs and SmartPlanet certificates available.
http://www.thinq.com	Learning marketplace of 3,000-plus training providers. Courses include IT, business, management, legal, and industry-specific topics.
http://wwwv.campus.com	1,100-plus online courses, covering such areas as academics, health care, IT and certification, office skills, and management skills.
http://www.elearnactu.com	Revue des publications sur le e-learning.

PLATES-FORMES	
http://www.onlineformapro.com	Cette plateforme est offerte avec les modules de formation d'Onlineformapro.
http://www.synergie3r.com	Synergie 3R a développé tout un ensemble de modules complémentaires permettant de gérer les compétences (e-compétences), de piloter les plans de formation (e-plan), de tester des connaissances (e-quiz), de gérer des organismes de formation (e-gestion)… Cet ensemble complet est regroupé au sein d'une suite logicielle baptisée Synergie HR.
http://www.syfadis.com	Syfadis est un logiciel qui s'installe sur un serveur Web et qui permet de créer et de structurer un dispositif de formation à distance.
http://www. docent.com	Plate-forme de diffusion de contenu qui intègre la possibilité de paiement en ligne. Trois fonctions : instructeur, manager, administrateur. Des rapports standards et personnalisés peuvent être obtenus.
http://www.learningspace.com	Edité par Lotus. LearningSpace est une plateforme de formation électronique ou e-learning robuste et flexible qui permet de diffuser en ligne des cours auto-dirigés enrichis de fonctions collaboratives asynchrones et en temps-réel.
http://www.WBTsystems.com	Cette plate-forme est commercialisée par WBT Systems.
http://www.luvit.com	Plusieurs composants constituent le noyau de l'application intitulée KMS *(Knowledge Management Server)*.
http://www.centra.com	Les solutions de Centra comprennent Symposium, Conference et e-Meeting, des applications Internet d'entreprise avec des salles de classe virtuelles, des présentations en ligne et des réunions sur le Web ainsi que le service Centra-Now ASP, pour les réunions d'affaires en temps réel activées par la voix.

http://www.interwise.com	Une plateforme pour une gestion de classe virtuelle. Les formateurs ont recours à la vidéo interactive, dirigent des activités centrées sur le partage d'applications. Nécessite le téléchargement d'une application assez lourde.
http://www.saba.com	Une plate-forme de formation très répandue aux Etats-Unis.
http://www.iprogress.com	Progress se distingue plus par ses outils de conception de support basés sur le langage du logiciel Toolbook d'Asymetrix que par la plate-forme de diffusion - Dispose d'un catalogue de formations.
http://www.netg.com	Plate-forme de diffusion combinée à un catalogue de cours très fourni. Partenariat avec Lotus.
http://www.m2s.com	Production et diffusion de supports de formation. 2 serveurs d'apprentissage et de diffusion de contenu.
http://www.smartcanal.com	Plate-forme d'agrégation de contenu et d'auto-évaluation.
http://www.smartforce.com	Plate-forme d'origine irlandaise + didacticiels de formation (environ 4000 heures disponibles : bureautique informatique, gestion).

EXPERTS	
http://www.masie.com	*The Masie Center* propose des articles, des conférences, des adresses de sites portant sur le e-learning.
http://www.webbasedtraining.com	*WBT Information Center* est un portail donnant accès à de multiples ressources de formation en ligne.
http://www.preau.asso.fr	PREAU.
http://www.fffod.org	Forum Français pour la Formation Ouverte et à Distance.
http://thot.cursus.edu	Observatoire des ressources pour la formation.

http://www.eife-l.org	*European Institute for e-learning,* association européenne des acteurs du e-learning dont une des vocations est de créer un référentiel de compétences et les outils de certification permettant aux formateurs impliqués dans ces dispositifs de valoriser leurs nouveaux savoir-faire.
http://www.oravep.asso.fr	Agenda « les manifs à ne pas manquer », thèmes comme « dispositifs de télé-formation ».
http://www.l-aef.com/	Agence Education Emploi Formation.
http://www.cfmp.tm.fr	Centre de Formation au Management Public.
http://www.foragora.com	Le portail de la formation continue.
http://www.journaldunet.com	L'actualité du e-learning.
http://solutions.journaldunet.com/ dossiers/e-learning/sommaire.html	JDNET.
http://www.atelier.fr	ATELIER.
http://www.rhinfo.com	RH info.
http://www.elearnactu.com	Actualités.
http://www.trainingzone.co.uk	Actualités de e-learning.
http://www.astd.org/	ASTD relie les hommes, l'apprentissage et la performance.
http://www.learningcircuits.com/	Magazine en ligne sur le e-learning .
http://www.learnativity.com/	Informations sur le e-learning.
http://www.e-learningpost.com/ index.asp	Informations sur le e-learning.
http://www.internettime.com/e.htm	Informations sur le e-learning.
http://www.webbasedtraining.com	Informations sur le e-learning.
http://www.wrhamberecht.com	Tendances et comparatifs des partenaires potentiels.
http://www.advisor.com/	Worldwide provider of technology analysis and market data.
http://www.idc.com	Worldwide provider of technology analysis and market data.
http://www.online-learningmag.com/	Magazine « on line » sur le e-learning.

http://www.e-learningexpos.com/	Global e-learning infos.
http://www.techknowlogia.org	Global infos (excellent).
http://www.trainingvillage.gr/	Global e-learning infos.
http://www.brandon-hall.net/	Super site e-learning with golden analysis.

NORMES	
http://www.aicc.org	Normes proposées par l'AICC.
http://www.imsproject.org	Normes proposées par l'IMS.
http://www.ariadne.unil.ch	Informations sur le projet européen de normalisation.
http://www.adlnet.org	Initiative du gouvernement fédéral américain.
http://www.ltsc.ieee.org	Officialisation des propositions de normalisation aux États-Unis.

Bibliographie

La Mémoire – B. Milner & J. Piaget – 1970

La Révolution scientifique de l'enseignement – B.F. Skinner
A. Richelle – 1969

E-Learning – **Strategies for Delivering Knowledge in Digital Age**
– M.J. Rosenberg
McGraw-Hill – 2001

TechLearn Trends – The Masie Center
Saratoga Springs – 1998

The Art and Practice of the Learning Organization – P.M. Senge
Doubleday – 1990

Qu'est-ce que les technologies – Savoir et Formation – Dominique Lecoq
Odile Jacob – 2001

**Qu'est-ce que les technologies – Enseigner : le devoir de transmettre et
les moyens d'apprendre** – Ph. Meirieu
Odile Jacob – 2001

Web-Based Learning Fieldbook – V. Beer
Jossey-Bass Pfeiffer – 2000

The Digital Economy : Promise and Peril in the Age of Networked Intelligence
McGraw-Hill – 1995

**Virtual Learning : A Revolutionary Approach to Building a Highly
Skilled Workforce**
McGraw-Hill – 1997

The Book of Knowledge : Investing in the Growing Education and Training Industry
Merrill Lynch – 1999

Corporate E-Learning : Exploring a New Frontier – **T.** Urdun and C. Weggen
W.R. Hambrecht & Co – 2000

Informatique et Stratégie d'entreprise – Michel Mingasson
Dunod – 2000

The Business of Knowledge – Davenport & H. Thomas
Ernst & Young Center for Business Innovation – 1994

The Knowledge-Creating Company – H. Takeuchi
Oxford University Press – 1995

Knowledge Management – R. Ruggles
Butterworth Heinemann – 1996

Management des connaissances – M. Zacklad & M. Grundstein
Editions Hermes – 2001

Ingénierie et capitalisation des connaissances - M. Zacklad & M. Grundstein
Editions Hermes – 2001

Tout savoir pour e-former – C. Parmentier & P. Arfaoui
Editions d'Organisation - 2001

Le e-learning – Sandra Bellier
Editions Liaisons – 2001

E-formation – Philippe Gil
Editions Dunod – 2000

E-Learning – Brandon Hall
Editions Maxima – 2001

Index